剧划人生

以高中生涯剧体验课程实践为例

陈青天 著

广东省中小学『百千万人才培养工程』系列丛书

SPM 南方传媒 | 广东人民出版社

·广州·

图书在版编目（CIP）数据

剧划人生：以高中生涯剧体验课程实践为例 / 陈青天著. —广州：广东人民出版社，2023.11

（广东省中小学"百千万人才培养工程"系列丛书）

ISBN 978-7-218-16907-1

Ⅰ.①剧… Ⅱ.①陈… Ⅲ.①高中生—职业选择—教学研究 Ⅳ.①G635.5

中国国家版本馆CIP数据核字（2023）第170940号

JU HUA RENSHENG：YI GAOZHONG SHENGYAJU TIYAN KECHENG SHIJIAN WEILI

剧 划 人 生： 以 高 中 生 涯 剧 体 验 课 程 实 践 为 例

陈青天 著

出 版 人：肖风华

责任编辑：王庆芳　张　瑜
责任技编：吴彦斌　周星奎

出版发行：广东人民出版社
地　　址：广州市越秀区大沙头四马路 10 号（邮政编码：510199）
电　　话：（020）85716809（总编室）
传　　真：（020）83289585
网　　址：http://www.gdpph.com
印　　刷：广州小明数码印刷有限公司
开　　本：787 mm × 1092 mm　1/16
印　　张：17.75　　**字　　数：**259 千
版　　次：2023 年 11 月第 1 版
印　　次：2023 年 11 月第 1 次印刷
定　　价：62.00 元

如发现印装质量问题，影响阅读，请与出版社（020-85716821）联系调换。
售书热线：（020）87716172

本书系 2021 年广东省中小学"百千万人才培养工程"专项科研项目课题"教育戏剧视角下高中生涯剧体验课程开发与实施研究"（批准号：BQW2021MBG014）的研究成果之一。

本书系广东省中小学名班主任陈青天工作室（2024—2026）和东莞市中小学名班主任陈青天工作室（2022—2024）的研究成果之一。

■ 总　序

求实笃行，守正创新
做扎根岭南大地的时代大先生

教师是教育改革发展的第一资源，教师强则教育强。近年来，党和国家对教师队伍建设的重视达到前所未有的历史高度，党的二十大更是把加快建设教育强国、科技强国、人才强国，作为全面建设社会主义现代化国家的基础性、战略性支撑。作为置身改革开放前沿的教育大省，广东省始终积极响应国家的教育发展战略，把教师队伍建设、教育人才建设摆在极其重要的位置，以培育一批教育家型教师、卓越教师和骨干教师为目标引领，2010 年至今已先后实施三批广东省中小学"百千万人才培养工程"，通过提炼教育改革典型经验与创新理念，打造具有鲜明岭南风格与广泛影响力的教育特色品牌，致力于为推进中国式教育现代化事业贡献智慧。

作为人才强教、人才强省的一项重要改革举措，广东省中小学"百千万人才培养工程"的深入实施，就是要持之以恒地通过教育人才培养机制的创新，探索名优教师成长规律，优化教师专业发展的环境，激发教师竞相成才的活力，真正形成让教育家型教师不断涌现的良好教育生态。

十多年来，中小学"百千万人才培养工程"通过不断完善培养机制，形成了较为科学的"顶层设计"，建立了省、市、县三级分工负责、相互衔接的中小学教师人才培养体系，坚持"系统设计、高端培养、创新模式、整体推进"的工作理念，遵循"师德为先、竞争择优、分类指导、均衡发展、公平公正"的工作原则，统筹安排好集中脱产研修、岗位实践行动、异地考察交流、示范引领帮扶、课题合作研究等"五阶段"，并注重理论研修与行动研修相结合、导师引领与个人研修相结合、脱产学习与岗位研修相结合、国外学习与海外研修相结合、研修提升与辐射示范相结合的"五结合"，从而有效解决了传统教师培训存在的问题与矛盾，让"百千万人才培养工程"成为助力教师队伍整体素质提升、助推全省教育现代化的"标杆工程"。

教育现代化首先是"人"的现代化，推进中国式教育现代化建设呼唤数以千计、数以万计教育家型教师的示范与引领。什么是教育家型教师？2021年4月，习近平总书记在清华大学考察时强调，"教师要成为大先生，做学生为学、为事、为人的示范，促进学生成长为全面发展的人"。这实际上是为广大教师提出了职业发展的高标准，一个教育家型教师一定要胸怀"国之大者"，关心学生的精神成长、着眼于学生的全面发展和终身发展，立德树人，笃志于学，努力做新时代的大先生。

开辟新学，明德新民，岭南大地是一片有着优良文化传统的教育改革热土，生逢中华民族走向伟大复兴的新时代，今天的教育人更应该赓续初心，勇于担当，借助于"百千万人才培养工程"的制度赋能，立足于充满希望的教育实践原野，努力书写"立德、立功、立言"的精彩教育人生。

第一，要求实笃行，做勤学善研的育人者。

岭南大地向来有着求真务实、勤勉笃行的文化传统，正是凭着这样的实干精神，创造了经济社会发展的一项又一项奇迹。浸润在岭南文化精神中，广大校长教师始终笃守着为师的道义，躬身教育实践，用心用情地教书育人，并不断地思考、凝练和升华，同样创造出富有岭南教育文化特色的改革实践与教育理念。透视这些实践与理念，其中蕴含着真学习、真研究、真实践的教育价值导向。

深入研究学生，是育人之根。所有的校长教师，都应以学生为本来推进教育教学实践改革，关注学生的个体差异，包括智力、性格、情感、行为等方面的差异，了解他们的发展特点和需求，以便为他们提供个性化的教育；注重学生的生活体验和情感需求，帮助他们解决心理问题，调整情绪状态，创造良好的学习和生活环境，培养健康的心理素质和人格品质；关心学生的综合素质和发展潜力，引导学生参加各种活动，以培养其领导能力、创新能力、团队协作能力等非学科能力，提升其全面素质和可持续发展能力。我们坚信，一个育人之师必须要研究学生，为学生健康而全面成长服务。

深入研究课堂，是立身之本。课堂是育人的主阵地，也是师生共同成长的主要空间。校长和教师一定要沉潜在课堂一线，关注师生的课堂生活质量。从学生的学习兴趣和需求出发，引导学生主动参与课堂教学，激发学生的学习热情，使其在学习中得到满足和成长；要不断创新教学方法和策略，灵活运用不同的教学策略和技巧，提升学生的学习能力和思维品质，促进知识的内化与能力的输出；同时还要对课堂教学的内容、形式、效果等方面进行全面的评估和反思，不断提高课堂教学质量和效果。优秀的校长和教师的生命力在课堂中，脱离了课堂教学，任何教育创新都是"无本之木"。

深入研究管理，是兴教之源。教育管理，事关一所学校的"天地人和"，能够让每个人各展所长、各种资源得到适当调配，让人财物完美契合。这就要求校长教师要注重教育的发展战略和规划，善于构建教育愿景，以此来制订教育教学计划，为学生提供更优质的教育服务；注重管理机制和制度的建设，从招生到课程安排，从班级管理到教学管理等，无不体现规范与科学；此外还要注重自身与队伍的终身发展，不断提升团队建设水平，优化组织文化，在协商共治中走向教育治理，用良好的组织文化引导人、凝聚人、发展人。

第二，要守正创新，做知行合一的自强者。

教育是一项继往开来的事业，既需要继承传统，循道而行；又需要开创未来，大胆创造。一个优秀的校长或教师要掌握并尊重教育的基本规律，包括党和国家关于教育的方针政策、发展方向以及制度规定等，唯有如此，才能行稳致远，保障教育高质量发展。同时面对教育中不断出现的新情况、新问题和新挑战，要有改革思维与问题意识，发挥好主动性和创造性，在不断破解问题中实现教育的新发展。

一方面，要做好教育传承，弘扬教育文化自信。党的二十大报告提出，坚持和发展马克思主义，必须同中华优秀传统文化相结合。这启示我们，办好教育必须珍视既有的文化传统，植根于本民族、本区域历史文化沃土。岭南是传统文化蕴藉深厚之地，有着丰富的地域文化可作为教育的资源，也经一代代教育人的探索形成了许多宝贵的教育经验与理念。这些都是帮助我们办好今天教育的精神财富，作为校长和教师一定要通过学习，研修了解岭南教育的传统，做好教育资源的调查研究，用本土化、特色化的教育实践彰显教育文化自信，做有根的教育。

另一方面，要推进教育改革，以新理论指导新实践。教育要培养面向未来的一代新人，因此必须常做常新，满怀热忱地拥抱新生事物，要在不断学习中适应新情况、创造新经验。勇立潮头、敢为人先也是岭南的文化精神之一。广大校长和教师要敢于迎难而上，主动作为，面对教育工作中的问题或困难不抱怨、不懈怠、不推诿，充分激发成长的内驱力；要认识到所谓的问题恰恰是改变的契机，我们的教育智慧、我们的教育事业都是在不断破除困难、解决难题中得以发展；要不惮于说前人没有说过的话、做前人没有做过的事，不断拓展认识深度和广度，力争创造出更多教育改革的"广东经验""广东智慧"，这才是教育家型教师应有的胸怀胆识。

第三，要海纳百川，做担当使命的引领者。

优秀的校长、教师与班主任，在一定程度上都是先进教育文化的代表，这就意味着我们在"百千万人才培养工程"这个项目平台上，必然要承担更大责任，履行更大使命，有更高的精神追求。除了在高水平研训活动中完善自我、提升自我之外，还要胸怀天下、海纳百川，凝练自己的教育教学实践成果，升华对教育教学的思想认知，形成具有示范性、影响力的教育特色品牌，带动更多的学校和教师共同成长，一起不断地提升教育品质，推动教育高质量发展。

凝练教育特色品牌，从经验积累走向理论思考。一位优秀的教育者必然要做到知其然并知其所以然，不断增进对所从事教育工作的规律认知和价值思考。我们的名校长、名师和名班主任要立足自己丰富的实践经验，不断学习、不断反思，在专家指引和同行启示下，结合教育学、心理学、社会学等学科理论，将个人的实践经验凝练和表征为富有内涵的概念与符号，确立起具有鲜明个性特点与自我风格的教育教学品牌性成果，从行动自觉走向理论自觉，并用自我建构的理论或工具去指导实践、印证实践、优化实践，从"名师"走向"明师"。

用好教育特色品牌，从个体实践走向群体发展。实践经验范型一旦表征化为符号、概念，就立刻具有凝聚力、解释力与普适性，这就有助于引领、启发和影响更多的教师，结成教育发展的共同体，共同优化教育教学实践。各位名校长、名师和名班主任要发挥教育特色品牌的示范性，依托工作室平台，不断地吸收新生教师力量，不断地影响更多教育同行。正所谓独行速，众行远。以品牌建设为纽带，让每一位名师都发挥"磁场效应"，真正达到造就一位名师，受益和成长起来一批优秀教师的局面。让这些在岭南大地上星罗棋布的名师交相辉映、发光发热，照亮广东教育的美好未来。

升华教育特色品牌，从著书立说走向文化传播。近代以来，无论是岭南文化还是岭南教育，始终开一代风气之先，形成了许多影响全国的好经验、好理念和好的发展模式，同时也在教育文化的交流传播中更好地促进我们自身的发展。今天的校长和教师是岭南教育文化新的代表，也要有一种开放的胸怀和眼光，在教育全球化、信息化的背景下海纳百川、兼收并蓄，同时也要积极传播自身教育的优秀成果，在更大的教育发展平台上与名师名家、教育同行、社会各界交流对话，发出教育的声音，讲好教育的故事，扩大教育的传播力与影响力，增进不同教育文化的理解与互鉴。

正因此，看到又有一批"百千万人才培养工程"的优秀教育成果即将付梓面世，作为这项工作的管理者、参与者和见证者，由衷感到骄傲和自豪。古人云，"言而不文，行之不远"。希望我们广东的优秀校长和教师更加重视教育教学成果的凝练升华，这本身就是一件创造性的工作，也是更好地激发自身教育潜能、唤醒更多教育人生命活力的有效途径。愿这样的优秀教育成果能够发挥更大品牌效应，引领更多教育人不忘初心，潜心育人，参与到中国式教育现代化的伟大事业中，为中华民族的伟大复兴做出教育人应有的贡献。

是为序。

吴颖民

2023 年 5 月

■ 自 序

我与生涯教育

生涯（career），动词，源自罗马文 Via carraria（马车道）和拉丁文 carrus（马车），指驾驭赛马，蕴含着疯狂的竞赛精神，后被引申为"道路"，即人生的发展道路与轨迹，又指一个人一生在不同阶段和环境中所扮演的各种角色。

生涯教育，即职业生涯教育（career education），是随着 20 世纪 70 年代美国生计教育运动的兴起而发展起来的。但其理论渊源可以追溯到 20 世纪初由美国学者帕森斯（Frank Parsons）等人提出的职业指导。1969 年，最早提出"生涯教育"的赫尔（Herr）认为，生涯教育是围绕生涯发展而进行的所有正规的教育。1971 年 5 月，美国教育总署对生涯教育下了一个更为广义的定义："生涯教育是一种综合性的教育计划，其重点放在人的全部生涯，即从幼儿园到成年，按照生涯认知、生涯准备、生涯熟练等步骤，逐一实施，使学生获得谋生技能，并建立个人的生活形态。"

生涯教育在西方提出，获得重视并影响世界。我认为，生涯这一理念的历史更在中国，生涯的根早已经深深地种在中国。《庄子·养生主》说："吾生也有涯，而知也无涯。"《礼记·大学》也说道："格物、致知、修身、齐家、治国、平天下。"

在 2021 年广东省新一轮中小学"百千万人才培养工程"的集中研修过程里，一位位如繁星般闪耀的专家教授接连登场，既向我展示着他们深厚的学术造诣，又向我传递着作为一名教师应该有的生涯教育理念。好的职业是生涯中非常重要、占据中心地位的一部分，但并不是生涯的全部。每个人还有很多因身份而产生的生涯，如学业生涯、职业生涯。生涯是一段漫长遥远的旅程，生涯是一段丰富多彩的旅程，生涯是一段目标明确的旅程。所以，生涯是一段长长的过程，既有生涯开始，有生涯成长，有生涯选择，也有生涯实现，还少不了生涯反思。

简单来说，生涯即个人所经历的多种角色，在其所处的生活空间环境中，发生的预期以及不可预期事件之总和。台湾著名的生涯教育专家金树人说："根据自己原来的样子，审时、度势、随机、应变，选择一种可以安身立命的生活方式。"生涯和生活分不开，生涯和教育也分不开。我们应该以什么样的生涯教育支撑学生的发展可能？

戏剧是人类创造的古老的文化传播形式之一，无论是古希腊戏剧、印度梵剧，还是中国的戏曲，都对人类的文明和人类的发展演变起着重要的"留痕"作用。早在 1712 年，法国思想家、教育家卢梭就提出将"在实践中学习"和"在戏剧实践中学习"作为教育戏剧的理论来源，教育戏剧的发展和研究具有一定的历史和研究成果，前人在教育戏剧的特点、本质、内涵和运用策略等方面都已有较丰富的研究。但前人的研究主要集中在"戏剧与教育的关系""教育戏剧如何可能"等基本问题，对于"教育戏剧的本土化"以及"教育戏剧学"的建构还没有更多的研究。前人的教育戏剧研究主要是集中在学科领域，比如文学领域、艺术领域、儿童戏剧，比较少谈及生涯领域和生涯规划过程中的德育功能。

国内学者对生涯教育的界定较为具体，有广义和狭义之分，但常见认为，生涯教育是指根据一定的客观环境条件和受教育者自身发展需求，有目的、有计划、有组织地对受教育者施加影响，以达成生涯发展为目的的教育手段。我们项目组积极主动地选择了广义的生涯教育，希望通过课程去探寻生涯教育理念的落地，学生积极参与其中，体验真实人生；教师积极参与其中，并丰富自己的生涯教育知识和技能，并由此进一步探讨"五育并举"的融合实施。经过团队几年的努力，希望把高中生涯剧体验课程做成可信、可预测和具有建设性作用的校本课程。

生涯的定义有多种，其中一种生涯是由三个要素构成，一是角色，二是环境，三是事件（计划和非计划的）。所以，我们用"让慧美浸润生命！"理念指导我们开展生涯教育，然后在生涯教育的总体框架下，我们突出以"生涯剧"为核心的生涯剧体验课程的开发与实施的研究，难点是生涯剧的开发和生涯剧体验课程的实施评价。在这样的总体思路框架线索之下，按部就班地做好了以下的几项工作：制定课程目标、课堂方法、课程实施和课程评价；建设生涯剧体验课程的教师队伍；开发生涯剧体验课程；开展课堂教学与课外实践；制定生涯剧体验课程评价体系。

我和我的团队深深地立足师生、学校和地区周边的有价值资源，根据身边事、身边人的生涯故事，推动生涯剧围绕系列生涯故事而展开，通过师生共同演绎，以目标人群所熟悉的事件为主，以系列短视频为主要表现形式，师生以"剧"的形式自编自导自演高中校园学生的真实经历，利用角色探寻人生，自主规划高中人生。

心理学巨匠罗杰斯总结说："愉快地活着，是一门专业。每个人都想要被别人看到，但也都需要先被自己看到。"自己如何才能被自己所看到？最好的办法是行动和"留痕"。这是人让自己看到自己的最佳途径了。这里的行动和"留痕"肯定是自己人生的生涯规划和持续行动。当团队选择了生涯教育方向时，首创"生涯剧"，原创了《飞形记》，再到"生涯慕课""生涯手册""生涯班会""生涯盲盒"，既有同行者、分享者、合作者的进步，还有一大批学生满满的收获。我和我的团队都庆幸，我们的持续行动和精彩"留痕"能让生涯教育富有意义。

一个项目、一个计划、一部剧、一门课、一个梦想、一种陪伴。正如歌德所说："像人们应该成为的人那样对待他们，你便能帮助他们成为他们能够成为的人。"从剧起，到剧演人生，故曰"剧划人生"。

陈青天

2023 年 7 月

目录
CONTENTS

第一章

生涯剧缘起   1

第一节　新时代生涯教育趋势   2

第二节　教育戏剧邂逅生涯教育   24

第三节　在教育戏剧中觅得生涯特色   37

第二章

生涯剧的实践   52

第一节　生涯剧的定义与建构   53

第二节　生涯剧的设计与实践   64

第三节　生涯剧的意义   78

第四节　生涯剧《飞形记》剧本   92

第三章

生涯剧体验课程开发 142

第一节 生涯剧体验课程的理论基础 143

第二节 生涯剧体验课程的内涵特征 154

第三节 生涯剧体验课程的总体设计 166

第四章

生涯剧体验课程的子项实施 181

第一节 生涯慕课课程的设计与开展 182

第二节 《青春修炼手册》的设计与开展 191

第三节 "点生涯班会"的设计与开展 200

第四节 生涯盲盒的设计与开展 208

第五章

生涯剧体验课程的实施效果 219

第一节 生涯剧体验课程带领学生成长 220

第二节 生涯剧体验课程引领教师成长 228

第三节 生涯剧体验课程的项目辐射与融合 237

后记 追光之路 257

第一章

生涯剧缘起

总观点：生涯教育，难以定式！其最大的变，就是变；最大的新，还是变。

生涯剧《飞形记》第一集剧照

第一节　新时代生涯教育趋势

一、社会发展是生涯教育发展的根本动力

中国古人说："吾生也有涯，而知也无涯。"今天，在教育的问题上也有"生有涯而学无涯"的智慧和"学有涯而生无涯"的现实感叹。现代意义上的"生涯教育"概念来自美国，且在美国获得了蓬勃发展，并且影响了世界。早在1971年，美国时任教育总署署长西德尼·马兰（S. P. Marland）在全美中学生协会上正式提出，生涯教育又称生涯发展教育，从广义上理解泛指学校所进行的以学生终身发展为目的的一切课程和教育活动，狭义是指为帮助学生进行生涯设计、确立生涯目标、选择生涯角色、寻求最佳生涯发展途径的专门性课程与活动。

1972年尼克松总统宣称，生涯教育是"由政府创办的一种最有前途的教育事业"。美国的儿童从6岁起就开始接受职业生涯教育，十分注重在每个教育阶段中生涯教育的连贯性。

社会发展是教育的最大改变因素，社会发展每前进一步，都必将充分地影响教育的发展。社会发展带动生涯教育不断发展的最直观体现，就是不断出现的生涯教育理论；而生涯教育的发展，除了得益于经济社会发展的推动，也得益于不断迭新的生涯理论的指导。

随着经济社会的发展，涌现出越来越多的生涯教育理论。生涯教育（Career Education）最早起源于职业指导（Vocational Guidance），是在进入生涯辅导（Career Counseling）阶段后，发展到一定时期提出来的一个概念。

被后人尊称为"职业指导之父"的弗兰克·帕森斯（Frank Parsons, 1954—1908）于1908年1月13日成立了波士顿职业局（Boston Vocation Bureau），通

过研究，他提出了"人们应该要选择职业而不是寻找工作"的重要观点，并提出了一套指导人们职业选择的客观标准和评价方法。他在其遗著《职业选择》（*Choosing a vocation*）中提出了职业发展的三个步骤（也有学者称为"三个法则"）：第一，清楚地了解你自己，了解你的倾向、能力、兴趣、资源、局限以及其他品质；第二，了解各种工作成功所必备的要求与条件、优缺点、薪酬、机会以及发展前途；第三，合理解释上述这两部分事实之间的关系。由于帕森斯的这一理论认为职业选择过程就是将个人特质（能力及能力倾向、兴趣等）与环境因素相关联进行选择的过程，这一理论被称为"特质-因素理论"（Traitor and Factor Theory）。

在北京大学出版社出版的《遇见生涯大师》中有介绍，在弗兰克·帕森斯提出了"特质-因素理论"后，安妮·罗伊认为家庭对一个人的成长影响极大。她从家庭教育、家庭环境和亲子关系的角度，提出了"早期经验论"，即个人的早期经验以父母管教态度的影响为主。如果家庭氛围（主要是指父母的态度）是温暖、慈爱、接纳的，即以孩子为中心的，那么孩子会注意别人对自己的意见和态度，以保持彼此之间的关系（非防御性），成年后会更有可能选择服务、商业、组织、文化和艺术娱乐类等和人打交道的职业；如果孩子成长的家庭氛围是冷漠、忽视、拒绝或过度要求的，就会形成防御别人的心态（防御性），成年后会更有可能选择技术、户外、科学等跟事、物和观念而非跟人打交道的职业。

帕森斯最有力的拥护者霍兰德认为"从日常的生活经验、对自己能力的清楚认知两方面进行探索才是个人职业选择最有效的办法"，他提出了著名的霍兰德六边形以及霍兰德代码，以便让人更精确地解读"做什么职业会让我们更快乐"。

约翰·克朗伯兹提出"偶发事件学习理论"，即人的生涯发展需要从"理想的模式：制订计划—等待时机—采取行动"到"现实的模式：保持开放—

采取行动—创造幸运"，毕竟人的生涯是动态的，因此他用"生涯行动"代替"生涯规划"。

罗伯特·伦特提出"社会认知生涯理论"，即个体的兴趣直接影响着一个人的目标，而个体的持久兴趣往往来自自己的胜任感。所以，罗伯特·伦特重视个体对自己的看法，并鼓励个体挖掘自己过去的成就与表现。

盖里·彼得森提出"应用于生涯辅导的认知加工模式"，不要在没探索之前就匆匆做决定，人们要学习如何做出个人决策，而不仅仅是得到一个结果。职业选择是一种解决问题的活动，是对自己负责任的过程。他提出决策五步法：沟通（与自己沟通，找出理想和现实之间不容忽视的差距；与关系重要的人沟通，帮助自己看清自己不清晰的方面）、分析（分析自己，分析职业特性的各个选项）、综合（将收集到的有关自我和职业的所有信息放到一起，逐步缩小自由选择的范围）、评估（使用"决策平衡单"等工具，将最佳的判断对保留下来的选项予以排序，得出最终选择）、执行（依照最终选项，制订计划并付诸行动）。

勒内·戴维斯提出"工作适应理论"，突出个体是否适合、胜任这个工作并对其满意。认为人对工作环境有要求（环境提供回报），工作环境对人也有要求（人们完成工作的能力）。工作满意度是工作适应的主要指标，而个人的需求和价值是工作满意度的重要因素。他认为对工作不适应有五种情况：一是个人能力超出了职位要求；二是个人能力达不到职位要求；三是个人能力与职位要求一致，但是无法表现得很好；四是个人需求不够清晰；五是个人需求不被工作环境满足。

诺曼·阿曼德森提出"生涯轮轴理论"，以"生涯目标"为轮心，将技能、兴趣、价值观、个人风格、重要他人、教育背景、工作及休息经验、就业市场八个部分组合成一个轮毂。他认为只有八个部分形成完整的圆桶形，人的生涯道路才会平稳行进。

马克·萨维科斯的"生涯建构理论"，将自己过往的回忆（即"我是什么样的人"）、当前的感受（即"我要如何度过这一生"）以及未来的期望（即"这一生有何意义"）三大生涯问题形成生涯建构，并通过自己的行动成就自己想要的生活。

唐纳德·舒伯的"生涯"概念和"生涯角色"概念，提出生涯发展的成长期、探索期、建立期、维持期和衰退期五个阶段，处在哪个时期就做哪个阶段的事。归纳出在人生舞台上主要扮演的九个生活角色：子女、学生、休闲者、公民、工作者、配偶、持家者、父母、退休者，聚集在一起，填满了我们的生活空间。

玛丽·麦克曼的"生涯发展系统理论框架"，承认人在一定的社会关系中，个人的生涯发展应该有个人、社会、环境三大系统，三大系统之间相互影响，相互作用。个人系统是指影响生涯发展的个人内在因素，如性格、气质、能力、兴趣等人际影响范围；社会系统是指与人产生互动的其他人群组织，如家庭、教育机构、同伴和工作职场等；环境系统是指人所处的地理位置、政治经济局势、社会经济地位、历史趋势、就业市场等宏观系统。

斯宾塞·奈尔斯的"希望中心取向的生涯发展模式"，强调以行动为导向，以希望为中心的生涯干预。个体为了获得最大的工作满意或成功，必须有实事求是的态度和应对挑战的技能。

德国著名发展心理学家、老年学家保罗·巴尔特斯提出"带有补偿的选择最优化模型"（SOC 模型），强调人生都是在不断获得与丧失之间的动态平衡，为此，人可以通过选择、最优化、补偿三种成分的相互作用来实现。选择就是在可供选择范围的选择，以及对此领域的发展所采取的行动方向；最优化是在所选择的领域中，应用现有适合目标的内在和外在资源达成目标，以提高适应性；补偿就是当资源丧失或实现目标途径受阻时，创造适当且必要的替代性方法，以达到原有的目标或调整目标。

赖利·寇克伦的"生涯叙事理论"，突出个体拥有自己生涯的主导权和解释权，个体以叙事的方式就是在解释生涯问题如何开启（现实中缺少了什么）——又是如何画下结束的句号（通常是更加理想的状态）——中间改变的过程中发生了什么（从开始到结束的过程）。

金树人的"生涯发展理论与咨询及其本土化建构"，以中国的传统文化观念为依托，将心理测量与评价及其工具进行本土化开发，融入对中国人生涯观念的理解与分析。中国人相信"命中注定"，如何成功迈过命中的"坎""劫"，就需要有行动的方向，这就是生涯规划的重要依据。

无论是哪一位学者的生涯教育理论，它的出现总是伴随着时代的发展，映射着经济、社会发展的实际。这些理论对于社会的发展做了很好的描述与分析，对社会的发展提出了新的挑战，也给予了新的启示。总的来说，社会的发展可以通过影响职业的变化与选择来带动生涯的规划发展。

二、生涯教育发展需要和国家的发展紧密结合起来

1999 年的高校扩招，使我国的高等教育进入了大众化阶段。根据教育部每年公布的高校毕业生数据，2001—2023 年，高校毕业生人数由 114 万人增长到 1158 万人，大学生面临着空前的就业压力。已有就业压力加上新增就业压力，无疑会使大学生的就业形势雪上加霜。解决大学生就业问题的重要性促使越来越多的高校开始增设学生职业生涯规划课程，指导大学生的就业技能，帮助他们更好地提升就业技巧，适应社会的发展形势，更加顺利找到工作。所以，重视生涯规划，重视在不同学段进行不同层次的生涯教育，才能做好教育使命——从关注学业到关怀人生的转变。

（一）生涯教育发展的起源与初衷

生涯教育发展起源于英国的工业革命，既给生产力带来了巨大的作用，给

生产关系带来了根本性的变化，也引发了社会巨大的变化，如职业分工趋向细化、城市人口不断扩大、新兴职业诞生……19世纪末期到20世纪初期，恰逢美国经济迅速攀升、产业发展崛起的时期，需要大量熟练的劳动者，但与此同时学校教育并未确立职业教育的地位，毕业青年一般缺乏职业技能而造成人才资源的浪费。在当时，不仅仅是美国，包括欧洲一些经济快速发展的国家，均遇到了类似的问题，各自针对不熟练劳动者开展职业指导与训练活动。在东方的日本、中国的民主教育家，也从不同角度开展了类似的职业教育和职业指导运动。

在巨大的裂变下，劳动力与职业需求连接，教育从精英走向大众，初衷是帮助城市新人口适应新工作。于是各地职业介绍与咨询机构纷纷出现，援助青年找到一份适合自己的工作。当时的职业资料多数是个人收集或累积的信息，偏重工作性质描述与工作机会的提供，较缺乏与个人特质或心理有关的分析资料，而在资料的效度上也缺乏客观的验证。所以，当"职业指导之父"弗兰克·帕森斯提出了"人们应该要选择职业而不是寻找工作"的重要观点时，生涯教育的起点关怀就定格在为职业服务的使命上。[①] 生涯教育的发展离不开经济、社会的发展。生涯发展理论起源于美国的工业大扩张时期，是工业大扩张和科学技术的繁荣发展发扬了生涯发展理论。

中国进入新时代。一个社会的经济进步通常有如下特征：国民收入上升、产业构造高层次化、地方向都市化进展、社会情报化、向国际化发展等。114.4万亿元，这是中国2021年的国内生产总值，扣除价格变动因素，相当于2012年的1.8倍。第三产业增加值在GDP中所占的比重是53.3%，比2012年提高了7.8个百分点，制造业、服务业结构更趋协调。从2013年到2021年我国对世界经济增长的平均贡献率是38.6%，超过G7国家贡献率的总和。中

---

① 杨光富：《弗兰克·帕森斯与现代学生指导制度的建立》，《贵州大学学报（社会科学版）》2017年第1期。

国经济成为推动世界经济增长的第一动力。我国实行改革开放政策以来，经济取得了令世界瞩目的发展。但近年来结构性矛盾逐步显现、内需持续不足、供需结构仍不平衡、消费和投资需求的进一步下滑，在新冠疫情的强势冲击下，我国经济发展也正面临着需求收缩、供给冲击、预期转弱等方面的重大挑战。人才市场是市场经济的一个重要组成部分，是在价值规律和竞争规律的作用下，通过劳动力供求双向选择配置人力资源的一个机制。教育如何支撑发展？生涯教育又如何支持人才培养？

（二）生涯教育发展的最大价值

生涯教育的发展并不只是为了生涯教育本身的发展，它的最大的价值是为了解决因为经济社会发展带给人发展的困扰。中国特色社会主义新时代是中国发展新的历史方位。2017年10月18日，习近平总书记在党的十九大报告中指出："中国特色社会主义进入了新时代。"进入新时代的中国对人才提出什么样的要求？需要什么样的人才？

2021年9月27日至28日，中央人才工作会议在北京召开。中共中央总书记、国家主席、中央军委主席习近平出席会议并发表重要讲话，强调要坚持党管人才，坚持面向世界科技前沿、面向经济主战场、面向国家重大需求、面向人民生命健康，深入实施新时代人才强国战略，全方位培养、引进、用好人才，加快建设世界重要人才中心和创新高地，为2035年基本实现社会主义现代化提供人才支撑，为2050年全面建成社会主义现代化强国打好人才基础。

习近平总书记在党的二十大报告中指出，教育、科技、人才是全面建设社会主义现代化国家的基础性、战略性支撑。必须坚持科技是第一生产力、人才是第一资源、创新是第一动力，深入实施科教兴国战略、人才强国战略、创新驱动发展战略，开辟发展新领域、新赛道，不断塑造发展新动能、新优势。

青年强，则国家强。当代中国青年生逢其时，施展才干的舞台无比广阔，实现梦想的前景无比光明。全党要把青年工作作为战略性工作来抓，用党的科学理论武装青年，用党的初心使命感召青年，做青年朋友的知心人、青年工作的热心人、青年群众的引路人。广大青年要坚定不移地听党话、跟党走，怀抱梦想又脚踏实地，敢想敢为又善作善成，立志做有理想、敢担当、能吃苦、肯奋斗的新时代好青年，让青春在全面建设社会主义现代化国家的火热实践中绽放绚丽之花。

（三）社会发展的未来

社会发展的未来在于培养学生适应未来发展所需的能力素养。新高考来临，高中生对自己的生涯发展有了更大的自主选择权，也面临着更多挑战，需要学生具备较强的生涯探索与决策能力。学校教学方式改变，需要学生有更高的自主学习意识和自我管理能力。"两依据一参考"的招生录取模式，需要学生有更强的规划意识和素养准备。

2022 年 3 月 8 日，全国人大代表、福州市盲校辅导员张广敏在接受《中国教育报》的采访时表示，尽管目前国家层面已经出台了相关规定，鼓励在基础教育阶段开展生涯规划教育，"但实际上，我国基础教育阶段的生涯规划教育实践仍有较大的提升空间"。如何推进基础教育阶段生涯规划教育发展？全国人大代表张广敏对比建议，将生涯规划教育与中小学综合实践活动相结合，让学生在实践活动中了解社会运作，增强根据自身兴趣专长进行生涯规划和职业选择的能力；充分利用社会资源，邀请校友、家长进行职业分享，与高等院校进行衔接教育；加强生涯规划教育在各个学科教育中渗透，将学科与生涯相关信息关联起来。①

---

① 《张广敏代表：推进基础教育阶段生涯规划教育》,2022 年 03 月 08 日，见 http://www.moe.gov.cn/jyb_xwfb/xw_zt/moe_357/jjyzt_2022/2022_zt01/lianghuishengyinjy/jijiao/202203/t20220308_605400.html。

三、生涯教育需要不断呈现新的形式才能适应经济社会发展之需

学校的生涯教育，深受社会发展的影响。影响个人职业生涯规划的因素主要有个人因素、环境因素、社会因素。社会发展应该是从以下三大方面对生涯教育产生充分的影响。

（一）社会发展直接影响生涯教育的途径和方式

良好的信息化发展催动着教育途径应用的信息化生态。《智能学习的未来》作者之一罗斯玛丽·卢金是国际 AI 教育学会会长，她认为：人工智能对人类的最大启发就是人工智能无时无刻不在不断学习，永不厌倦，这就意味着它们总是在不断改进，所以教育体系正确的路径和方向就是让人类比人工智能更善于学习，只有不断学习才能铸就成功和智能的基石。如果我们善于学习，世界就将任我们驰骋，人类也将不断取得进步。为适应未来的发展与需要，人类借助人工智能会产生第四种学习方式，即用一些新的学习设计概念（New Design Concepts for AI in Learning）来思考，包括策划（orchestrating）、增强人的智能（augmenting human intelligence）、扩大自然交互（expanding naturalistic interactions）、扩展可评估能力（broadening the competencies）、揭示联系和对等（revealing connections and equivalencies）等。这些新的学习设计概念超越了目前经常所提及的技术支持的"个性化"（personalized）、"自适应"（adaptive）或"混合"（blended）学习的概念。

（二）社会发展直接变更生涯教育的内容，社会发展孕育生涯教育发展的各种可能

教师发展、课程建设，是教育改革的核心要素。2015 年世界经济论坛发

布了《教育新视野：释放技术潜能报告》，将 21 世纪所需要的技能分为三类：第一是基础素养，包括传统读写素养、数学素养、科学素养、信息通信技术素养、金融素养、文化素养和公民素养；第二是能力素养，包括批判性思维、解决问题的能力、创造力以及沟通和协作；第三是性格特征，包括好奇心、积极性、毅力、适应性、领导力以及社会和文化意识。2020 年 8 月 5 日，国家标准化管理委员会、中央网络信息办、国家发展改革委、科技部、工业和信息化部五部门印发了《国家新一代人工智能标准体系建设指南》的通知。指南中提出了具体的国家新一代人工智能标准体系建设思路、建设内容，也提到了智能教育领域："规范在新型教育体系中的教学、管理等全流程相关的人工智能应用，建立以学习者为中心精准推送的教育服务，实现日常教育和终身教育定制化。"这里有几个核心词：以学习者为中心、精准推送、定制化。

（三）社会发展根本上规定着生涯教育的目的

良好的师生参与、学生多元发展的生态、职业的更新与个人兴趣的追求会鼓励学生追求，以高考为基点的系列变革带动着学生的多元全面多元个性化发展。发展着的社会与时代，需要教育学生有成长型的生涯规划。

案例一：曾经的迷茫少年蜕变为技能新秀[①]

把时针拨回到 8 年前，那时的吴鸿宇还是来自广东省揭阳市惠来县的农村少年，课余时间喜欢钻研电器，拆装东西。因为文科成绩不好，考不上重点高中，初中毕业时，吴鸿宇感到非常迷茫，不知道未来的路要怎么走。"想过直接去打工，但父母说我没有什么技能，是找不到好工作的。"父母的话点醒了

----

① 《两金一银！广东一技校再创我国参加世赛佳绩》，2022 年 11 月 14 日，见 https://baijiahao.baidu.com/s？id＝1749480858247341751&wfr＝spider&for＝pc。

吴鸿宇：唯有掌握一技之长，以后才能有所成就。

在亲戚的介绍下，2015 年，吴鸿宇进入广东省机械技师学院学习。在塑料模具专业学习半个学期后，吴鸿宇通过了机械理论的考试，进入了"竞赛集训班"学习。在这个特别的班级，教练会根据学生的特长把他们分到不同专业进行学习训练，吴鸿宇被分到了数控车专业。

吴鸿宇觉得，从塑料模具专业跨到数控车专业学习并没有太大的难度，在他看来，机械类的专业基础理论都是相通的，都要先从机械制图开始学起。吴鸿宇的学习领悟能力与实操能力都较强，很快在各级各类竞赛中崭露锋芒。

吴鸿宇说："进入竞赛集训班之后，我几乎没有假期，每天都在车间里训练。我不羡慕其他能放假的同学，因为我有收获。"曾经的迷茫少年蜕变为技能新秀，慢慢找到了人生奋斗的方向，并在技能成才的道路上越走越好。他认为，要想学好技能，最基本的理论学习不能丢。要想每天都有所提升，只有花更多时间脚踏实地去训练，才能吸收理论知识并且提高实操能力。

案例二：选择学习技能，就是给自己的人生做"加法"

2022 年世界技能大赛特别赛数控铣项目金牌得主周楚杰和增材制造项目银牌得主林伟桐，同样来自广东省机械技师学院。

周楚杰来自顺德，在家人的推荐下，周楚杰选择了顺德梁銶琚职业技术学校的数控技术应用专业。数控技术应用专业主要的学习内容是利用数控设备对工件进行金属切削加工，用金属切削刀具去除材料方式来完成零件加工。

2018 年，周楚杰进入广东省机械技师学院"世界技能大赛班"，2020 年12 月，他参加中华人民共和国第一届职业技能大赛，荣获数控铣项目金牌，并正式被确定为 2022 年世界技能大赛选手。

数控铣项目的比赛要求将误差控制在 0.02 毫米以内，比赛的过程既还原了生产精密零件的过程，又高于企业生产的要求，充满紧张感。

周楚杰说："学校里的学习氛围很浓，竞争特别激烈，每个同学都有自己的目标并为之奋斗，学校里的条件好，有很多先进设备，还有优秀的师资。"

出生于广东揭阳农村的林伟桐，2015年，在亲戚朋友的推荐下，进入了广东省机械技师学院学习模具设计专业。经过层层选拔，林伟桐进入了"竞赛集训班"学习增材制造技术。

增材制造作为世界技能大赛的新增项目，没有技术文件，没有样题，充满很多不确定因素。此外，考核的内容相对复杂，一共有五个模块，包括设计及优化、逆向工程、制造等相关技术。

林伟桐说，选择学习技能，就是给自己的人生做"加法"，如同给空白的数字模型逐层堆积材料，慢慢地把自己打造成有用之才。

四、创新生涯教育是适应教育变革和社会发展的最佳表现之一

2014年9月，以国务院印发《关于深化考试招生制度改革的实施意见》为标志，我国开启了自1977年恢复统一高考以来最全面、最系统、最深刻的一轮高考改革。当年，上海、浙江率先启动高考综合改革试点；2017年，北京、天津、山东、海南四地加入第二批试点行列；2018年，第三批新增河北、辽宁、江苏、福建、湖北、湖南、广东、重庆8个省市。高考综合改革在"推进素质教育、促进教育公平、科学选拔人才"的期许中，由东部向中西部稳妥推进。到如今，新高考方案在14个省市均已平稳落地，考试招生制度改革带动了一系列教育变革。

根据各省份实施方案，前两批试点省份是"3+3"模式，而第三批采取的是"3+1+2"模式。其中"3"为全国统考科目语文、数学、外语；"1"为首选科目，考生须在物理、历史科目中选择1科；"2"为再选科目，考生可在

化学、生物、政治、地理等科目中选择两科；统考科目和首考科目计原始成绩，选考科目则按等级赋分后计入总成绩。中学阶段的学业与进入高校选择的专业，甚至与日后安身立命的职业紧密结合，在高中开展生涯教育和学科专业认知的重要性凸显。

生涯规划之学，即应变之学。每个人都是"生涯体"，都应该有生涯意识，都应该有生涯规划。每位高中生都应该从时间、知识、创意和生活激情四个方面规划高中三年。因此，新课程改革方案出台遵循习近平总书记关于教育的重要论述，特别是新时代中国特色社会主义教育发展的方向、道路、方针、原则，将进一步重视学生主体的选择和发挥，重视学生生涯规划的落地，也是为了更好、更快推进教育现代化、建设教育强国。

因此，创新实践出具有视觉性、参与性、理论性、推广性的，以"生涯剧"为重要载体的混合式生涯课程是本课题的目标和方向，是为了更好地迎合和服务教育部提出的"三个课堂"的实施，是推动德育、美育发展，培养提升学生的"核心素养"的重要途径。目前，课题组所属的学校——东莞市第五高级中学（简称"东莞五中"）处于国家政策扶持发展的粤港澳大湾区，其实施的高中生涯规划教育，创新可推广的高中"生涯剧"体验课程，对于粤港澳大湾区各种丰富的、更加多元的、竞争更加激烈的人才培养，以及对外来人口的孩子的生涯规划教育教学都有着重要的现实意义。

生涯教育可以主动，更愿意引导学生主动。项目组在进行研究时，充分考虑了研究的"可有空间""可以条件""可能过程""可成成果"四个方面，以期研究的价值和效果。尽管目前人们对生涯教育的渴求越来越强烈，但生涯课程的空间和时间不见得有十分充足的保证。生涯教育不是课程；高中的课时很紧，每个学科都想增加时间；如何充分利用互联网的优势和学生的闲暇时间是生涯教育落地的主要保证。

学校的发展需要建立在社会发展的基础上，也只有这样，才能保障学校的发展符合时代要求，才能充分保证教育的时代性，又能服务社会发展的需要。不难看出，在高中阶段积极推进生涯规划教育已经成为学校发展的刚需。所以，提出慧美人生规划必修课程，既是课程，也是学业，更是帮助老师和学生接纳"慧美"品牌的重要途径和手段。从已有中探寻和突破。我们如何开发思考？当我们面对着只看重成绩或眼中不只是成绩的不同类型学生时，怎么办？

青春期的体验，包括对边界的试探，以及探索未知事物的热情，会以非常重要的方式为核心性格特征的发展搭设舞台。这些性格特征会使青少年始终勇于探索，过着有目标的生活。① 这就正如歌手五月天、刘若英、光良一起唱过的那首叫《笑忘歌》的歌，这首歌的歌词很有意思，很能代表学生的真实现状。而这样的真实，也是我们进行生涯教育需要考虑的诸多因素。（节选部分歌词：屋顶的天空是我们的/放学后夕阳也都会是我们的/不会再让步更多了/唱一首属于我们的歌/让我们的伤都慢慢慢地愈合/明天我又会是全新的 oh/青春是手牵手坐上了/永不回头的火车/总有一天我们都老了/不会遗憾就 ok 了/伤心的都忘记了/只记得这首笑忘歌/那一年天空很高风很清澈/从头到脚趾都快乐/我和你都约好了/要再唱这首笑忘歌/这一生志愿只要平凡快乐/谁说这样不伟大呢！）

五、从已有中探寻

生涯教育发展随着社会深入的发展和分工的进一步精细化而出现很大的进步。生涯教育受社会发展影响的最直接表现是人的生涯规划和生涯意识的提升。生涯规划的基本要素是四项，分别是"能力素养""心理素质""职业规划"和"全面发展"。

———————————

① ［美］丹尼尔·西格尔：《青春期大脑风暴：青少年是如何思考与行动的》，黄珏苹译，浙江人民出版社 2021 年版，第 6 页。

我本人也非常重视生涯知识的学习，2018 年在深圳前海生涯学习"国际生涯规划师（CDP）"，成为 2021 年广东省中小学"百千万人才培养工程"学员后，和同学们一道，成立"生涯之光"组（导师是攸佳宁教授和王心明老师），在广东实验中学深圳学校跟岗，在广东省中小学"百千万人才培养工程"项目培训现场，聆听广州外国语学校李伟主任的讲座，学习杨阳老师的专著《互动戏剧玩生涯》，也学习了李萍老师的专著《唤醒生涯：生命成长视阈下的生涯教育》，深受李萍老师提出的"真我"金字塔模型的影响。

课题组通过百度搜索"生涯课程"，发现可以搜到 1.8 亿条相关信息；通过百度搜索"学业生涯"，可以搜到 5 900 万条相关的信息；通过百度搜索"职业生涯"，可以搜到 1.73 亿条相关的信息；通过百度搜索"生涯资源"，可以搜到 7 930 万条相关的信息；通过百度搜索"生涯教育案例"，只是搜到很多如英国、美国、日本、新加坡等国，以及中国的香港、澳门、台湾地区的典型生涯教育案例；而通过百度搜索"中学开展生涯教育主要方式是什么"时，答案都主要集中在"生涯辅导课、生涯咨询、校友回访、生涯讲座和社会实践"等传统方式。

深圳市红岭中学在"提供适合学生个性化成长的理想的教育，创建与特区地位相称的国际化新学校"教育理念的倡导下，于 2011 年 3 月全国首创了一个致力于为学生量身定制成长方案以及为每位学生的个性化发展提供系统化支持的平台。

深圳市红岭中学设有学生成长支持指导中心和生涯教育工作坊。学生成长支持中心以"关爱生命、关心生活、关注生涯"为核心主旨，分别从学生的身心健康、人格发展、生涯规划三个方面介入，通过课程实现、班会实现、活动实现、团体实现、讲座实现等多样化实现途径，为不同年级阶段的学生提供具有针对性的帮助。

除此之外，在学生的生涯教育探索与实践上，深圳市红岭中学制定生涯校本课程进课表，配备心理生涯活动室，开设有生涯教育主题活动、校友生涯沙龙，整合了社会、教师、家长、校友等多方资源，开设成长大讲堂、红岭小讲堂、家长课堂、有约活动、高校游学等固定项目，同时与深圳市博物馆、深圳地铁等众多社会实践基地建立了联系，力求全方位、最大化地为学生成长助力。

广东实验中学深圳学校以王心明老师为负责人开展了"每一个当下都与未来相连——新高考背景下高中生涯规划校本课程研发与实施策略"项目。该校通过研究生涯教育实施背景，确定生涯教育目标，学校积极搭建生涯教育组织架构，积极做好生涯教育师资培养，开发主题为"逐梦生涯"生涯规划课程。该校生涯校本课程落实较好，既提高了高中生对大学及专业的了解度和大学生对专业的满意度，提升了高中生的学科选择+专业填报+职业选择+学习内驱力；又逐步树立规划意识，培养选择能力！

广州市番禺区实验中学办学理念：为每一个梦想铺路搭桥！形成"逐梦生涯——高中生学业生涯规划"特色，"逐梦生涯"生涯规划课程理念：筑梦（明确目标）—逐梦（找寻路径）—铸梦（方法策略）。学校重视构建生涯组织架构，培养生涯教育师资，做好生涯校本教研（生涯科组集体备课，青年生涯导师成长，生涯导师读书会，生涯导师自我提升课），开发生涯特色课程开发—课程体系——"逐梦生涯"生涯四部曲：①知己（对内看自己）；②知彼（对外看世界）；③定向（生涯决策）；④行动（实施计划）形成了梦想××篇、自我认知篇、职业探究篇、专业认知篇、生涯决策篇、学业指导篇。

通过网络、查阅文献等多种途径了解到，目前国内的生涯辅导和生涯咨询处于发展阶段，也产生了很多理论和实践形式，但都比较注重职业生涯规划、大学生的生涯规划，还比较缺少系统的高中生涯规划，在生涯规划课程实施，特别是线上线下结合的混合式教学形式极少，生涯教育教学在可操作性、可复制性方面存在很多的局限性。另外，以"教育戏剧"的形式去充分调动师生主动参与、积极发展的高中生涯规划的校本研究更是极少。国内没有对"生涯剧"的研究，也少有线上线下混合式生涯课程的研究。

（一）总体上概括国内的生涯教育的特点

一是顺序上的倒置，从学段看，是大学，到高中，再到初中，小学停留在"我长大后的梦想"。一个人要在现代社会生存，或者说要生活得更好，必须找到自己在社会中的角色位置，这是教育中的大问题。从长远来看，重视生涯教育这个方向不能动摇。生涯教育本质上就是人生教育，具体来说就是对个人的生活开导及整个人生发展的规划教育，其中会涉及很多细分话题，教育、工作、兴趣等，目标则非常明确，就是要为成功的工作生涯发展做准备。如果只是因为大学的职业就业的需要，而开展生涯教育中的其中一部分即职业教育，那么，生涯教育的顺序倒置势必引起生涯教育的纯功性，则难以扶持人的一生的良好发展。

二是侧重点上，大学是毕业前（就业前）的就业指导为主，有点回到帕森斯提出的"人们应该要选择职业而不是寻找工作"论断，高中阶段多在活动上，如生涯游园活动、我的自画像设计大赛、职业探究：职业人物访谈、校园创业与义卖活动、学生创小业大赛、校园模聘会、企业参访体验、真人图书馆、创想未来创业大赛等。初中很少，有的话也只是和高中那样，解决升学问题。如此一来，感觉我们不需要生涯教育，又或者说，生涯教育不重要。

三是具备越来越多的校本生涯特色课程开发模式，即"全员（部分）参与+全套（部分）课程+全新（部分）体验+全程（部分）指导"。而在生涯规划课程校内外实施路径上，主要是以校内实施为主，主要途径有"导师指导+生涯体验+专家讲座"；校外开展为辅，多为社会实践和参观访问。

四是生涯教育重要，生涯师资更重要，为此，我们应该展望生涯教育未来努力方向。以加强师资培养为抓手（专业引领，全员导师）；加强课程研发

（领域细分，内容延展）；加强实践体验（感知体验，促发思考）；整合课程资源（资源整合，创设平台）；创新追踪评估（多维评估，成效追踪）。

（二）中国香港地区的生涯教育

1. 香港地区生涯规划教育总体目标

生涯规划协会认为，香港地区生涯规划教育总体目标：事业知识、所需技能、价值观及态度。何为生涯规划？通过教育与实践行动，培养人的价值（Values）、多元途径（Paths）、态度（Attitude）、自我了解（Self-understanding）和技能（Skills）。香港生涯规划协会认为，生涯规划主要有自我认识及发展、职业探索、生涯规划与管理三个要素。并且，生涯规划与管理必须正面回应自我认识及发展。

2. 香港地区生涯规划教育总体方针

六项生涯规划教育开展建议原则：

（1）提供不同的服务，以相互配合学生不同成长期的发展需要。

（2）涵盖所有学生，不论其能力、志向和就读的年级。

（3）作为提升学生力量的方法，使他们就学习、专业目标和其他生活范畴做出知情和负责的选择。

（4）鼓励学生根据兴趣、能力和志向做出学习或者事业选择。

（5）促进学生的生涯发展，帮助他们发挥个人潜能。

（6）协助学生处理及适应从学校环境过渡至工作世界，并帮助他们培养终身学习技能。

3. 香港地区生涯规划教育特色形式

（1）通过设计生活事件进行角色扮演、访谈、讨论、总结。

（2）根据学生不同发展阶段进行相应的教学内容安排。

（3）自下而上地开展，有完整的授课—评估机制。

（4）注重实践，商校合作，安排企业走进校园开展讲座，安排学生走进企业进行考察。重视各种专题的学习与活动，如《我不小心受伤了》《找一份暑期工作》《我适合做兼职工作吗?》《中四至中六：假如我是雇主》《诚信无价》《第一次面试》《我的第一份工》《北上就业大计》《处理工作压力》《我的求职择业准备》。

（5）有专门的生涯规划课程、教学用书。课程实施时，没有硬性规定，由各个学校根据自己的教学计划安排授课，教材的种类也比较丰富，如生涯地图（教育局香港辅导教师协会联合出版）、寻找生命的色彩 & 寻找生命的色彩教师用书（教育局香港辅导教市协会联合出版）、职业字典（香港青年协会出版）、小规划，大改变（香港游乐场协会出版）、教案教育部参考教案（*Life Planning Education*，2014）等。

4. 特色的做法与方案

《联合国可持续发展目标》青年创客计划，由香港生涯规划协会主办。计划通过专业培训、实地考察、政策了解、交流互动的形式；同时加入新型的体验游踪，让青年从多元角度开阔视野，了解政策与把握机遇，培养国际化思维，从而更好装备个人未来在国际舞台发出属于中国青年的声音，为实现联合国可持续发展目标贡献中国青年力量。

（1）青年创客目标：计划定位于加强青年对于《联合国可持续发展目标》的多元议题了解，为青年在实现《联合国可持续发展目标》过程中扮演角色奠定根基；培养青年对于社会议题及发展的国际化思维模式，锻炼讨论思考问题、实践解决方案的能力；同时，计划更加入与香港大学生交流及共同完成团队任务的合作互动，从而让两地青年建立友谊，强化全国及区域型伙伴关系；透过学生分享及校园参观了解香港的教育氛围与升学情况，促进青年对于社会议题及教育范围的多元化认识。

（2）专业课程分享：《联合国可持续发展目标》的行动大使们与您分享解

读目标的实践及意义，引导青年探讨实现中议题对于他们带来的影响及个人可发挥的作用。

（3）专业人士互动：与来自香港、内地的专业老师及企业高层人士等的交流互动，提供多元化的思维碰撞与意见探讨。

（4）专题路线采访：透过实际体验、政策与科技了解、社区实际调研走访等，从不同角度深入了解现有情况与思考未来发展可能性。

（5）精英团队互助：计划由来自全国各地的优秀青年组成团队，共同生活、共同学习、共同考察社会创新方案，碰撞智慧的火花，收获志同道合的友谊。

（6）特色文化体验：与香港青年结伴，以本地人的角度体验地道的风土人情，认识独有的历史文化，品尝特色的美味小食，等等。

（三）中国台湾地区的生涯教育[①]

1. 台湾地区的生涯教育历史

台湾地区生涯教育在教育部于 1998 年 9 月 30 日公布《国民教育阶段九年一贯课程总纲纲要》，确定生涯规划与终身学习为国民十大基本能力之一。

2. 台湾地区的生涯教育基本理念

关于台湾地区生涯教育的基本理念，本文选取了几个比较有代表性的观点。

（1）从范围上看，生涯发展教育是全民的教育，从义务教育开始延伸至高等及继续教育的整个过程。其目标是培养个人能够创造有价值的人生。

（2）从时间上看，生涯发展教育应该连贯幼儿园到成人阶段，作为教育历程中不可缺少的一部分。将生涯概念纳入现有的学校课程中，不应只是在传

---

① 陈志华：《台湾地区职业生涯教育对大陆中小学教育的启示》，《福建教育学院学报》2014 年第 15 期。

统的课程中增加一个额外的科目或单元，而应将生涯发展的理念融入现有的课程中。①

3. 课程目标

生涯发展教育议题基于九年一贯课程之精神，在使学生注重自我觉察、生涯觉察及生涯探索与进路选择。

（1）了解自己，培养积极、乐观的态度及良好的品德、价值观。

（2）认识工作世界，并学习如何增进生涯发展基本能力。

（3）认识工作世界所需一般知识能力，培养独立思考及自我反省，以提振生涯发展信心。

（4）了解教育、社会及工作间的关系，学习各种开展生涯的方法与途径。

（5）运用社会资源与个人潜能，培养组织、规划生涯发展的能力，以适应社会环境的变迁。除此之外还有更为详细的分段能力指标。②

4. 学习内容

台湾地区的生涯教育的学习内容也是按阶段进行的，在不同的阶段有不同的学习内容。

（1）自我察觉。

第一阶段（小学一至二年级）的学习内容：能觉察良好的习惯与态度。具体包括：①配合各学习领域融入学习，让学生在家庭生活、学校生活中，培养良好的生活及学习习惯与态度。②能了解自己的习惯与态度。③能改善自己的习惯与态度。

第二阶段（小学三至六年级）的学习内容：能认识自己的兴趣、能力。具体包括：①自己的兴趣。②认识自己的能力，配合各学习领域融入学习，多

---

① 冯明、汪亮：《台湾技职教育、生涯教育及其对大陆的启示》，《教育与职业》2014 年第 2 期。

② 孙淑敏：《小学生生涯发展理论研究与教育实践的新进展》，硕士学位论文，东北师范大学发展与教育心理学专业，2013 年。

运用量表、测验、家庭访问或观察等方式，协助学生了解自己的兴趣、能力，让学生能运用天生或学习所得的知识、技能完成特定的工作或任务，能发展自己的兴趣、能力。

第三阶段（初中一至三年级）的学习内容：能了解各学科与自己的兴趣、性格、价值观及人格特质之间的关系。其中包括：①自己的兴趣。②自己的性格。③自己的价值观。

（2）生涯觉察。

①第一阶段的学习内容：a. 能觉察互助合作的重要性。b. 能觉察个人在团体生活中，需具备与他人互助合作的生活态度。c. 能养成互助合作的态度。

②第二阶段的学习内容是能够了解人际关系的重要性。其中具体主要包括：a. 人际关系的重要性。b. 自己的人际互动状况。c. 人际互动的影响因素。d. 能觉察自己与他人的人际互动状况。

③第三阶段的学习内容：a. 了解工作世界的类型。b. 了解不同工作类型间的差异。c. 生涯探索与进路选择。生涯探索与进路选择主要的学习内容为：一是能学习规划时间，如时间规划、时间运用、终身学习（其目的是让学生了解终身学习是指个人在生命全程中所从事的各类学习活动）。二是能觉察自己的时间运用情形。三是能体察终身学习的重要性。四是能学习别人解决问题的方法。[①]

展望未来，生涯教育是一项天使工作，需要教师用情怀与爱助力孩子梦想成真！

---

① 周羽全，钟文芳：《我国台湾地区中小学生涯教育及其启示》，《内蒙古师范大学学报（教育科学版）》2010 年第 12 期。

第二节　教育戏剧邂逅生涯教育

戏剧和教育都是人类文明演进过程中两个重要的途径。说不上谁的历史更久远，也说不上谁对文明作用更大。只是我相信戏剧和教育既分属不同的领域，又能很好地融合。而教育戏剧应该是戏剧和教育融合的最好说明了。换一句时髦的话，教育戏剧就是教育与戏剧的美丽邂逅，它与戏剧有以下诸多不同。

第一，起源不同。戏剧的起源实不可考，有多种假说。比较主流的看法有两种：一种为原始宗教的巫术仪式，比如上古中文，"巫""舞""武"三字同源，可能是对一种祈求战斗胜利的巫术活动的合称，即戏剧的原始形态。另一种为劳动或庆祝丰收时的即兴歌舞表演，这种说法主要依据是古希腊戏剧，它被认为是起源于酒神祭祀。

第二，形式不同。文学上的戏剧概念是指为戏剧表演所创作的脚本，即剧本。戏剧的表演形式多种多样，常见的包括话剧、歌剧、舞剧、音乐剧、木偶戏、皮影戏等。戏剧是由演员扮演角色在舞台上当众表演故事的一种综合艺术。

中国在与近代西方有文化接触前，没有西方意义上的"戏剧"（主要指话剧）传统。中国传统的戏剧为一种有剧情的，"以歌舞演故事"的，综合音乐、歌唱、舞蹈、武术和杂技等的综合艺术形式。

第三，重点不同。从构成上，教育是内容，戏剧是形式；从主次上，教育是目的，戏剧是过程；当我们理解到"教育"为本，"戏剧"为径的层次时，教育戏剧应该是一种"通过想象与扮演的方式有意识地再现并传递人类教育活动的社会活动"。

第四，目标不同。教育戏剧主张抛弃学习的被动性、统一性与个人化倾向，强调学习的主动性、活动性、情境性与协同性，将学习定义为意义与关系的建构。戏剧作为古老的文化呈现载体，它的起源首先与宗教和巫术仪式紧密相连，是借以表达人类自身的生存和发展的需要，久而久之，集中在一些共同的价值观念和社会道德标准上。

一、什么是教育戏剧

教育戏剧的观点是受到浪漫主义教育观念的影响的，浪漫主义注重对个体独特性的关注。卢梭在其著作《爱弥儿》中提出关于教师应鼓励儿童自然地成长，保护其不受成人世界的影响，以及鼓励儿童自己亲身去体验，在实践和活动中去学习。"世界以外无书籍，事实以外无教材"……"我要不厌其烦地强调一点：要以行动而不以言辞去教育青年，让他们从经验中学到那些在书本中学不到的东西。"并在其《政治与艺术：致艾伦伯特有关剧场的信》等著作中进一步论述了戏剧教育思想。让儿童自然地成长，就是要符合儿童自身的发展规律，而"游戏"恰恰是儿童的本能，是其自然本质学习的方式。在假定的游戏氛围中，儿童会自由自在而热情地投入其中，其内心的意愿与感觉透过角色的方式呈现，为有意识地表现出自我、从中自然地学习生活的技能提供了重要的学习动力。与此同时，在戏剧活动中，前期的知识获得，演出时的互动体验，演出后的情感慰藉，都可以潜移默化达到教育的目的。

（一）教育戏剧的产生与传入

公元前4世纪，亚里士多德在《诗学》中已经表述了对戏剧本质的认识。他认为：一切艺术都是模仿，戏剧是对各种生物行动的模仿。此后，印度的第一部戏剧理论著作《舞论》也指出：戏剧就是模仿。教育戏剧在西方社会的教育领域的应用历史悠久。以教学方法为中心的教育戏剧起源于英国，首次将戏剧作为教学方法在课堂中予以使用的是哈莉特·芬蕾·约翰逊（Harriet

Finlay Johnson），她注重戏剧游戏在教学中的作用，提出了将课程主题转化为戏剧过程与故事的戏剧教学法。亨利·卡德威尔·库克（Henny Caldwell Cook）实施将文学学习融于戏剧扮演与舞台呈现的教学实践，提出以游戏为主的戏剧教学法和渐进式戏剧扮演的教学策略，奠定了英国教育戏剧关注戏剧与各学科的统整教学，以实现教育目标为主的发展基调。所以，教育戏剧从产生之后，其演变的方向还是慢慢地倾向于其作为一种新的教学形式，可以有效地服务教育教学。

1930 年在英国，教育家卡德威尔·库克首先运用戏剧的方法用于艺术课程教学。从此戏剧性质的教学方法开始在欧美国家发展起来。教育戏剧自 1995 年传入中国，李婴宁教授着力在中国引入和推广，引进国外专家关于教育戏剧的讲学、交流和实践。陆续有学校开始使用戏剧方法用于儿童心理辅导等课程。2005—2007 年上海戏剧学院开设教育戏剧专业课程。2007 年 7 月，数十名教育戏剧专家出席《国际教育戏剧联盟第六次会议》，教育戏剧领域开始发出中国的声音。

余秋雨在《中国戏剧史》中有描述道，孔子的出生，与希腊戏剧的形成，几乎同时，希腊的氏族制度已经消逝，奴隶主民主制已经建立；而在中国，孔子给自己规定的使命便是重整氏族制度的秩序。中国社会生活中"泛戏剧化"达到惊人程度。细细思量，在古代中国，戏剧就和皇权、宗族或者村落的各种生产、生活的仪式紧密结合在一起。第一，戏剧作为一种敬天地的形式，会为皇权兴衰服务。北京的天坛和地坛是古代皇帝进行祭天地礼仪的地方。祭天作为人类祈求神灵赐福攘灾的一种文化行为。起初，由于文化知识水平所限，人们尚不能认识与驾驭自然及社会力量，对自然界的众多事物现象解释不了，就臆想出超自然的"神鬼"，出现迷信，把万物归宿于天地神鬼的造化安排，若遇不解之事就求救天地神鬼给以保佑和恩赐，臆造出"皇天""地祇"掌管天、地之一切，是至高无上的。大家都知道，北京的天坛，它的原始作用，是古代皇家的祭坛，是明清两代皇帝专门用来祭天的场所。其间，天坛自明永乐十九年起，先后有22位皇帝在此亲御，向皇天膜拜顶礼，以祈国泰民安，五谷丰登。后来，辛亥革命爆发后，随着中华民国政府宣布废除祭天祀典后，天坛便结束了它原始神圣的"祭天"功能，并于1918年改为普通民众皆可以参观游览的天坛公园，至此，在中华大地，延续了约5000年的祭天典礼彻底画上句号，而天坛更是作为一种古文化的象征，以及它在建筑上所创造的无与伦比的恢宏气势被写进"世界文化遗产"之列。第二，戏剧作为一种仪式，为宗族延续服务，成为展现宗族文化、精神和力量的重要手段。广东省艺术研究所主办的"粤戏越精彩"活动自2015年启动以来，粤剧、潮剧、广东汉剧、采茶戏、白字戏、乐昌花鼓戏、雷剧、西秦戏和紫金花朝戏等剧种不间断地在各种平台以丰富的活动形式呈现，除了能够更好地扩大和优化家族（宗族）的人际生活空间，丰富家族（宗族）的生活内容，还能够在一定程度上让家族（宗族）更好地交流、促进家族（宗族）的之间的精神融汇，带领家族（宗族）从一种现实生活场面，到另一种生活场面的共鸣、沟通和汇合。

（二）教育戏剧的含义

从"目的—手段"图式出发，教育戏剧最简洁的定义是"作为教育手段的戏剧"。如果把"课程—教学"系统作为理解教育手段的概念中介，教育戏剧的外延可以划分为"作为课程的教育戏剧"和"作为教学的教育戏剧"（戏剧教学法）两大类，然后再根据不同的标准对这两大类进行二次划分，获得"作为分科课程的教育戏剧""作为综合课程的教育戏剧""作为活动课程的教育戏剧"等子类。[①]

香港教育专家黄婉萍先生研究认为，"戏剧教育的性质包括了两个主要的

---

① 徐俊：《关于教育戏剧的语词、定义与划分的再思考》，《基础教育》2017年第6期。

元素：一是透过参与戏剧活动而培养语言交际所需的技巧（例如发声、肢体、表情等技巧）；二是个人的全面发展（例如语言表达能力、想象创造能力、社交技巧、认识情绪 EQ、注意力集中等）。"现代教育理论一再强调：若要学习有效果，则其过程必须以学习者为中心，即所谓的"学生中心论"。教育戏剧是将戏剧方法与戏剧元素应用在教学或社会文化活动中，让学习对象在戏剧实践中达到学习目标和目的，感受到学习的意义和创新。

（三）教育戏剧的元素

教育戏剧首先是为教育、教学服务，所以，教育戏剧的元素是从教育教学的过程和结果中量化。教育戏剧的元素主要是有教育戏剧的主体、教育戏剧的对象、教育戏剧的内容和教育戏剧的工具等四大类元素。不同的因素，在教育戏剧的过程和结果中的作用是不同的。

1. 教育戏剧的主体

在戏剧综合体中，演员的表演艺术居于中心、主导地位，它是戏剧艺术的本体。也是教育戏剧的生命力所在——人的创造和实践。

2. 教育戏剧的对象

教育戏剧是用戏剧方法与戏剧元素应用在教学或社会文化活动中，让学习对象在戏剧实践中达到学习目标和目的；教育戏剧的重点在于学员参与，从感受中领略知识的意蕴，从相互交流中发现可能性、创造新意义。教育戏剧总是有一定的服务对象。教育戏剧的对象可以说是广义上的"受教育者"。

3. 教育戏剧的内容

教育故事和教育实践是教育戏剧的主要内容，直接决定了教育戏剧的思想性和教育性。教育故事和教育实践需要以剧本的形式出现，才能把教育故事和教育实践表现为一种更直观、更丰富和更具有层次的教育形式。换言之，教育戏剧的内容以剧本为基本载体，突出其教育性、思想性和可演性，不能演出的

剧本，不是好的戏剧作品。

4. 教育戏剧的工具

戏剧演出中的造型艺术成分，如布景、灯光、道具、服装、化妆，也是从不同的角度为演员塑造舞台形象起特定辅助作用的。

5. 教育戏剧的手段

教育戏剧的手段即形体动作和台词，是戏剧艺术的基本手段。其他艺术因素，都被本体所融化。以演员表演艺术为本体，对多种艺术成分进行吸收与融化，构成了戏剧艺术的外在形态。

（四）生涯教育为何选用了戏剧

我们来看一个例子。

英国著名教育戏剧专家布莱恩举过一个例子：怎样让孩子理解"盲人"这个词？语文课上，我们查字典，给孩子解释字义，最终孩子知道，盲人就是那些看不见东西的人。科学课，我们可能会研究人眼失明的生理机制。也就是说，语文给孩子的是一个干巴巴的字义，科学给孩子的是冷冰冰的严酷现实。而戏剧呢？布莱恩说："让孩子闭上眼睛，告诉他，现在你就是一个盲人，你要用自己的方式，想办法走出这座楼。"可以想象，就在孩子们摸索着走出去的十几分钟，他们对盲人生活、盲人世界的认知和理解，要超过多少文字的阅读和科学的剖析。因为设身处地，情同此心，心同此理，他有了体验，就有了悲悯，有了同情。这就是戏剧的力量。

人的生涯过程中，总是会碰到影响人的环境、事件、他人、文化、行为等。就以学生在学校为例，学校文化理念、管理、班级人文、人际关系、情感问题、学业、运动、矛盾……这些众多因素有的以冰冷的形式呈现，有的则是温暖存在，但无论是哪一种，都不能忽视。

1. 教育戏剧善于给教育提供接近生活的真实环境

（1）教育戏剧有益于学生理解问题的本身。在教育教学中，学生对于真实（近于真实）情景的相信，更容易将自己代入为故事的主人公，激发其对问题本身的兴趣，形成可以输出的、解决问题的能力。

（2）教育戏剧展现了自我理解问题的全部。马斯洛指出："人类生活唯有当其最高理想被顾及时，才可能获致了解。成长、自我实现，迈向健康的奋斗，追寻独特的自我，对完美的渴望，及其他个体向上发展的方式，现在都必须视为人类普遍的倾向。"① 我发现青春期的孩子其实已有非常复杂的内心，不同的人对同一事件的看法不同，并且会产生相应的联想。教育戏剧能用它巨大的、自由的空间，让青春期的孩子们把自己内在的感受和体验表达出来，让孩子们意识到在真实生活中该怎么做，而在真实生活中做不到的，还可以继续在戏剧中去探索和练习。

2. 教育戏剧发挥学生主体性的可行性

（1）激发学生创造力和想象力。通过教育戏剧能够让学生的生命潜能得到有效的开发。比如高中学生在学习思想政治选修二《法律生活》的"不可抗力与违约责任"时，可以把下列问题进行教育戏剧化解决。

快递属于运输合同的一种。2022年"双十一"期间，程女士下单了一批保温杯，半个月过去了，物流信息却未更新。程女士多次向物流客服反映情况并催促配送，物流客服以"快件过多、急件配送、疫情影响等"为由，请程女士耐心等待。对此，甲认为快递公司已构成"快件彻底延误"的情形，应该承担赔偿责任。乙认为：受疫情等不可抗力的影响，快递公司配送快件延误，无须承担赔偿责任。结合材料，运用《法律与生活》的相关知识，分别说明甲、乙所持观点的理由。

---

① ［美］马斯洛等：《人的潜能和价值》，华夏出版社1987年版，序言，第1页。

教育戏剧让学生能够最大限度地发挥主观能动性，去探究事物的年代背景，去思考人物的身世感情，去了解周边事物的特殊意义，去理解故事的来龙去脉。同时，还需要充分发挥想象力，怎样诠释一个具体的人物，怎样准备最适合这出戏的背景和道具。这些尝试对培养学生的全面发展起到了至关重要的影响，也对自身想象力和创造力起到推动作用。

（2）提高学生的创新力和执行力。教育戏剧是一种以学生为主体，以学生的体验和感受为关键的教育方式。通过故事建构、场景再现等，引导学生注重自己的肢体语言去感受和对话；而我校自主研发、自编自导自演的生涯剧《飞形记》，则恰恰体现了这一点。《飞形记》的剧本是由教师和学生共同编写的，演员由学生和教师共同担任，录像、摄像、收音、场记、道具等工作环节都有学生参与。由此可见，教育戏剧在提升学生戏剧表演水平的同时，还不断调动学生积极性，以期实现学生高素质发展。通过教师的引导、讲授，将戏剧表演、戏剧教育应用于相关课程中，让学生掌握一些戏剧表演的相关知识，并付诸实践，在学习的过程中实现自我监督、自我修正。在教育戏剧实施一段时间后，条件允许的情况下可以成立戏剧社团、生涯社团，鼓励学生自行拍摄《飞形记》的彩蛋或续集等，进一步让学生参与其中，更进一步地去感受教育戏剧的魅力。

除此以外，还可以借助学校及社会力量，开发校外资源，为学生拓展教育戏剧表演平台。教育戏剧只拥有校内的平台是远远不够的，校外平台也是必不可少的。通过教育戏剧，学生可以积累经验，在学习过程中不仅陶冶了艺术情操，同时还锻炼了自身的表现力和执行力，能够更勇敢地在学习和生活中展示自己。

综上所述，教育戏剧的作用就是能让所有参与者进行自我探索、自我教育、自我成长。

3. 符合学生对核心素养的内在诉求

2016 年 9 月，《中国学生发展核心素养》总体框架正式发布。中国学生发展核心素养，以科学性、时代性和民族性为基本原则，以培养"全面发展的人"为核心，分为文化基础、自主发展、社会参与三个方面。综合表现为人文底蕴、科学精神、学会学习、健康生活、责任担当、实践创新六大素养。针对学生年龄特点，又进一步提出各学段学生的具体表现要求。具体表现为十八个基本要点，即为人文积淀、人文情怀、审美情趣、理性思维、批判质疑、勇于探究、乐学善学、勤于反思、信息意识、珍爱生命、健全人格、自我管理、社会责任、国家认同、国际理解、劳动意识、问题解决、技术运用。

很显然，这样具体的核心素养指标，涵盖了学生适应终身发展和社会发展所需要的品格与能力，又体现了核心素养"最关键、最必要"这一重要特征。在不同情景中，六大素养之间相互联系、相互补充、相互促进，而现行的教育戏剧的发展，则恰好满足了学生对核心素养的内在诉求，以《飞形记》为例，这个教育戏剧的主题本身就涵盖了自我认识、专业择业、人际交往、生活和学习问题处理等方面，不管是观看还是拍摄，从整体来看，《飞形记》都对学生的成长发挥着作用，同时有助于全面推进素质教育，深化教育领域的综合改革。

从自身认知论的角度看，身体是身心合一的身体，认知是身体的认知，包含学习在内的认知活动实际上离不开人的身体经验。教育戏剧注重学生全员参与、全程参与和生成，尊重学生对文本的理解与创生，以及学生由此而获得的亲身体验等。与传统课程教学相比，教育戏剧能够让学生获得更真实的亲身体验，更能让学生全身心地参与学习。具身性活动注重学生主体的主动性和创造性培养，通过这样的课程教学形态，既促进了学生主体的身体表达，又促进了不同主体间的交流与互动。教育戏剧具有愉快教学、寓教于乐的特点，更有利于教学活动的开展，以及教学目标的实现，为促进学生身体主体性发展提供了一种新的尝试。

二、教育戏剧和生涯的融合

生涯教育关乎生命，与一个人的生命成长相关，它不是单一的学科或理论。生涯教育是一个生命的全人全程教育，不是简单的大学专业或职业选择，更不是高中学科如何选择和高考后的志愿填报，而是对生命的唤醒教育。很多人活了一辈子，从来没有唤醒过内在的自觉性，没有进入过内在的心灵世界，没有真正享受过安宁、喜悦、自在、健康、快乐、幸福的人生。

搞清楚了生涯教育的作用，我们就可以大胆地说：实现生涯教育的形式并不是单一的，而是多样的，戏剧也可以。

（一）剧和生涯的关系

剧是一种载体，是一种手段，是一种途径，是一种桥梁。剧是形式，生涯才是内容。形式总是为内容服务的。所以，剧是课程项目组从众多已有的、众多传统的生涯教育形式当中，比较大胆地选择的一种出路。剧这种形式，对于我们来说，都是没有专业的知识与技能，也没有太多的生涯理论，在学校有限资源的帮助之下，我们依然是感觉到那种"难以登天"，唯有带着勇气和不安上路了。

一路走来，只是觉得"只要是学校的元素，学生身边的人、物和事，以至于周边的特色资源，我们都可以融合进来"，就是在这样的理念指导下，剧的开发和生涯故事基本融合了。毕竟，校园中的一切看似再普通寻常不过了，但在镜头之下，却是那么的柔美和那么的不一样。

剧可以以什么样的方式进入课程？这个问题是从一开始就有了，并会在不断的推进过程中，越来越强烈，可以是素材，当然是原创的素材，可以是内容，可以是教学方式，还可以自成一个系列。这是教育戏剧都存在的可能性。生涯课程在很多的学校中是没有专门开设课程的，如何进行生涯教育，就成了一个老大难的问题了，也许这些学校就是靠班主任的班会课和心理老师的心理课了。

剧在这样有限的时间和空间里面，如何进行是我们必须面对的问题。我们大胆地把生涯剧首先当成是一个独立的、能宣传生涯故事和道理的载体，把它放在了哔哩哔哩和中国大学 MOOC 这两个平台上，直接提供给学生看。

（二）教育戏剧和生涯融合对生涯教育的作用和帮助

另外，我们再把生涯剧《飞形记》当作是原创性的素材，融合到"慧美人生规划必修课程"中，以慕课的形式再一次系统地出现在学生的面前。这时，生涯剧既是素材，又是内容，充分地融合到学生的有限的生涯学习之中。选择了教育戏剧和生涯融合，对于高中生的生涯教育会起怎样的作用和帮助？

1. 借助戏剧，表现生涯

戏剧是由演员将某个故事或情境，以对话、歌唱或动作等方式表演出来的艺术。戏剧有四个元素，包括了"演员"、"故事"（情境）、"舞台"（表演场地）和"观众"。"演员"是四者当中最重要的元素，是角色的代言人，必须具备扮演的能力，戏剧与其他艺术类最大的不同之处便在于扮演了。通过演员的扮演，剧本中的角色才能得以伸张，如果抛弃了演员的扮演，那么所演出的便不再是戏剧。

2. 融入戏剧，贴近生活

戏剧家莎士比亚在《皆大欢喜》中说的"世界是一座大舞台"，所有男男女女不过是一些演员，他们都有下场的时候，也有上场的时候，一个人的一生要扮演着好几个角色。由此可见，表演是与生俱来的，它并没那么神秘，它来源于生活。我们每时每刻都在生活着，只不过每个人扮演的是不同的社会角色，展现的地方也并非戏剧舞台。但是丰厚的生活经验可以为专业的表演提供坚实的后盾，从而进行再创作。演员要有很强的信念感，要相信自己所在的假

定环境，并真实地去感受舞台上的一切。

3. 学生在参与的过程是最好的学习过程

首当其冲的就是我们对演员的基本要求的"七力"和"四感"。观察力、注意力、想象力、感受力、思考力、适应力、表现力以及真实感、形象感、幽默感和节奏感。戏剧表演的生活化并非要用生活去代替表演，再现一切生活内容，它是以生活原型为基础，经过选择、提炼，再现生活中的人物性格的艺术，展现手法要相对夸张一点。

4. 生活融入教育的两个方向

从戏剧到教育戏剧，戏剧应用在教育中，可以获得更多的教育可能。生涯教育融入教育戏剧，是一种创新，是生涯教育觅得新的延展路径。教育戏剧以一种有效的形式丰富生涯教育的内涵；教育戏剧以自身的丰富元素丰富生涯教育的内涵。为了让生涯教育和教育戏剧更好地融合，要做好以下两个方向：

（1）信息化方向。①信息化对课程开发的作用。开发慧美人生规划必修课程，需要信息化技术对课程开发的前期做数据支撑；然后将信息化数据的调查结果作为课程研发导向，对课程的开发方向和内容做了调整和修改；最后信息化给课程开发提供多方面的研究视角，有利于保障课程的科学性。②信息化对课程的实施的作用。课程实施离不开课程实施平台、课程实施过程策略和课程实施环节、跟踪与评价三个环节。这三个环节的有效统一的实施，信息化在其中起着至关重要的作用。我们通过信息化技术支撑搭建课程实施平台；我们通过信息化技术支撑有效实施课堂教学；我们通过信息化技术支撑有效的捕捉、跟踪和监督学生的学习行为。最终再通过信息化技术支撑，对学生生涯学习做成长性和结果性的有效评价。

（2）美育在课程中的作用。①美的欣赏与吸收。开发课程的目的实际上就是鼓励学生欣赏、发现身边美的故事、美的环境、美的元素。生涯剧的每一集都有美的故事情节、剧本的语言美、演员的行为美，团队的奉献美，也有摄影师的发现美和校园环境的美。这些美的元素都是成就课程美的条件。②美的参与。课程开发组的全体师生往往能够以美的姿态和美的开发眼光，积极做好生涯剧的拍摄，希望能开发出具有美育、德育、智育、体育、劳动教育等"五育融合"的慧美人生规划课程。③美的引导和追求。让美的元素成为学校、师生共同成长的优良载体。美育在课程开发当中的作用很特别，它对教学效果的影响并没有太刚性的反馈，对学生的成长也更多是潜移默化的。④美育在课程开发实施中，促进了德育。首先，以美的故事牵动学生德育目标完善。

例如，在生涯剧《飞形计》中的第六集是《绘制蓝图》，具体内容是：王飞在图书馆得知"太阳之子"的事，找到黎耀江老师谈话了解。回到班上碰见同学 A 和同学 B 因照片恶搞闹矛盾，于是王飞拉同学 A 一起拍采访视频。采访视频拍完后同学 A 意识到自己的不对，后来在课室走廊跟同学 B 谈话，两人和好，王飞自己也有所感想。

本集结局：通过"太阳之子"和同学 A、同学 B 的故事，王飞意识到，现阶段必须不断提高自己的水平，好好学习，使自己变得优秀，更应该用自己的优秀去影响别人，让别人也更优秀。

课程实现了帮助学生在生涯领域的"线上学习""线下行动"的有效模式。学生可以从课堂到生活的积极延伸。

故事一开头，王飞，一心想考东莞中学（以下简称"莞中"），但是中考发挥失常，不尽如人意。刘形，一直以东莞五中作为目标，积极乐观。本系列讲述两人在东莞五中的学习和生活中的点点滴滴，最后两人都成为优秀人的励志故事。如今王飞在校学会了如何处理人际关系，如何发展自己，如何帮助别人，是个人在"五育并存"方面的良好发展和证明。自己如何帮助别人，是个人在"五育并存"方面的良好发展和证明。

其次，以美的教育实现，追求"五育融合"。人的生涯富含美的元素。人的生涯在规划发展之后会呈现出科学的美态。当然，通过生涯的学习与生涯剧的全程参与，依然可以发现很多身边美、语言美、行为美和心灵美。甚至，我们可以培养发现美的眼睛，欣赏美的心态和创造美的能力。课程开发，是美的素材汇集；课程开发，是美育实施的重要载体和途径。通过课程开发，用课程的美，追求的美生长，去解决学生成长过程中的一些德育问题，以一种美好的认知和技能，激发学生的内生动力机制，实现"五育并举"，规划发展美好人生！

教育戏剧，从戏剧中走来，带着一身的历史与传统。当教育戏剧，走进生涯时，带给教育以想象与创造、合作与沟通、自信与自主，还有善良与同理心，还有心灵的治愈，生涯教育变得更加宽阔！

第三节　在教育戏剧中觅得生涯特色

剧和生涯的融合，成为学生生涯教育的有效途径之一！不同的人对生涯是有不同看法的，有人认为包括适应、探索、发展、成熟、衰败五个方面；有人认为包括认识、选择、行动、实现四个方面……正如古人云："云月是同，溪山各异"，用此观点来形容生涯的不同看法和选择最合适不过。通过对教育戏剧的接触，我们找到了生涯教育的一种新的实践方式，做到了从已有中探寻，从已有中突破。

我国的生涯教育政策也随着社会的发展而做出积极的改变。2017年教育部印发的《中小学德育工作指南》中，德育内容的第五点是心理健康教育方面，即开展认识自我、尊重生命、学会学习、人际交往、情绪调适、升学择业、人生规划以及适应社会生活等方面的教育，引导学生增强调控心理、自主自助、应对挫折、适应环境的能力，培养学生健全的人格、积极的心态和良好的个性心理品质。

2017年底，教育部出台的普通高中课程方案中明确了高中教育的新定位，即"三适应一奠定"：促进学生适应社会生活，适应高等教育，适应未来职业，奠定每个学生的终身发展。文件要求在高中阶段就要引导学生进行面向未来职业的规划。同时，高考高招改革倒逼学生提前规划未来。《国务院关于深化考试招生制度改革的实施意见》提出，要体现科学高效，提高选拔水平，增加学生选择权，促进科学选才。同时，还进一步扩大了高校的自主权，通过构建综合素质评价和多元录取机制，增加高校招生录取的自主权。这种新的考试招生模式正在倒逼学校指导学生更多地认识自我与社会，谋划学业与职业方向。高中课程改革带来的选课走班也促使学生将学业选择与未来职业进行强关联。各地陆续推进的新高考改革赋予了学生充分的科目选择权，从高一开始就要形成三年完整的学业修习计划，并参考大学各专业招生所指定的科目进行专业选择。不难看出，在高中阶段积极推进生涯规划教育已经成为学段发展的刚需。①

学校的发展需要建立在社会发展的基础上，也只有这样，才能保障学校的发展符合时代要求，才能充分保证教育的时代性，又能服务社会发展的需要。中共中央、国务院《关于全面深化新时代教师队伍建设改革的意见》……推动教师成为先进思想文化的传播者、党执政的坚定支持者、学生健康成长的指导者。教师需要加强对学生的生涯教育，才能更好地坚持立德树人之心，积攒立德树人之能，做好立德树人之工，强化立德树人之本，满足立德树人之需。

东莞台商子弟学校（以下简称"东莞台校"）作为我的研究基地，原因是这所位于中国大陆却使用台湾课程与教材的学校，不仅融合了两岸教育文化的精华，更建立了"生命力教育中心"这个专责的单位来实施"拓展训练"课程。其实，在台湾这个课程是属于"综合活动学习领域"中的一部分，所以在该中心所实施的课程，范围应该比"拓展训练"来得广，但因为一开始

① 《高中阶段应尽早开展职业生涯规划》，2019 年 11 月 14 日，见 http://www.moe.gov.cn/jyb_xwfb/moe_2082/zl_2019n/2019_zl89/201911/t20191114_408181.html。

我想要研究的范畴局限在"拓展训练"这一部分，所以论文开题时便以"拓展训练"作为研究的主题。但是经过了再三思索，以及对于该中心课程的更进一步了解后，我认为用"体验式学习（experiential learning）"这个名称，更能代表我想要研究的范畴。①

2022年，重庆市两江新区童心小学教育集团在传承与创新中始终秉承"向儿童学习"的办学理念，基于"向儿童学习"的童心办学实践，以儿童发展为中心的童心教育遵循"面向人人，面向未来"的评价原则，倡导并实践"原生态课堂作业展"学习评价，由此引导育人全过程回归儿童本身，面向未来发展，学习儿童那颗纯真的童心，主张为儿童真实的童年生活铸造空间。

深圳市盐田区外国语学校坚持"为每一个学生终身可持续发展奠基"的办学理念，秉承"和谐·卓越"的校训、构建"个性与多元""跨界与融合""创新与发展"的课程体系，让"有源泉、有思想、有灵魂"的教育理念落到实处，成为一所校风优良、特色鲜明、质量卓越的深圳东部外语特色学校。

山东省东营市胜利实验小学注重以"和谐教育"作为学校育人文化的生长点，凸显"生命为本"的课程宗旨，围绕"着眼学生兴趣、贴近社会生活、引领科学探究"多元主题，培养学生拥有"责任担当者、问题解决者、生命管理者、文化审美者、独立生活者"五重身份及其相关能力，和谐发展，成为复合型人才。②

一、根据学校的实际来开展生涯特色尝试

作为广东省艺术特色学校，广东省信息化中心学校，东莞市第二批品牌学

---

① 钟启旸：《体验式课程的教学知识》，重庆大学出版社2012年版，第2页。

② 佚名：《山东省东营市胜利实验小学以"主题教学"改革撬动课堂育人生态重建》，《人民教育》2022年第23期。

校，东莞市首批"双特色"学校，东莞市"双新"实施省级、市级示范学校，东莞五中在发展的过程中，重视学校教育特色品牌的凝练，创造了"慧美"品牌，慧美育人，育慧美人，响亮地提出了"让慧美浸润生命！"的品牌口号。慧美教育是智慧教育和大美育的融合。智慧就是德才兼备，很容易理解，但大美育则是我们在实践探索中逐步认识到其重要性的。学校处于国家政策扶持发展的大湾区，其实施的高中生涯规划教育，创新可推广的高中混合式生涯教育教学课程对于大湾区各种丰富的、更加多元的、竞争更加激烈的人才培养，以及对外来人口的孩子的生涯规划教育教学都有着重要的现实意义。

（一）生涯教育紧紧围绕学校的发展工作

学校在发展的过程中，重视学校教育特色品牌的凝练，创造了"慧美"品牌，响亮地提出了"让慧美浸润生命！"的品牌口号。

东莞五中慧美人生规划必修课程起于 2020 年的东莞市第二批品牌学校的申报工作。早些年，东莞五中只是在专业艺术教育很出色，但是专业的艺术教育只使艺术生受惠，惠及面还是太狭窄了，我们要让更多的学生享受艺术阳光的普照，所以我们提出了大美育。由于我们的艺术教育，在时间、师资、空间等受限，所以我们要借助信息化来解决这些问题，我们就把信息化和大美育融合在一起。因此，我们的慧美课程都有个特点——线上和线下混合，学生可以在线上学习，再通过学校信息化评价反馈系统来跟踪了解学生学习情况，让所有学生受到慧美教育的浸润。

（二）生涯剧是一种生活化的教育戏剧

生涯剧用剧的形式，把生活故事生活地呈现出来。这里面的生活故事，一方面，可以是真实的生活故事，特别是真实发生的事情或者是榜样人物的故事；另一方面，生涯剧的故事也可以根据真实的教育目的，针对教育对象预设一些生活情境，从而达到生活化的最大值。只有这样，才有可能充分发挥生涯教育的作用。所以，从这个意义上来说，生涯剧就必须要突出真实的特点。

从这个特点来说，生涯剧并不是完全的传统意义上的教育戏剧，更不是传统意义上的戏剧。那么，生涯剧又为什么能起到教育意义呢？我认为，在研究的过程当中，我们发现了生涯剧作为一种生活化的教育戏剧，能融合教育领域当中所发生的最新趋势，以及社会发展的趋势。

1. 生涯剧可以较好地融合互联网

社会发展势必充分体现在人的发展方面。在过去的三十年里，数字技术的兴起对工作、休闲和学习产生了越来越大的影响；这对于教育系统来说也是一个冲击，教育系统不得不吸收它。事实上，数字技术的多样性和力量可能意味着吸收它们并非易事——教育系统必须做出调整来充分接纳它们。准确地说，因为数字技术具有自发改变教育的潜力，教师和授课者必须处于能够掌控数字技术使用的位置，他们必须能够利用数字技术的力量，使之合理地为教育服务。① 社会发展需尊重人的天性是生涯教育发展的基础定势，为此，生涯教育就需要好好地结合互联网，发挥互联网带给生涯教育的便利。

2. 生涯剧可以较好地融合学科课程

生涯有着丰富的理论和实践技能。生涯能很好地融合哲学、教育学、心理学，如今，还有各种各样的行动方案和案例劳动教育等，形成了良好的生涯教育"生态"。

3. 生涯剧可以较好地融合美育的追求

自然生长，田野芳菲。王国维先生认为"最高之理想，存乎美丽之心"，希望以美育培养"完全之人物""培养国民之趣味"。叔本华说："美貌也和健

---

① ［英］黛安娜·劳里劳德：《教学是一门设计科学：构建学习与技术的教学范式》，金琦钦、洪一鸣、梁文倩译，福建教育出版社 2019 年版，第 2 页。

康相关，可以被看作一项个人优势。尽管它可能并未直接影响我们的幸福，但是美貌可以给别人留下深刻的印象，间接地为幸福做了贡献。"关于这一点，我们不妨再拓展一些来看——相由心生，外在物质所能呈现的最打动人的美，往往是由内而外、浑然一体的和谐状态。这样的和谐，会因为三个层面的彼此欣赏，而散发出智慧的光芒。

"慧美浸润生命！"的理论与主题就是东莞五中的美育教育理念。慧美五中教育，即感受美、表现美、鉴赏美、创造美的学校教育，让学校美育始终与"美"相伴相生，"美"可以借助学校的教育教学行为让师生更自然感知。美育是指培养学生认识美、爱好美和创造美的能力的教育，也称美感教育或者审美教育，是全面发展教育不可缺少的组成部分。

综合发展，大美其中，教育可能性是教育实现美的前提。东莞五中创建于2002年8月，最初名为东莞市高埗中学，2004年9月由完全中学转为高级中学，2007年3月由镇属学校转为市直属学校，2009年3月更名为东莞市第五高级中学。学校以"以人为本，让每一个学生受到最适合的教育，为每一个学生的终身发展服务"为核心理念，以美育人，全面发展，突出特长，全力建设新型"慧"校园，扎实推进东莞五中"慧"教育；坚持立德树人，全面实施素质教育，全面提升教育教学质量，突出学生发展核心素养的培养，走优质发展、特色发展的精品办学之路。东莞五中致力成为一所综合实力强、市内影响大、特色鲜明的现代化品牌高中。

学校以艺术教育为龙头，带动其他学科全面发展，艺术高考成绩领跑东莞，普通文理科高考成绩屡创新高。学校每年高考本科上线率、本科任务完成率、重点本科任务完成率等高考指标均位于全市同类型中学前列，大幅度超额完成市教育局下达的高考任务，多次在全市高考总结会上介绍经验，其中两次作为优秀代表在会上发言。近年来，大批东莞五中学子考取中央美术学院、中国传媒大学、中国美术学院、北京电影学院、上海音乐学院、上海戏剧学院、

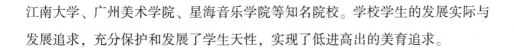

江南大学、广州美术学院、星海音乐学院等知名院校。学校学生的发展实际与发展追求，充分保护和发展了学生天性，实现了低进高出的美育追求。

（三）生涯教育紧紧关注学生的发展实际

学生的真实情况是我们考虑如何开展生涯教育的重要实际。学生的实际情况是做好生涯教育的重要前提。为此，在这个环节中，我们努力做好两项工作。

（1）做好生涯教育特色探索的调查，如高一入学问卷：

亲爱的同学们，恭喜你跨越了人生的新阶段。为了更好地规划未来，请你仔细地回答以下的问题。

自我认知

作为高一新生，我认为自己……	非常符合	较符合	不确定	较不符合	非常不符合
1. 了解自己的性格和气质	5	4	3	2	1
2. 了解自己的兴趣和能力	5	4	3	2	1
3. 了解自己的价值观（支配自己的生活原则，对待某件事情的看法）	5	4	3	2	1
4. 了解他人（家长、老师、朋友）对我的看法	5	4	3	2	1
5. 了解自己拥有的家庭资源和社会资源	5	4	3	2	1

职业理想

关于未来，我……	非常符合	较符合	不确定	较不符合	非常不符合
1. 设想过自己的短期目标（选科、选专业）	5	4	3	2	1
2. 思考过自己的长期方向（职业选择）	5	4	3	2	1
3. 对职业选择的想法来源于家庭	5	4	3	2	1
4. 对职业选择的想法来源于学校	5	4	3	2	1
5. 对职业选择的想法来源于社会现实	5	4	3	2	1

现实能力

我现在已经……	非常符合	较符合	不确定	较不符合	非常不符合
1. 了解过各类职业的基本特点	5	4	3	2	1
2. 了解过某一职业的具体内容（前景、需要的能力和素质等）	5	4	3	2	1
3. 正在学习与职业选择（理想专业、理想职业）相关的内容	5	4	3	2	1
4. 参加过与职业选择（理想专业、理想职业）相关的学校活动	5	4	3	2	1
5. 参加过与职业选择（理想专业、理想职业）相关的社会实践	5	4	3	2	1

生涯规划

关于生涯规划，我……	非常符合	较符合	不确定	较不符合	非常不符合
1. 了解职业生涯规划（是什么、如何做）	5	4	3	2	1
2. 认为做好职业生涯规划对我帮助很大	5	4	3	2	1
3. 给自己做过职业生涯的规划	5	4	3	2	1
4. 给自己所处的环境（家庭、学校、社会）做过分析	5	4	3	2	1
5. 身边有学习或制定生涯规划的渠道	5	4	3	2	1

（2）做好学生的生涯个案的跟踪、分析、总结。最近我和一群处于青春期后期的孩子以及一些成年人一起进行头脑风暴，探讨新的教育方法，以及对待互联网的新态度。为了让对话可以持续，我们集中讨论了我们的青春期是什么样的话题，并用一个词来概括每个人对那段岁月的感觉。以下就是他们提出的词语：孤僻（isolated）、疯狂（crazed）、困惑（confused）、混乱（amess）、孤独（alone.）、受惊（terrified）、鲁莽（wild）、失控（out of control）、迷失

（lost）、寻求（seeking）和恐惧（frightened）。①

素材一：近日，"高职毕业清华任教"的邢小颖火了。2014年，在实习中已获得清华认可的邢小颖，以专业综合排名第一的成绩从陕西工业职业技术学院毕业，入职清华大学基础工业训练中心，担任实践课老师。

素材二：通过职业教育成为高水平工匠，同样可以通过后天努力成就梦想。毕业于湖北黄陂职业技术学校的学生王治雄，读高职的三年，拿到了武汉理工大学的本科文凭，后成为黄冈职业技术学院最年轻的副教授。

邢小颖、王治雄的成功"独门秘诀"是：一步一步来，踏踏实实去沉淀自己、提升自己。

素材三：浙大26岁硕士辞职重新高考。亲友质疑，他却落泪，只因终于等到这一天！浙大硕士重新高考学医，是给人生做加法！据他本人称，他一直想学医，却阴差阳错学了其他专业。虽然家人坚决反对，但他坚持重新高考学医，并成功圆梦。对此，很多网友表示不理解，觉得这种选择成本太高，也太"任性"了，但也有人说这份勇气和魄力并不是每个人都有的。

学生，是老师进行生涯教育的对象，也是引导做好生涯规划的主体。学生的成长过程中出现的"环境、角色和事件"都是生涯教育过程需要关注的重要素材，是老师进行生涯教育的宝贵财富。教师应该围绕学生的成长素材，做好量与质的开发思考，具体来说，要做好三个方面的分析与思考：①积极做好描述性研究，以期获得最真实的学生成长素材。②积极做好分析性研究，探索学生生涯成长素材的背后的本质和原因。生涯教育既由个体和社会的目标性质所决定，并且还包括创新、自主和自我激励的元素。③积极做好创造性研究，为教师自己开展生涯教育而找到适合的方法和路径。

---

① ［美］丹尼尔·西格尔：《青春期大脑风暴：青少年是如何思考与行动的》，黄珏苹译，浙江人民出版社2021年版，第17页。

（四）生涯教育时刻体现我们的思考与特色

生涯规划之学，即应变之学。每个人都应该有生涯意识，都应该有生涯规划。每位高中生都应该从"时间、知识、创意和生活热情"四个方面规划高中三年。新课程改革方案出台既遵循习近平总书记关于教育的重要论述，特别是新时代中国特色社会主义教育发展的方向、道路、方针、原则，又将进一步重视学生主体的选择和发挥，重视学生生涯规划的落地，也是为了更好、更快地推进教育现代化、建设教育强国。因此，创新实践出具有视觉性、参与性、理论性、推广性的，以"生涯剧"为重要载体的混合式生涯课程是本课题的目标和方向，是为了更好地迎合和服务教育部提出的"三个课堂"的实施，是推动德育、美育发展，培养提升学生的"核心素养"的重要途径。

项目组在进行研究时，充分考虑了研究的"可有空间""可以条件""可能过程""可成成果"四个方面，以期达到研究的价值和效果。尽管目前人们对生涯教育的需求越来越突出，但生涯课程的空间和时间不见得有十分充足的保证。生涯教育不是课程；高中的课时很紧，各学科都想增加时间；如何充分利用互联网的优势和学生的闲暇时间；生涯教育可以主动，更愿意引导学生主动。

我们如何开发思考？靠近学生的变化与阶段实际，是做成生涯教育、做好生涯教育的最大实际。生涯不是一门学科，却又能以"我为什么要读书？我的兴趣是什么？长大了我要做什么？"等话题引领着人生发展。从已有中探寻，从已有中突破。任何的研究都有一定的基调。项目组是想做好"突破与寻觅"的工作。突破有限的制约——校园空间、时间投入、年龄相仿、阅历受限……找到无限的可能——路径、范式、平台、课程……

课题组通过网络、查阅文献等多种途径了解到，目前国内的生涯辅导和生涯咨询处于发展阶段，也产生很多的理论和实践形式，但都比较注重职业生涯规划、大学生的生涯规划，还缺少比较系统的高中生涯规划，在生涯规划课程实施，特别是线上线下结合的混合式教学形式极少，生涯教育教学在可操作性、可复制性方面存在很多的局限性。另外，以"剧"的形式去充分调动师生主动参与、积极发展的高中生涯规划的校本研究更是极少。国内没有对"生涯剧"的研究，也少有线上线下混合式生涯课程的研究。

从一个品牌理念的科学追求，到一门校本课程的品牌内涵和建设，应该由三个构成要素：课程理念、课程内容和课程实施。三个构成要素也必须充分地体现学校深厚的校园文化。在这三者之中，课程理念是课程品牌的灵魂，课程内容是品牌的支撑，课程实施则是品牌充足的底气。学校课程品牌的培育、发展需要准确的自身定位，重视做好"找准发展点—创新个性点—彰显特色点"的流程。东莞五中的慧美品牌培育做到了以下两个方面。

第一，仿生超越。仿生超越是相对于自生超越而言。它有点像大自然当中的很多收成不好的农作物。于是种植者喜欢去做的一种行为，叫作"嫁接"。仿生超越的成功与否，特别讲究两个关键条件：关键条件一，嫁接前的农作物是否有良好的基础；关键条件二，嫁接过来的东西能否与原来的母体之间产生良好的化学反应，形成新的有生命力的品种。所以生涯教育中的仿生嫁接必须选择有前瞻性的、有广大发展空间的品牌学校培育内涵。项目组首提的"生涯剧"是教育戏剧指导下的生涯教育品牌，具有我校特色的生涯教育理念。

第二，自生超越。要长期维持其品牌，保持其活力，就要不断进行品牌创新。在成为品牌过程中，并没有一个现成的模式可以套用。管理者必须根据自己研究的具体情况，着力于建设课程核心价值观和共同愿景，在此基础上，形成内外一致的，由内向外辐射的文化场域，打造生涯教育校本课程文化品牌。但这个品牌并不是一成不变的，随着时代的发展，品牌也要进行创新。创新是学校实施品牌战略的不竭动力。所谓创新，就是逐步体会前人观察事物的角度，思考问题的框架，不断获取前人遗留下来的认识成果，再以此为背景、基础和线索，对自己已建立起的思维框架进行反思批判，并形成另一套可更好解释世界的构架、范式之时，才叫真正的创新。

我们都在看我们希望看到的东西！没有人可以独自坚强，是我们每个人使彼此变得更坚强！"生涯剧"是一个创造性的词，我们从教育戏剧的发展历程中找到这个词存在的现实理由。其品牌理念的形成历经"提出—论证—优化—凝练—推广"过程。所以，提出慧美人生规划必修课程，既是课程，也是学业，更是帮助老师和学生接纳"慧美"品牌的重要途径和手段。

二、以创新带动生涯教育品牌的建设

生涯教育虽然在我国开展的时间并不长，但已经在各地主管教育部门纷纷出台政策的支持下，获得了巨大发展。如今，在"双新"教育背景下，"双减"政策深入小、初、高学段，如何通过特色、科学、高效的生涯教育活动，推动"立德树人"培育目标落地生根，是当前及今后很长时间内，生涯教育发展的方向。生涯教育研究的主题主要集中在生涯教育的对象差异、效果检测、能力构建和方法途径四个方面。[①] 我校慧美人生规划必修课程开发组以"心"做事，用"新"育人，原创性提出"生涯剧"，并以此以点带面，形成"生涯慕课""生涯手册""点生涯班会""生涯盲盒"等新思路，为推动生涯教育发展带来可借鉴的范式。

"生涯教育"虽然并不归属于学科教育范畴，但随着新课程改革要求的不断落实，生涯教育的重要性开始逐渐被各个学校所认同，且正式成为教育领域内比较时兴、较受重视的教育理念之一；而面向学生的生涯教育，是一种帮助学生更加客观认知自我和职业，辅助学生学会生涯规划的一种教育活动。生涯教育的存在，可以让学生们的思虑视角不局限于学习知识的范围内，让学生有

---

① 潘黎、孙莉：《国际生涯教育研究的主题、趋势与特征》，《教育管理》2018 年第 11 期。

意识、有能力对自己的未来进行畅想，以及明确当下学习行为的长效价值。①

生涯教育的改革重点是强调素养导向，注重培育学生终身发展和适应社会发展所需要的核心素养，特别是真实情境中解决问题的能力。所以，我们要创新生涯教育的形式，以形式的创新带动品牌的创新。

（一）以剧带动

我们发现，在这么多年的校园体育文化艺术节和社会交流展示周中，老师们在舞台上表演的小品，往往都会引起不小的轰动，引起热烈反响。这不仅和老师们的精彩表演有关，更加重要的是学生看到了不一样的老师。新媒体时代的到来，也要求我们这些"教育人"需要站在学生的视角，勇于做出一些新的尝试。因此，我们是否可以通过自己"编剧"，自己"演剧"，自己"拍剧"，将身边发生的事情，以及生涯课程内容和育人目标融入"剧"中，以"剧"的形式呈现出来，师生参与其中，引起学生的共鸣，最终达到育人的目的。以"剧"演绎生涯，以"剧"思考人生，让学生在前行路上更有方向。

（二）互联网+

为了着重培养学生的智慧和审美能力，我们决定打破传统的借助网络素材的形式，而是将自己拍摄的生涯情景剧作为线上慕课的素材。生涯剧完全由我校师生自编自导自演，以我校优秀毕业生为原型，结合真实校园生活，演绎学生学习和生活的风采。生涯剧一开始由几位老师牵头，精心策划，安排细节，在以杨志坚校长为代表的学校领导的大力支持下，有条不紊地进行拍摄。初具雏形之后，学校的生涯社团也参与进来，老师将接力棒交给学生，由学生作为

---

① 范彬、况志华：《新课程背景下生涯教育实践研究——评〈生涯教育的逻辑〉》，《教育发展研究》2021 年第 5 期。

主体，继续进行生涯剧的拍摄；而此时的老师，则发挥指导作用，指导学生在拍摄过程中体现和感受"慧美"这一理念。

传统的慕课在线上会有课程视频、讨论交流、课后作业及测验等组成部分，而我们的生涯规划课程将采用线上和线下相结合的形式。线上指的是生涯剧《飞形记》和"生涯慕课"，不仅可以作为线上的视频资源，也可以作为现实中主题班会课的视频素材。线下指的是《青春修炼手册》，它是一本实实在在的活动手册。在内容上，与线上的生涯剧互相匹配，由生涯手册开发组设计一些相关的学生活动，通过这些活动的实施，达到线上与线下相互融合、相互促进的良好效果。

（三）引用家校共育资源

高中阶段的生涯规划，既是关系到学生未来规划、成就慧美人生的前提，也是引导一个家庭未来和谐幸福，充分彰显社会价值的前瞻性体现。因此，在高中生的生涯规划中，父母的参与也是重要的一环。在生涯规划中，父母可以帮助孩子做以下事情：一是做好率先垂范作用。在自己的生涯选择中，要根据自身情况和需求做好理性充分的规划，塑造积极进取负责任的家风，营造和谐的家庭氛围。二是充分发现和了解孩子的兴趣爱好和特长，在尊重的前提下引导孩子按照自己的意愿进行理性选择。三是提供必要的支持和创造可能的条件。如孩子在购买书籍、艺体器材用品、课程学习、外出参观等方面需要经济和物质方面的资助时，家长可以在条件允许的情况下提供支持；同时，家长也可以利用自身的社会资源和条件，在假期时带孩子参观大学校园、去企业体验实习、参加生涯规划训练营等，拓宽孩子的视野，塑造一定的素养品格。

家长要积极了解学校的基本理念、实施方案和生涯规划课程建设情况。在生涯规划中，家校可以充分合作，形成合力作用。一方面，学校可以通过德育处、班主任、家委会、公众号、网站等平台等途径，进行生涯教育理念和课程的充分宣传，让家长了解和熟悉；另一方面，各年级的家委会和家长可以协同学校各年级根据高中生不同阶段的生涯教育特色和需求开展互动活动。通过家校合作这一双方用心、双边联动、双向发力的过程，有力弥补家校合作中的教育短板，实现生涯规划教育在时空上的有力衔接。

（四）拔高生涯教育的追求

重视学生生涯成长的体会。在立德树人的问题上，还存在社会参与和学生自主发展的领域。学生到学校来干什么，一个是学习，一个是生活。怎么学习？学会学习。怎么生活？健康生活。重视学生生涯成长的可能。学生的生涯教育总归有四个关键的点，即正确的生涯认知、科学的生涯管理、自觉的生涯行动、健康的生涯追求。重视学生生涯成长的引领，利于健康成长。

第二章

生涯剧的实践

总观点：生涯剧的核心原则：就近的生涯故事、真实的生涯生活、自觉的生涯行动！

生涯剧《飞形记》第二集剧照

第一节 生涯剧的定义与建构

一、生涯剧的定义

人的生涯是各种可能的不断实现，所以，高中生生涯教育的核心是培育和实现"可能"，而学生是"可能"的创造者。本着此宗旨，我带领团队，通过新的实施路径，觅得生涯教育良方。通过近三年的高中生涯实践，原创"生涯剧"，并做到了以点带面，形成"生涯慕课""生涯手册""点生涯班会""生涯盲盒"等子项，推动高中生涯剧式混合体验课程体系建设与实践，为推动生涯教育发展和学生的终身发展带来可借鉴的校本范式。

（一）生涯剧体现学生实际

整个项目是从"生涯剧"这个概念开始的，通过生涯剧《飞形记》的创作，带动我校高中生生涯教育模式的探索，明确高中生生涯教育"做什么"和"怎么做"两大基本问题。至于为什么会选择以"剧"的方式来呈现生涯教育的蓝图，我相信心理学中的"沉锚效应"是一个选择。

"沉锚效应"，心理学名词，指的是人们在对某人某事做出判断时易受第一印象或第一信息支配，就像沉入海底的锚一样把人们的思想固定在某处。作为一种心理现象，沉锚效应普遍存在于生活的各个方面。第一印象和先入为主是其在社会生活中的表现形式。通常来讲，人们在做决策时，思维往往会被得到的第一信息所左右，就像沉入海底的锚一样，把你的思维固定在某处；而用一个限定性的词语或规定做行为导向，达成行为效果的心理效应，被称为

"沉锚效应"。①

新高考背景下，高中生生涯教育势在必行，而如何结合高中生的年龄与心理特性开展生涯规划教育校本课程迫在眉睫。教育戏剧作为一种将戏剧引入教育领域的新型教育形态与教学方式，既保留了戏剧艺术的特征，更体现了以学生为中心的育人目的。以生涯戏剧的形式开展体验式生涯课程，非常符合高中生的心理特征，运用生涯戏剧的演绎与表现，更能激发学生的生涯热情和更能起到启发学生深度思考的作用，对高中生了解生涯规划理念，运用生涯规划方法等有正面的积极的意义。这是一种新的生涯教育形式，是对学生生涯意识、生涯规划与生涯管理的综合转换与超越。

以剧的形式来建构生涯教育，就是想通过更生动、更形象的表达方式，让学生更有印象的记忆，从而建构起属于学生自己的生涯意识和生涯能力。这是一种基于学校实际和学生需要的生涯教育的形式转换。生涯教育并不局限于校园，尤其是中学阶段，学生的生活在时间和空间上都超出了学校管理范围。具体到在立德树人育人理念指导下的生涯教育，更需要教育者从观念、环境、课程、活动、价值等方面对学生的生涯规划与发展有着整体上的培育，以对校园师生都起着提升生涯价值的作用。

（二）生涯剧体现教育实际

目前，生涯发展指导系列课程越来越受到学校的普遍关注，而传统的教育方式难以满足学生和教师的需要，而生涯剧体验式生涯发展指导课程采用学生亲身体验的方式，获得自己的经验，提高学生的生涯发展自主意识和自我学习动力，以增强适应未来社会环境的就业能力和持续发展能力。

生涯发展指导的作用日益受到国家、各级部门和学校的重视，能够帮助学

---

① 张文成：《墨菲定律》，古吴轩出版社 2019 年版，第 9 页。

生正确地认识自我潜能和社会需求，选择适合自己的职业和岗位，培养他们能够自我规划的基本能力，是教育部门应尽的责任。同时，学生对生涯发展指导课程也是非常欢迎的，他们也希望学校能够提供专门的此方面的服务，使自己能够切实做好进入职业前的准备。因此，我校迎合时代发展需求，结合学生实际情况，开发了符合我校学情的生涯剧体验式课程。

生活德育在实践中的最大挑战在于学校的非生活化。生活德育的基础在于生活，没有生活就没有（道德）教育。学校的非生活化对生活德育来说，是一种"釜底抽薪"。学校为什么会非生活化呢？首先在于学校作为专门的教育机构本身就存在着非生活化的惯性和"冲动"。杜威将学校的这种倾向称为"明显的危险"（conspicuous dangers），并对其深怀戒心。而对道德教育的威胁最大，因为道德知识如果与生活无关和与人的体验和经验无关的话，就仅仅是"关于道德的知识"，这种知识的学习对道德发展来说，不但无益，反而有害。

我们原本打算采用较传统的网络资料作为本课程的素材，但此时学校成功提出"慧美"这一理念，并借此理念成功申报了东莞市第二批品牌学校，于是，我们希望在本课程中将"慧美"的理念加以实践。"慧"，即智慧，刚好符合东莞市"慧教育"的思想；"美"，即"审美""美育"，这恰恰符合我校作为艺术学校的教育理念。因此，为了着重培养学生的智慧和审美能力，我们决定打破传统的借助网络素材的形式，而是自己拍摄线上慕课的素材，即生涯剧。

（三）生涯剧体现教育追求

"生涯剧"概念的产生，还源于作为教育者的我们，长久以来以下两点的思考。思考一：学生如何体验自己人生的美好？学生时代是人生最美好的时光，学生自己的故事其实就是自己最好的生涯。同学们怀着对青春美好的梦想步入高中，有憧憬，有希望，也有着对未来美好的渴望。但是，伴随青春的成长，在前行的道路上难免会遇到挫折，会彷徨，会沮丧，也会有对自己努力的怀疑……这个时候，如果能够找到一盏明灯，得到一个正确的指引，那么，在逆境中也许就不会迷失方向，也许就会得到前行的动力，化茧成蝶，成就美好人生。思考二：德育工作还有更好的形式吗？因此，探讨学生在成长阶段会遇到的种种问题，探寻相应的解决对策，帮助学生规划好人生蓝图，就成了开设本门课程的初衷。为了实现这种目标，我们摒弃传统的"说教"生涯教育形式，根据学生兴趣和时代特点，探寻学生最容易接受的方式，首创"生涯剧"，以热点话题讨论的形式，从线上和线下两个方面展开，试着触碰学生心灵最深处，让学生更有认同感，让共鸣和共情的发生更加自然和顺畅。

生涯剧围绕系列生涯故事而展开，通过师生共同演绎，以目标人群所熟悉的事件为主，以系列短视频为主要表现形式。师生以"剧"的形式自编自导自演高中校园学生的真实经历，利用角色探寻人生，自主规划高中人生。生涯剧，是指在教育戏剧理论指导下，以学生为中心，以"剧"的形式围绕着系列生涯故事而展开演绎，通过师生共同面对、解决生涯问题而驱动生涯发展的新时代高中生涯教育的形式。

生涯剧核心图如下页图所示，由"内圈"和"外圈"组成。首先，内圈是生涯剧核心，由"生涯故事""生涯选择""生涯演绎"和"生涯感悟"构成，是"故事—方法—自省"的科学统一。其中，生涯故事，指身边人，身边事。生涯选择，指选择具有正面影响和教育的素材。生涯演绎，指师生自编自导自演。生涯感悟，指把看到的、经历的，发展成共情，再到共鸣。外圈是生涯剧核心的具体表现，是由"生涯现状""生涯认知""生涯榜样""生涯编辑""生涯角色""生涯行为""生涯体验"和"生涯建设"八个方面组成，是"主体—学习—践行—评价"的有机统一。其中，生涯现状，指高中生涯对象的现状。生涯认知，指高中生自己是否已具有的生涯认知。生涯榜样，指能对自己起到生涯鼓舞的身边人和身边事。生涯编辑，指在生涯选择的基础上，对生涯故事等进行处理、加工。生涯角色，指不同的人、不同的环境和不同事件下的人所承担的不同责任和不同角色。生涯行为，指生涯角色在生涯发展过程中采取的行动。生涯体验，指生涯主体通过不同的途径、方式进行的生涯行为。生涯建设，指学生通过课程体验，学会从自身成长、所处环境中汲取力量，不断迎接成长过程中的困难与挑战，乐于探索解决问题的各种可能。

生涯剧核心图

美国生涯发展指导专家舒伯认为，生涯是生活中各种事件的演进方向和历程，它统合了人一生中的各种职业和生活角色，同时表现出个人独特的自我发展形态。在此理论的基础上，结合我校学生实际情况，我们创造性地提出了"生涯剧"的概念，并以此探寻学校生涯教育新手段。生涯剧以王飞、刘彤两人在学校学习和生活中的点点滴滴为主线展开，讲述两位学生经过磨炼成为优秀人才的励志故事。以"剧中事"设置课程思考，引发学生讨论，讲述发生在学校的精彩故事，演绎自己的美丽人生。以"剧"的形式叙述身边人的身边事，实现从共鸣到共情的感悟升华，触动学生心灵最深处，规划慧美人生，这对于学校，对于教育，对于更广泛的社会而言，都是创新的。

（四）生涯剧的特点

1. 身边的资源

靠近生涯教育的实际，重视学生身边的故事和挖掘，用身边的要素与资源，拉近学生对生涯的距离，以产生强烈的认同和催化。在学校育人工作中，大部分老师引用的事例，不是人物离我们比较远，就是不符合当下学生特质，难以让学生有切身体会，育人效果不佳。正所谓自然生长，田野芳菲。因此，我们想能不能从我们自己身边的故事开始讲起，如果学生能从屏幕中看到自己的老师、同学，讲述自己身边的故事，这样的事例可能更具有说服力，也更能够引起学生的共情和共鸣。

案例一：在《飞形记》第六集《绘制蓝图》中，王飞在图书馆得知"太阳之子"的事，知道太阳之子成员之一的黎耀江老师是学校2004届的毕业生并回到自己的母校工作。他想找到黎耀江老师了解情况，试图通过谈话了解黎耀江老师的成长经历，也给自己的成长经历带来借鉴。

案例二：在《飞形记》第三集《认识自我》中，王飞和同学们往吉他社方向走的时候，遇见了街舞社成员在训练，被他们飒爽的舞姿吸引了。镜头面向街舞社跳舞的同学，停留一小段时间，王飞和同学A、同学B看着跳舞的同学，时而竖起大拇指点赞，时而面露惊叹的表情。

这时街舞社的一个同学走到王飞等人面前，拿着街舞社的宣传单问：同学，有兴趣加入街舞社吗？我们的街舞社可厉害了！在2019年获得广东省优秀学生社团，每一年的学校文艺晚会我们都有机会上台表演哦，要考虑考虑加入我们吗？

2. 当下的生涯实际

当下的生涯实际，既是要强调学生目前的问题，可能是学生目前的处境、目前的情绪、目前的任务，也包括目前他应该获得的知识、能力、解决问题的办法等。如下面《飞形记》第七集《守护心灵》片段：

班主任："王飞，最近有几次通知你给家人打电话，你好像都没有打。你能跟老师说说原因吗？是不是和家人闹矛盾了？"

王飞："对不起，老师，让你担心了。"随后有些愧疚地低下头。

班主任："老师发现你最近好像精神不太好，是不是学习太累了？还是身体不舒服？"

王飞思考了片刻，深呼吸，为难地说："老师，我压力好大，心情又不好。其实……我家里出了一些事情。……前段时间我爷爷去世了（低头、不语、痛苦、眼圈发红），爷爷非常疼我，但是我爸妈却没有及时告诉我，让我错过了去看爷爷最后一面的机会。我觉得他们太过分了……还有，最近感觉压力好大，对自己越来越没有信心了，我不敢面对接下来的七校联考。因为这个我都好久睡不好了……"

班主任："王飞，我想，你的父母隐瞒爷爷去世的消息，也许是为了不影响你的考试。考试压力大了，心理上有困扰，除了跟同学和老师交流，我们还可以向专业人员寻求帮助。现在我们身边就有这样的人可以向你提供专业的帮助。这样好不好，我帮你预约一下我们的张老师，你和她聊一下，你愿意吗？"

王飞还沉浸在悲伤之中，略有迟疑，但还是轻轻点点头表示愿意试一试。

3. 典型的情节

生涯剧的创作是以选取师生身边典型的生涯素材为基础，以"剧"的形式来达成生涯教育的效果。它能克服传统教学单调乏味，缺乏针对性和个性化的弊端，以育人、成人、为人为价值取向，将微型戏剧化情境作为呈现教学内容的重要载体，引导学生深入体验，让不同角色在不同场景下如何做到将生涯教育内化于心、外化于行，体现了课程育人的建设性、教学方式的多样性和学生的主体性。生涯剧开发和释放学生的多种潜能，尤其是故事性、代表性的生涯剧演，既能让学生喜闻乐见，又能在潜移默化中丰富学生认知，发展学生想象力和创造力，促进学生的自我丰盈和理性自觉，增强课程育人效果。

4. 解决的归途

教育活动的本质是一种让文化浸润心灵的活动。尽管教育传递的是人类的经验与智慧，但自主智慧需要通过教育者与受教育者的心灵交汇才能实现。没有爱的投入，没有心灵的沟通，就不会有真正的体验的真实意义。教育活动的结果是文化环境持续浸润的结果，师生之间、生生之间充分交流、相互启发，共同营造平等、自由的文化环境对师生的和谐发展至关重要，体现了学习共同体的真实存在。教师和学生大多生活在学校文化环境所营造的"同一环境"中，应以研究的意识进入学习过程，用探究的眼光研究"教育生活"中的问题。

5. 便捷的学习途径

生涯教育本身不是课程，其实已经丧失了它在学校的被保护性。但从另一个角度来说，生涯教育可以把校本课程搭乘互联网之便利，从而更容易地实现"全时全域"学习生涯的目标。

6. 反思的学习收获

檀传宝教授在《德育与班级管理》中对班主任在班级管理中的角色界定为七种，即管理者的角色、教育者的角色、服务者的角色、朋友的角色、协调者的角色、陪伴者的角色和研究者的角色。生涯剧毕竟是要为教育服务的，班主任通过它的别样视角，将学生所需和老师应该传递什么结合，以期产生更多的思考。

7. 重视家庭因素的使用

无论是生涯剧的第一集还是第八集，起点和终点都在家庭，在其他的几集中，多次出现家人的身影……第斯多惠提出的文化适应性原则认为，人是生活在一个具体的时空环境之中的，人的发展必然会受到他所生活的客观环境的影响。因此教育"必须注意我们时代和社会阶层的风俗习惯，我们所生存的时代精神，我们民族的民族性"。重视家庭的教育环境和发挥其所有利于学生成长的教育因素，极大地促进学生的健康成长。

二、生涯剧《飞形记》的创作

（一）教育戏剧与生涯剧的不同

1. 教育戏剧和生涯剧没有过多的边界

从教育戏剧和生涯剧没有过多的边界角度来说，生涯剧是遵循着教育戏剧的几个原则。在《教育戏剧课程教学原则》一书中，教育戏剧是运用戏剧与剧场之技巧，从事于学校课堂的一种教学方法。它是以人性自然法则自发性地与群体及外在接触，在指导者有计划与架构的引导下，以创造性戏剧、即兴演出、角色扮演、模仿、游戏等方式进行，让参与者在互动关系中能充分发挥想象、表达思想。

2. 教育戏剧课程教学原则

一是课程的戏剧结构是模仿的结构。教育戏剧的课程教学是以戏剧的结构来进行的，所谓戏剧的结构是指依"动作中的人"所安排的过程，是将"人"的行动表现，从开始、中间到结束，做适合于因果关系或逻辑安排的形式，一出戏剧的结构乃是根据剧中人物的行为表现过程排列顺序所组合而成，也就是说，此动作中的"人"必须在一个排好序列的结构体内进行他的动作，以表现出其特质。亚里士多德认为：戏剧是一个动作的模仿，而此动作不仅指身体动作，还包括了思想与外在行为的动机。所以，戏剧所模仿的结构必有其基本的规范。

二是课程设计的要素：目标、学习主体、领域、内容、角色、焦点、信息、张力、观众，演出、策略。戏剧活动中，戏剧主要的教学功能是其在媒介的性质，透过戏剧的结构历程进行，来达到教育的目的，以致教学目标至少包含了戏剧艺术学习的目的与学科知识的学习目标。学生在扮演的过程中以游戏性质的活动透过戏剧的世界来达到表演与知识学习认知的目的。

（二）生涯剧也有自己的开发与实施原则

（1）从校园中来，就有了坚实的基础，也具备了吸引学生的可能。希望学生和老师有一点真正意义的感同身受，这也是空白中的起点，这是一种火种。

（2）忠于学生的实际，又服务于学生的需要。文艺复兴时期，除了有强调古希腊、古罗马文化的复兴，其实还有另一层的含义，即人的复兴。在当时，文艺复兴时期的人文主义阐发和建立了关于"人"的思想体系，认为"人的尊严""个性解放""人格平等""人的幸福"和"发展个人能力"等都是人的天性。生涯剧需要来源于学生，又要很好地服务学生的成长。

（3）正确处理好形式与内容的关系的最好方法就是融合。剧与生涯教育融合，线上与线下的形式融合，生涯课程与生涯班会融合。当代社会也要求具备了解和操控技术工具的能力，这一技能即"数字素质"。尽管孩子们身处笔记本电脑、智能手机和社交媒体的海洋之中，他们还会经常在驾驭互联网和评估内容方面碰到难题，因此，他们已成为技术的消费者而不是生产者。而信息（往往被称为大数据）的迅猛增长和唾手可得，要求的不只是消费信息的能力。

（4）全面而准确地模仿教育戏剧，但又不完全同于教育戏剧。生涯剧相对于教育戏剧而言，既选择了教育戏剧有关方式方法但不拘泥于一味地强调形式，更聚焦教育领域中的教育问题，即紧紧抓住学生的成长作为主旨，通过教育戏剧的有关方式，有意识地再现并传递生涯教育的思想、选择与行动。

（5）从生涯剧起，但绝不仅仅是满足于生涯剧，而是以它作为起点，带动一个学校之前还没有的全新领域。团队都很清楚，在项目成立之初，已经有太多的生涯教育和生涯课程乃至生涯理论存在。要想在众多的已有方案中杀出一条新的路，如果还是走回传统的路，是难以为继的。项目负责人之一的李捷生老师就提出了"把生涯故事拍成剧"的形式。然后，项目组就预先确定了"卢骏飞"和"李璧形"饰演两个主角，并把名字叫作《飞形记》。

三、生涯剧的要素

说到戏剧，是取材于生活的艺术形式，深受人们的欢迎。但随着动漫、电影、电视剧等更多艺术形式的出现，受到了强烈的冲击。西方学者从《诗学》归纳出古希腊戏剧的特点是"三一律"，即时间的一致，地点的一致和表演的一致。古希腊戏剧的情节通常只发生在一天之内，地点也不变换。在情节上也往往只有一条主线，不允许有其他支线情节存在。亚里士多德提出"三一律"理论的初衷在于描述一种客观的形式，而非规定一种理想状态。并非所有的古希腊戏剧都遵循刻板的"三一律"，但这一理论适用于绝大多数情况。亚里士多德在诗学中提到剧场的六大元素，分别为情节（plot）、角色（character）、思想（thought）、语言（language）、音乐（music）与景观（spectacle）。

六大元素都可以很好地融入每一集生涯剧剧本。每一集生涯剧的创作都是六大元素的综合运用，背后是大量的准备和付出。事前的大量的数据调查，对学生的生涯情况的了解和有可能的解决途径，确定学生最有可能选择的方式，期待通过镜头，把学生乐意面对生涯现象或者生涯问题的情绪、冲突和途径呈现出来。而在这个过程中，更多的时候，参与的老师和学生更要全面地理解和把握生涯的各种问题，比如不适应环境、人际矛盾、学业压力……

生涯剧是在镜头的作用下，把学生与学生之间、学生与老师之间、学生与家长之间、学生与环境之间的各种成长的状态和内心难以表达的心态表现出来。生涯的元素、生涯的可能和生涯的发展通过环境的选取与人的生命痕迹一起构成了慧美之态，但又不离日常。

生涯剧《飞形记》一集的剧本信息量不算很大，从字数来看，大概是3000字。就以第七集《守护心灵》为例，人物角色有16个，需要的道具有30种，需要的场景有10场，分镜头共有120个，修改5次。

我们相信，剧本的每一个具体信息，都是生涯教育恰如其分的美的呈现："美的教育，超越了美育，是教育目的性的完整实现。"

第二节　生涯剧的设计与实践

项目组在两年多的理论学习和实践过程中，重视对原创的核心概念"生涯剧"进行自我的提炼与发展，最终形成了生涯剧这一核心概念并由它完成了一共八集的生涯剧《飞形记》。在这个过程中，我们坚持着自己的设计原则、实践原则等。具体如下所述。

一、生涯剧的设计原则

自我同一性的概念是埃里克·埃里克森（Erik Erikson）于1963年依据发展心理学和发展社会学原理对自我整合分析提出的。他认为，自我同一性是个体在过去、现在和未来的时空中对自己内在的一致性和连续性的主观感觉和体验，以及他人所感觉到的个体的一致性和连续性，是个体在特定环境中的自我整合。解决同一性危机就是解决人生发展中的价值观、人生观、世界观面临不同选择而引起的混乱。[1]

_____

[1]　李萍：《唤醒生涯：生命成长视阈下的生涯教育》，机械工业出版社2020年版，第9页。

在生涯剧的整个创作过程中，无论是主线的设计、剧本的编写，还是学生参演的过程中的问题的合作与解决，都努力地实现学生的自我同一性。生涯剧的创作过程，体现出以下几个核心原则。

（一）符合道德影响机制

时至今天，我带领团队 20 多人，组织学生近 400 人参与到生涯剧《飞形记》的创作过程中。为什么能成功？为什么会引起很多学生的兴趣？我想了一下，发现很多的人可以参与，很多的信息和数据汇集成一体，像一个开放的小世界，让学生和老师都能成长。这其中，正如高德胜教授所认为的那样，道德学习在生活中是如何发生的？学校生活中的这些细节为什么能够影响学生的道德发展呢？这就牵涉到道德学习的基本机制问题。学校生活中的这些细节正是通过学生的接受暗示、非反思性选择、自主选择等内在心理机制发挥着影响作用。①

（二）系列故事性

学生挖掘故事，学生写剧本，学生参演。生涯剧是我们整个课程的核心与亮点。我校师生自编自导的生涯故事将会被拍成视频素材，贯穿这个课程。在学习的过程中，学生们可以观看视频，就视频发表自己的看法，甚至可以为故事改写结局、提供新的故事剧本、参加到视频的拍摄过程中，把教与学结合在一起，让知识融入实践中，逐步开发，逐步完善，趋近慧美。例如：

第一集：中考结束，王飞是失利的，而刘形则是很理想；而在人物性格上，王飞是慢性子，刘形是急性子。

第二集：王飞刚上高中之后出现的各种不适应；而刘形则适应得很好。

---

① 高德胜：《道德教育的 30 个细节》，中国人民大学出版社 2018 年版，第 11 页。

第三集：主人公都积极参与高中各种精彩活动，尝试"跨界"，体验丰富多彩的校园生活。

（三）资源就近性

从放低学生参与的门槛开始。关于生涯演绎，其实高中阶段的学生都即将以成人身份步入社会，我们会鼓励学生们结合现有的综合平台，除了日常的校园生活学习外，利用寒暑假等假期积极参与社会实践活动、社区服务活动和志愿者活动，通过不同的途径进行职业体验，加深对不同职业的理解，将学习从"升学主义"转向个人的未来发展，将学习与社会及未来职业选择连接起来，更多地认识和探索自身、关注并了解社会，不断思考和明晰自身发展的道路，理智地寻找自己的学业指向。生涯规划是一种时尚元素，是一个人的阶段性甚至是一生的部署，每个人都要充分重视对自己未来选择的规划。为了发动学生积极参与到我校慧美人生规划必修课，我校成立了生涯社团，旨在通过举办各种校内的活动或比赛，让学生逐渐明了我们在学些什么、学习到什么程度、如何去学习等。通过活动和比赛，学生们更能够客观地把自己的学习生涯、职业愿望同自己的主观条件，以及社会现实的职业需要紧密联系和协调起来，学会寻找自己未来的人生角色。

（四）设计科学性

重视学生的特点及发挥是生涯剧设计科学性的前提。一个班的学生就如同一个小花园。学生的个性和特长就如同盛开的鲜花，各有精彩。有的学生活跃在运动场，有的学生活跃在诗社，有的学生活跃在舞台……我想，以生涯给孩子们搭建一个宽大的人生舞台，一个持续可用的人生大舞台。

如下图所示，从学生的身边资源入手，一起找到从个性到共性的问题，选取其中有价值的素材，进行课程的创作，以及将课程落实到应用，在这个过程中，从表面上看，是教师的活动，实际上，学生从发现、构思、创作、应用和评价，无不是尊重学生的特点及发挥，遵循了学生的身心发展。

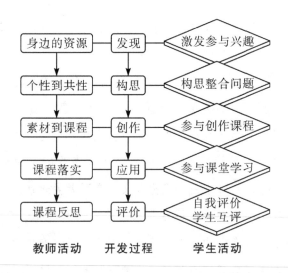

身边的资源 → 发现	激发参与兴趣
个性到共性 → 构思	构思整合问题
素材到课程 → 创作	参与创作课程
课程落实 → 应用	参与课堂学习
课程反思 → 评价	自我评价 学生互评

教师活动　　开发过程　　学生活动

（五）学生成长性

学生的成长性是基于一定的生活环境，生涯教育带给学生的成长性很需要一些关键的要素，形成一些关键的"问题"，通过一定的"情境"和榜样性的"解决方案"，使这样的资源成为众多学生个体可以参考的成长启示。学生受到这样的"先例"启发，可以根据自己的现状与追求进行批判与建构，使自己的生涯成长得到切实有效的设计与发展。从此角度而言，我们在生涯剧中挖掘的故事素材就具备了成长性作用。

例如以下案例：来自东莞五中 2020 届优秀校友——朱睿妮师姐的《一封写给未来的自己的信》。

可爱的同学们：

你们好！

与其说这是给你们的一封信，不如说这是跟五年前的我自己对话，五年后你们可能是我这个样子。不知道是否满意？是否有遗憾？或是超过我，看到更高更广阔的风景，那我也为你们感到自豪。

五年前的我对未来充满期待，就像你们闪烁着光芒的眼睛一般，清澈明亮。我看到的是一颗颗努力发光的星星，但不知道星星们找到自己的轨道了吗？在高中的三年第一步也是最重要的一步，找到自己的心之所向，可大可小但有方向。可以是心仪的城市、心中的执念或是喜欢的人的步伐，无论是什么，总要有方向可循。跟大家分享我为什么一定要考去北京，因为我喜欢的少年在北京，因为我心中执念的学校在北京，因为我想看看秋天故宫外的银杏，因为我想跳出我不那么满意的环境和状态，因为我想看看我的上限和可能性在哪里。同学们，大家要敢想，喜欢文学的多写写歌词，说不定几年后就有一首歌是只因你而存在；喜欢乱哼乱唱地去了解一下和声或是拿起笔记录下来旋律，说不定你就是乐坛被藏住的新星；琴房的钢琴家们，多去音乐厅里打开聚光灯感受暖意，几年后会有人因你而来，为你鼓掌为你欢呼；还找不到方向的就多蹲琴房，跟你的琴多交流交流，毕竟在音乐界它是你的前辈。

我记得高三时在北京待的那一个月，我一天练琴平均 8 到 10 个小时，从琴房里走出来时手不受控制地抖动，但当我在雪中闻到炒栗子与烤红薯的香味时，满足感充盈我的内心，暖意直冲指尖。路边昏黄的灯光描出雪花的形状，耳边是操着北京话的爷爷奶奶们，还有不知从何处来的求学人步履匆匆，是这些实实在在地填平了我的疲惫和焦躁。所以同学们，喜欢什么、感兴趣什么、好奇什么，就去探索吧，也许失望也许惊喜，但重要的是你们正是该探索的阶段，不要害怕挑战不要害怕失败，人生有无数机会也有无数道路，我们说星轨纵横自成宇宙，是纵是横不重要，重要的是，你终会成为宇宙。

不知道大家听到这里感受如何，也许有人恍然大悟，也许有人仍然觉得无聊，五年前的我大概率是后者，我心里肯定会默默吐槽：别整这些虚的，谁不知道要努力，谁不知道定目标，你达成了自己的目标就这样冠冕堂皇地吆喝，你倒是说说怎么努力啊。我想说，每个人努力的方式不同，如果你现在脑海中有画面有方向了那么请你坚持那样去做，如果你依旧茫然，不如试试这样想：练不下去琴了想想斯坦威还在等你，还有那么多观众在期待你的演奏，还有舞台在等着为你开启聚光灯；闲聊时想想还有那么多的音乐节、那么多的livehouse等着你去展示自己，会不会就因为几次的聊天而错失了跃入人海中的自由。请大家相信能量守恒定律，你现在失去的未来都会得到，而你现在预支的未来可没有人能给你补上。我在高中时无数次幻想说走就走的旅行，但实际上连家庭出去旅游时我都在集训，现在回来了，说走就走好像很容易；我无数次想象跟几个好友到小酒馆里谈天论地、风花雪月，那个画面从脑海中变到了眼前，我们微醺着谈论着男孩，讨论着未来，看星星如何闪耀，看月光如何温柔。

同学们，你们就是五年前的我，心里一边质疑自己又一边坚定着自己的独特，一边想摆烂一边又想跟大家一起卷得昏天黑地，那就间歇性摆烂持续性卷起来吧，允许自己的做不到但也不要放弃去做。有一句话是这样说的，失败者只是因为还没有成功，那成功的人又有多少呢？怎么样才算成功呢？送给大家一句话：于高山之巅方见大河奔涌，于群峰之上更觉长风浩荡。希望大家征服高山得以见大河如何奔涌，俯瞰群峰得以与长风一般自由。

最后，祝各位一切顺利！

五年后的你们

2022. 9. 18

（六）收获层次性

生涯剧的创作过程追求学生收获的层次性，从而减少学生因为距离的问题或者直接灌输观念而产生的抗拒问题。按照布鲁姆教育的观点，教育目标可从认知领域、情感领域和动作技能领域角度来看。

1. 认知领域

从认知领域来看，希望学生通过参与生涯剧《飞形记》，知道认识、记忆、领会生涯规划领域的具体知识或技能，当自己在以后的日常学习、生活、工作中碰上类似的情况时，能回想起这种知识，分析并能初步用所学知识和技能解决当下问题，形成对自己应对和解决问题的积极性评价。

2. 情感领域

从情感领域来看，希望学生通过参与生涯剧《飞形记》，学会接受自己成长过程中的人物事，并对其形成良好的反应机制，由此通过相应的行为，强化形成健康向上的价值观，再来指导自己当下及今后的行动。

3. 动作技能领域

从动作技能领域来看，即记忆、理解、应用、分析、评价、创造的过程。项目组也是希望学生通过参与生涯剧《飞形记》，树立自己应有的生涯意识，记忆和理解相应的生涯知识和技能，结合自己的生涯特质、生涯实际和生涯追求，掌握自己的生涯主动，以创新的精神开创自己的生涯新局面。

二、生涯剧的实践原则

在国家政策背景和高中生涯教育现状下，项目组着重围绕如何创新生涯规划教育的内容、形式与途径开展研究。最终，确定了拟解决的三个主要问题：

一是高中生涯教育资源问题。如何结合社会发展趋势，融合学校及学生实际，开发含有生涯慕课、生涯手册、生涯班会和生涯盲盒的高中生涯校本课程，以课程推动高中生涯教育创新发展。

二是高中生涯教育路径问题。高中生的生涯规划教育的实施应该遵循哪些策略，怎样才能破解目前的窘境，提高生涯规划教育服务立德树人目标的有效性。

三是生涯课程有效评价问题。项目组研究如何以新颖的形式鼓励学生参与课程，又如何更加主动、更加全面、更具有生成性地实施生涯评价。

以"生涯剧"为切入点，制定以下如图所示的研究技术路线图。

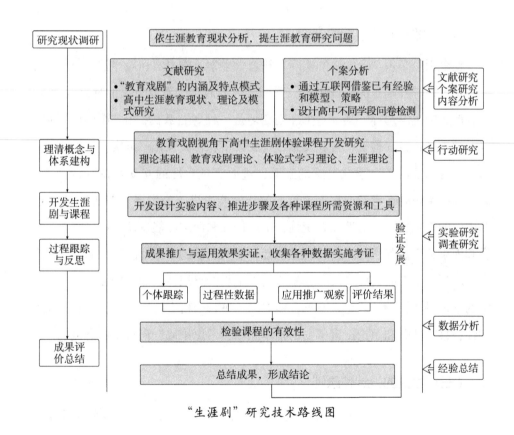

"生涯剧"研究技术路线图

（一）学生的参与性原则

生涯剧的实践是我们特别关注的，换言之，生涯剧其实就是想让学生进行创作和享用。所以，生涯剧在经历的两年创作周期内，学生都在参与，既有非常稳定的学生群体和学生个体，也会在不同的剧集中，根据故事的演绎和推进的不同，不断地邀请更多的新学生的参与，以保证学生作为主体的实践原则的充分体现，期望更多的师生在创作的过程中就获得了生涯教育的启迪。

（二）学生的学习性原则

整个项目必须契合学生的实际，符合学生学习的习惯和规律性。首先，生涯剧是可以带着娱乐的心情去看，看同龄人的故事，看身边人的现状与对策，看看他人的生涯选择。其次，生涯剧更多是一种"自我的对比与牵引"，它可以对学生进行自我检查，自我反思，自我校正和自我强化。再次，生涯剧可以通过行为的互动，去承载情感的互动，进而实现生涯的互动及持续行动。最后，高中生正处在青春期后期，他们的认知能力进一步发展。在认识能力上，高中生的知觉更具目的性和系统性，更加仔细和深刻，能发现事物的细节、本质和因果关系。其注意力已具有主动性，能与明确的学习目的联系起来。记忆力发展到一个新的成熟阶段。其思维具有更强的组织性，能比较完整地、按一定的系统讲述自己的思想或意见；能对事物进行分析，找出本质特点；还具批判性，喜欢怀疑和争论探索事物的根本原因，不愿采取轻信盲从的态度。

（三）学生的设计性原则

生涯剧可以由学生独立完成吗？就这样的问题，我想很多老师都会有疑问：学生能行吗？他们有时间吗？

这样做的意义：一是可以提高学生对自己生活的设计和探讨的质量。我相信，在这样的活动过程中，可以看到学生的想象力的发展，可以看到学生交流能力的发展，可以看到学生表达能力和与他人合作力的提升。二是进行某种、某领域、某形式的创造。三是拓展和对照别人的做法和选择，让自己的人生多一点可能。

（四）学生的成长性原则

重视学生的成长是生涯剧实践的追求。从身边的学生视角切入，从当前学生成长的生涯教育发展现状入手，选取学生成长过程中典型的、富有启发性意义的生活片段，以教育戏剧理论和生涯教育理论等为依据，开展剧的研究和剧的教育，以不一样的途径，辅助学生健康成长。

（五）生涯剧的实践平台

生涯剧的实践平台可以分为动态和静态两种情形。动态的情形是学生在生涯剧的拍摄过程中的参与体验，也可以是以生涯剧为素材进行各种讨论会的学习过程；静态的情形则是学生通过哔哩哔哩、中国大学 MOOC 慕课平台等观看的学习过程。

（六）生涯剧的故事挖取

校园中，哪些素材可以用于生涯教育？校园素材无非分为动态的和静态的两大类素材。但是这两种素材都可以用来进行生涯教育。动态的素材，是校园中的人、物、事的积极演变过程。比如，东莞五中在 20 周年纪念活动中，呈现出的一组学校不同发展阶段的校史演化进程展。静态的素材，可以是一处建筑，也可以是某一个空间环境，如学校的"未名湖"，那一湖绿水、周边的众多植物和师生共同参与、见证其成长的"慧美鸭"，这些素材都是学生应对自己生涯过程中出现的烦恼、挫折进而变化的心情。

校园中的人、身边的人，老师、同学、校务工作人员等，其人生的经历、其与学生的各种互动，也是……

校园中的各个组织……

还有学生写下来的各种的文章、心得与书信……

三、生涯剧的人员与组织保障

（一）生涯剧创设过程对学生的主体价值观的积极作用

课题组试着在教育戏剧理念指导下，无论是英国式的教育戏剧（Drama in Education）、教育剧场（Drama in Theatre）和美国式的创造性戏剧（Creative Drama），我们将这些统称为"教育性戏剧"，其核心表述都是推动年轻人想象力、感受力、创造力和思辨力的发展，为这些新兴概念的共同要素。[①] 所以生涯剧创设过程对学生的主体价值观的积极作用是从途径、参与角度和掌控人生的主动性方面来说的：

第一，生涯剧创设过程具有多个让学生参与的可能，而这些角度成就了学生主动性和主体发挥的需要，都可以归结到学生的不同层次的体验过程。并且这些过程组成高中生涯规划体验一个比较完整的流程。

第一个方面是学生可以参与到生涯剧本的编写。

第二个方面是学生可以参与到生涯剧《飞形记》的拍摄。

第三个方面是学生可以参与到生涯剧《飞形记》的欣赏。

第四个方面是学生可以参与到穿插有不同集数的《飞形记》，以及高中生涯剧体验课程的理论学习。

第五个方面是学生可以自主地进行，与慧美人生规划必修课程的线上慕课

---

① ［美］内莉·麦卡斯林：《课堂内外的创造性戏剧》，姚仰南等译，外语教学与研究出版社2020年版，第4页。

相匹配的线下《青春修炼手册》的拓展学习。

第二，生涯剧创设过程遵循着教育戏剧的内在价值目标，首先，要为年轻观众提供审美上的体验；其次，要弘扬剧场的教育价值；最后，要通过观剧和剧场互动带来社会成长空间。[①] 生涯剧也是我们团队的首创概念，也可以说是比较新的教育戏剧的具体实现形式之一。所以，生涯剧呈现着比较新的特点，具体可以表现为拍摄的手段、拍摄的空间、呈现的媒介、分享的平台以及服务的对象等，都能为年轻的观众，特别是学生群体和从事或者想从事教育行业的群体带来一种新的尝试。

第三，按照课题组的设想，生涯剧既是一种借助互联网平台，能独立成为生涯教育故事，同时又可以成为学校慧美人生规划必修课程的核心素材，特别是生涯剧《飞形记》的故事、题意、情景、人物等，都是学校校园中熟悉的元素，很容易给正在成长的高中生带来熟悉的味道和基本的认同，更容易弘扬教育的真正价值。

第四，生涯剧《飞形记》围绕着具有原型榜样的主人公王飞和刘形，按准高一、高一、高二和高三的四个阶段，设定八个不同的主题，形成高中三年学生成长的历程，在其中，学生可以根据生涯剧的故事演绎和生涯问题的碰撞、解决，既通过欣赏触发生涯意识，又以镜子的方式观察生涯剧中的主人公的解决之道，很好地实现获取了学生自己的社会成长空间。

（二）完善制度保障，加强师资队伍建设

为保证课程的科学可持续开发与实施，项目主持人在华南师范大学基础教育访问学者王清平教师教育专家工作室学习，也同时参加 2021 年广东省中小

---

① [美] 内莉·麦卡斯林：《课堂内外的创造性戏剧》，姚仰南等译，外语教学与研究出版社 2020 年版，第 8 页。

学"百千万人才培养工程"高中名班主任的"生涯规划与心理咨询"组的学习，师从攸佳宁教授和王心明老师。课程项目组分为"课程开发组、生涯剧组、课题研究组、专著策划组"，制定措施可落实，转化成果可推广。

促进信息技术与教学改革的融合。生涯剧《飞形记》试点在哔哩哔哩播放和上线中国大学 MOOC，也通过企业号和订阅号等方式，进行网络资源共享改革，依托学校课程中心平台，建设网络共享课程，实现在线学习。学生利用新媒体互动交流，使在线学习在人才培养过程中成为可能。

完善课程质量保障体系，聘请高校专家和同行的持续评价与指导。课程项目先后获得华南师范大学攸佳宁教授、王清平教授、左璜教授、戴双翔教授、王晓莉教授、刘华杰博士、孔虹校长、姚春霞副校长、章帆老师的积极评价。借鉴审核评估理念，坚持问题导向，持续改进质量，探索"高中生涯剧体验课程"教学质量保障体系，形成质量保障工作闭环。聘请专家、课程使用单位参与，收集评价反馈信息，不断改进课程工作和丰富其成果内涵，提升成果影响力。

（三）课程的开发实施路径

课程开发实施是一个复杂的过程，需要综合考虑教学目标、学生需求、教学资源和技术支持等多个因素，并与教师、教育技术人员和其他相关方合作。生涯剧体验课程考虑到学生的实际需求，确定课程的目标和受众群体及受制约的条件、环境等因素后，制定属于我们自己的课程开发实施路径（见下页图），具体包括以下几个步骤。

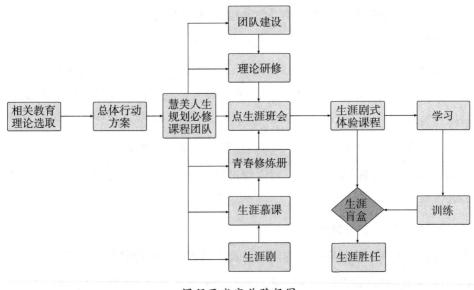

课程开发实施路径图

1. 相关教育理论选取

生涯教育课程是为学生的生涯成长与发展服务，需要和学生的实际情况、需求、成长环境等因素结合在一起，同时，也围绕着生涯剧体验课程的核心即生涯剧进行，所以生涯剧体验课程的开发实施就选定了教育戏剧理论、体验式教育理论和社会认知理论作为理论依据。

2. 制定总体的行动方案

项目组规划好课程开发实施的总体行动方案，做好课程的以下内容。（1）教学设计：根据需求分析的结果，设计课程的教学内容和结构。这包括确定教学方法、教学资源和评估方法，以及设计教学计划和课程大纲。（2）内容开发：根据教学设计，开始制作教学内容，包括教材、幻灯片、视频、练习题等。这一阶段还包括开发在线学习平台或教学工具，以支持学生的学习和互动。（3）测试和审核：在正式发布课程之前，进行测试和审核。这包括对教学内容进行质量检查，检查教学平台的功能和用户体验，以及进行小规模的试讲或试学。（4）课程发布：将课程正式发布给学生。这可以通过线上平台、学校内部系统或其他方式进行。在发布之前，确保学生能够顺利访问课程内容，并提供必要的指导和支持。（5）教学实施：在课程开始后，教师需要进行课程教学。这包括与学生进行互动和讨论，解答问题，评估学生的学习成果，并根据需要进行课程调整。（6）评估与改进：定期评估课程的效果和学生的学习成果。根据评估结果，对课程进行改进和优化，以提高学生的学习体验和成果。

3. 组织团队，开发项目

组建慧美人生规划必修课程团队以及进行相应的理论研修，以保证课程的科学性和有效性。在此基础上，项目组规划好生涯剧体验课程的子项目体系，即"生涯剧—生涯慕课—青春修炼手册—点生涯班会—生涯盲盒"。循着演绎、学习、自学、强化、评价的路径实施生动的生涯教育。

第三节　生涯剧的意义

2022 年的 6 月，广东头条新闻资讯平台南方 Plus 客户端报道了我校生涯剧《飞形记》项目杀青，文字节选如下：

历时两年，300 多名师生参与，近日《飞形记》第一季（共 8 集）正式杀青。一部《飞形记》，为东莞市第五高级中学生涯课创新探索画下了浓墨重彩的一笔，也为生涯教育新思路带来可供借鉴的模式。未来，该校力争让所有学生都能参与到属于自己的生涯剧中，为未来发展奠定基础。

在参与拍摄中明确未来方向。东莞五中毕业生黎浩森担任摄影师，学校师生共同参与制作。以"总集策划+每集编写"的工作思路开展，立足身边人、身边事，《飞形记》编剧、导演、参演、拍摄、编制全部由师生共同完成。从

2020 年项目启动以来，学校有 300 多名师生参与制作，也有学生在参与过程中明确自己的未来方向。

学生薛霄毅参演了第一集和第八集，通过剧情演出，他对于戏剧创作产生了浓厚的兴趣，希望今后自己也能从事相关职业。

动员更多师生参与"生涯剧"的开发，形成"剧演人生"的生涯教育体验模式，启发学生思考生涯规划。甚至是退休老教师担任，并积极延伸至社团的开展。对于学生来说，这本身就是一种学习和体验。

一、生涯剧的立德树人功能

生涯教育并不仅仅是为学生的人生职业开路，生涯教育也是一种造福人生的教育。如果学生能够拥有正确的生涯思想和生涯选择，教育才算成功。我们更感慨的是，这几十年来社会的变迁和教育的失败，使一般的人——不论是青少年，或是成人，都失去了爱的表达能力。我们花更多的时间追求物质的生活，却吝于花一点时间来对待自己的亲人；我们用更多的力气在一些外面的琐事，却舍不得多给最亲的人一些关怀。那些身强体壮、有无限精力的青少年，他们会变得茫然，成为边缘人，整个社会都有责任。

（一）通过生涯剧的方式，实现生涯教育的创新尝试

莎士比亚说过，世界只是一个戏台。教育是这个戏台的一出戏，生涯是教育这一出戏的重要内容之一。那么，生涯教育作为重要内容，就肯定需要不同的形式作为载体。有人可能关注生涯中的就业和职业选择，有人可能关注生涯中的学业和专业，其实这些还只是内容，生涯教育的形式则是强调如何实现生涯教育。通过生涯剧的方式，实现生涯教育的创新尝试。

（二）通过生涯剧的方式，引导各界的目光关注学生的真实现状

在《陶行知卷（中国近代思想家文库）》中有一篇《戏剧与教育》，文中写道："戏当演乎？戏当观乎？欲知戏剧与教育之间关系，必先明戏剧于演者及观者有若何之影响。"

鼓励师生通过剧的形式创作生涯剧《飞形记》，不只是为了演剧，而是为了通过别人的创作和演绎，从演到观的过渡，完成对更多人的影响和教育。通过生涯剧的方式，实现生涯教育的创新尝试。

（三）通过生涯剧的方式，做好美育与德育之间内在的关联性

美育是主情的教育，通过情感的陶冶可以促进道德的培养。席勒认为"道德状态只能从审美状态中发展而来"，人们所看到的是审美对人的道德养成所具有的建设性作用。蔡元培认为，美育之所以能陶冶情操，就是因为美具有普遍性、超越性。

（四）感性与理性的统一、现象与本质的把握、交流与合作的统一、学业与人生的融合

生涯剧可以是纯粹的。但它不是一个单纯的素材，它是服务学生的青春成长的，是动态的服务作用。这种动态的服务作用可以从感性上升到理性，去培养学生关于生涯成长的类比思维、迁移思维、重组思维、遥远联想等。特别是高三的学生，选择未来生活的道路成为他们意识中的重要问题。他们对未来志愿的抉择，具有很大的现实性和严肃性。这种对未来生活道路的选择，无论在高中生的学习，还是个性发展上，都具有极其重要的意义。我们的研究表明，高中阶段是理想、动机、兴趣、价值观和品德等发展的重要阶段。良好的品德或不良的品德都在高中阶段形成并初步成熟，理想、动机、兴趣、价值观和品

德等个体意识倾向性，是高中生心理发展中社会性的重要方面，是高中生活动的重要动力系统。[1]

二、生涯剧的辐射影响功能

高德胜教授在《道德教育的30个细节》中描述道，叔本华曾将人对法则的服从比喻为一个能用健全的双腿走路的人，却拄着拐杖走路。生涯教育何尝不是如此呢？学生的真实生活和特性是学生今后工作、生活前提，但生涯教育如果只是偏重于某种知识、思维、管理，难以保证生涯教育的有效性和针对性。

生涯剧的实践，一直坚持着一个最基本的现实——重视发掘学生的真实故事和学生周围师生的真实反应，生活剧创作一个很重要的方面就是德育过程，摆脱无过程或投射到别人的过程中去的原始状态。我们认为生活的过程就是道德学习的过程，基于这种思想，我们说，德育的过程也就是过"有道德的生活"的过程。生活中道德学习发生的心理与文化机制，包括暗示与接受暗示、非反思性选择和自主选择与自主建构。过"有道德的生活"就是借助生活中道德学习的这些机制，发挥其作用，消除生活对人德性的消极影响，在形成教养、批判生活中的恶和进行反思性选择的基础上，生成真实的、整体的德性。

学生参与生涯规划课程的良好反馈：2018级学生黎浩森说：我高一的时候接触摄影，那时候我爱相机，爱那些饶有趣味的摄影技巧，并被它们深深吸引着。在老师的指导下，一位高三的师兄带着我拍了一部校园延时的微视频——《印象·五中》，当时这个视频在校园内引起不错的反响，而且有很多师兄师姐感谢我们在他们的毕业之际留下了很多美好的回忆，他们开心且感动

---

[1] 林崇德：《教育的智慧：写给中小学教师》，浙江教育出版社2019年版，第82页。

着，那时候我第一次知道，我们用心记录的东西是可以给人们带来温暖和感动的，我懂得了摄影是件真心换真心的事情。

后来在老师的鼓励和指导下，我努力地在校园里学拍摄，有越来越多的同学告诉我，我的作品是可以给他们带来力量的，甚至有一次，有位素未谋面的外校朋友感谢我，他感谢我的文字和拍摄作品帮他坚定了他的梦想。从那以后摄影也成了我生活里抹不掉的一片色彩，那是我第一次下定决心，要成为一个温暖的、有思想的、热爱生活的摄影人。

我很幸运在五中的日子里就知道自己热爱什么，想成为怎样的人。于是我开始制定目标，在学校里，我积极参与活动拍摄；周六的时候，约同学朋友当模特出去拍照，在实践中学习拍摄和后期处理。一开始的学习是根据自己在网上买的书籍和杂志，后来发现学习书本的速度和信息量慢慢不够的时候，就去参加本地摄影"大神"们开展的线下交流课，也跟着身边的"大神"朋友出去拍摄学习，当时就像一块海绵努力地吸收着自己所能触碰到的知识，而我的大学专业方向也明确了数字媒体应用技术专业。

我现在认真地规划进阶职业摄影摄像，目标就业城市是广州，初阶段我会倾向于接触更多真实的项目，利用假期时间去单位或工作室里拍摄实习，我自己清楚地知道自己对 AE 和达·芬奇（Davinci Resolve）这两个软件还不算熟练，所以更多的精力倾向于学习这两个软件，也知道自己真正的工作经验不算多，所以非常渴望，也在努力地进入更大的公司实习学习，希望了解到行业里更高的水平和更加前沿的技术。这一切都在路上，在学习这条路上我不会停止我的步伐。

一路过来，有过很多拍摄的经历，也遇见过许许多多可爱的人，他们让我看到了这世界的可能性，让我看到了很多出彩的人生，我也知道了，我一辈子或许不会只干摄影这么一件事，可能还会干很多奇奇怪怪的事，但我都希望自己的底色是能成为一个会发光的人。

总之，在学校育人工作中，大部分老师引用的事例，不是人物离我们比较远，就是不符合当下学生特质，难以让学生有切身体会，育人效果不佳。因此，我们想能不能从我们自己身边的故事开始讲起，如果学生能从屏幕中看到自己的老师、同学，听到他们讲述自己身边的故事，这样的事例可能更具有说服力，也更能够引起学生的共情和共鸣。

我们想是否可以通过自己编"剧"、自己演"剧"、自己拍"剧"，将身边发生的事情和生涯课程内容以及育人目标融入"剧"中，以"剧"的形式呈现出来，师生参与其中，引起学生的共鸣，最终达到育人的目的。这就是生涯剧这个构思的来由。另外，有一批优秀且有舞台表演经验的教师和优秀的学生社团作为后盾，也是这个生涯剧能开展起来的强有力保障。

新媒体时代的到来，也要求我们这些教育人需要站在学生的视角，勇于做出一些新的尝试。人生不能重来，但生涯可以规划，以"剧"演绎生涯，以"剧"思考人生，前行路上更有方向。

三、生涯剧对学生的意义

（一）生涯剧对学生生涯的提前启发

在高中阶段开展生涯教育是必要的，也是符合学生身心发展规律的，因为高中阶段是人身心发展最为迅速的时期，也是学生正处于生涯的探索阶段。这一阶段的学生在学校各种活动的经验中，进行自我探索、角色探索与职业探索，而在生涯剧中，学生在这些方面都有进一步的认识与了解，对于高中生从高一新生入学到高三毕业再到大学录取这一过程，学生都能够通过生涯剧提前感受，高中每个学段的学生都会有不同的观后感悟。这无疑是生涯剧对学生成长的最大作用之一，即对自己的未来生涯获得提前启发，这种启发，无论是新生对高中生活的未知与好奇，或是准备分科学生的犹豫与纠结，还是刚上高中迷茫而无所适从的学生，对他们来说都是很好的铺垫，给予了他们提前做好计划的条件。

（二）生涯剧的创作过程对学生的积极影响

完成一集生涯剧，需要经历剧本编写、角色选定、拍摄道具前期工作准备、拍摄、后期完善等过程，这些过程中，学生都能参与其中，这对他们形成合适的生涯理念和实现自我价值都有巨大的帮助。

《飞形记》讲述的是某个名为"王飞"的学生，从他刚入学对新环境的适应，到高中生活中遇到学习上和生活上的困难，再到最终顺利考上自己的心仪大学的故事。故事中以现实学生为蓝本，设计贴合学生实际学习和校园生活的剧情与对白，在编写剧本这一环节，学生无疑是参与其中的，他们能够在这个过程中分享自己的亲身经历或者感受到他人的成长经历，丰富了他们的阅历，也能把自己的阅历投入故事中，这对他们生涯理念的形成做了铺垫。

"生涯剧"——触动学生心灵、规划慧美人生。生涯剧《飞形记》是以东莞五中历届成功学子为"原型"，以王飞、刘形两人在东莞五中学习和生活中点滴为主线，讲述他们经历变化—冲突—适应—选择—拼搏的过程，磨炼成为优秀人才的励志故事。那"生涯剧"最大的特色是什么？东莞五中慧美人生规划课程组根据社会发展信息化的趋势，改变德育美育传统的教育教学方式，探索了一种线上线下结合的高中混合式生涯课程教育教学模式。

高中生涯剧体验课程与一般校本课程不同，通过精选校园师生故事，整合、设计、编写成《飞形记》剧本，以生涯剧的故事悟人，并在中国大学MOOC平台上线，助力学生实现生涯规划教育的"自我加工"，再经过线下课程团队编写校本教材《青春修炼手册》，通过引导学生"回望"和"俯瞰"，使学生真正成为自己生涯的主体，实现生涯规划教育的升华。师生以"剧"的形式自编、自演、自拍高中校园学生的真实经历，设置课程思考，引发学生讨论，运用现代信息技术，如慕课平台、公众号等网络资源，借助教育信息化，以热点话题讨论的形式，触碰学生心灵最深处，达到共情和共鸣。

传统的慕课在线上实现教学、检测，而高中混合式生涯规划课程采取线上线下混合教学方式，打破传统的直接选取网络素材作为课程资料的形式首创线上慕课素材，拍摄步入正轨之后指导学生参与"生涯剧"的剧本编写、拍摄，符合慧美教育的内涵与新高考"选其所爱，考其所长"的原则，将教育从"升学主义"转向关注学生未来发展，运用信息化教学触动学生心灵最深处，规划慧美人生。

生涯剧已经成功在中国大学 MOOC 和热门网站哔哩哔哩上线，获得了当地多家新闻媒体的报道。其摒弃传统的"说教"生涯教育形式，根据学生兴趣和时代特点，培养学生用正确的眼光看待世界的能力、逆境中坚韧不拔的意志，帮助规划慧美人生。这种最容易接受的方式，以热点话题讨论的形式，在学生、家长、热门网站、当地新闻媒体反响甚好。

我想起那些正在成长的孩子们，他们也是坚韧的。面对同伴的竞争、学业的重担、老师家长的唠叨，他们更多的时候只是选择了不声不响，默默承受难言之苦。他们何尝不期盼有人点燃他们向上的渴望，何尝不期待有人帮助他们抚平成长的伤痕。从这个意义上说，生命的希望来自生命自身，也来自教育者。作为教育者，我们或许无法保证每一个学生都成长成理想的模样，正如我们无法预知那根枝叶究竟有无"翻生"的可能。但我们至少可以去尝试探知孩子们发出的生命信号，以敬畏心和同理心，感受他们迷茫苦痛时的生命需求，尊重他们或疾或徐的生命节奏，欣赏他们沉静倔强的生命力量，等待他们散发生命绽放时的馨香。

我想，我们的学生，那必将不断成长的一届届高中生，在他们的人生成长过程中，或者以事，或者以行，或者以深深的记忆，不断地丰富生涯剧。

四、生涯剧对教师的意义

李婴宁老师曾对教育戏剧这样定义："教育戏剧是一种区别于舞台演出的、以过程为主的、即兴表演的戏剧形式。参与者在教师指导下，运用想象调动自己的经验在戏剧实践中开拓、发展、表达、交流彼此的理念与感觉，达到开启智力、增加知识、活跃身心的目的。"[①] 教育戏剧是通过将戏剧融入教育，并将二者结合，让学生"通过想象以及使用扮演的方式有意识地再现并传递人类经验的社会活动"，形成创新性的思维模式，实现立德树人核心素养，进而达到素质教育的既定目的。教育戏剧倡导教师角色的多重性，一改教师以往的"国王地位"，对教师的综合素养提出了更高的要求，诠释教师在教育戏剧教学中如何定位"智慧型大玩家"的全新角色。

开发生涯剧的意义绝不仅仅是有利于学生，它的开发与应用对教师也有很大的帮助。首先，教师通过给学生提供综合性指导，提高教师帮助学生建立职业意识和规划的能力。作为教师，自身也可以更好地综合利用相关因素助力自己的教育教学，并制定适合自己的职业规划。如《东莞五中教师参与生涯剧拍摄的感悟收获表》（见下页表）中提及作为《飞形记》主人公王飞的妈妈，即杨露春老师认为"既具有了全新体验，又学到了不少知识。原来，教师的工作很早就和生涯融合在一起，家庭在孩子成长过程中很重要……"

其次，联系学习与职业需求，拓宽教师生涯教育视野。作为教师，你可以通过将现实案例、专业导向的项目和实践经验引入课堂，将学科知识与实际工作场景相结合，培养学生的职业技能和就业能力，让学生在学习过程中理解和应用所学知识，并为未来的专业发展做好准备。如《生涯剧〈飞形记〉每集案例收集表（第一集)》（见下页表）中所示，导演李捷生老师认为，在开发

[①] 李婴宁：《关于教育戏剧》，载《边缘的消失》，广西师大出版社 2008 年版，第 789 页。

生涯剧的过程中，"教师要积极回应孩子的成长问题，鼓励孩子要有自己的行动措施。教师应该重视同龄人的示范作用，重视理想和兴趣的牵引，重视家庭对孩子的成长因素，努力营造良好的家庭成长氛围，要支持孩子建立完善的社会支持系统和高中生涯规划。"

最后，教师建立自己的健康教育人际关系：生涯教育提倡生涯主体积极主动地与行业专业人士和社会资源进行互动，以建立人际关系和获取职业信息。作为教师，你可以与行业企业、社区组织、专业机构等建立联系，与更多不同的实际工作环境接触，并与专业人士进行交流和学习，拓展自己更全面的健康教育人际关系。

东莞五中教师参与生涯剧拍摄的感悟收获表

姓名	杨露春	学科	历史	年龄	38	角色	王飞妈妈
参与感悟	本人很荣幸能参与我校原创的生涯剧《飞形记》八集的拍摄，并出演了主人公王飞的妈妈，既具有了全新体验，又学到了不少知识						
生涯教育教学启示	1. 教师的工作很早就和生涯融合在一起 2. 家庭在孩子成长过程中很重要 3. 生涯剧也许不是最好的生涯教育课程，但肯定是最有益的尝试						
对项目发展的建议	1. 生涯剧可以以季的形式出现吗 2. 生涯剧如果再进课程，多长时间适合 3. 如何跟进学生学习的效果						

生涯剧《飞形记》每集案例收集表（第一集）　　　作者：李捷生

案例	本集故事的总体概述
	中考失利的王飞，不高兴地接到五中的录取通知书。 迷茫的他，面临着去异地复读、去东莞五中读书还是去职业高中的选择。 本集结局：王飞非常纠结，不知如何是好，希望得到帮助
背景	本集的设计、编写的一般性生涯情况
	本集主题为"变化"，强调中学生从初中到高中，会产生一系列的新变化。 而这些变化会引起学生的不适应，甚至会妨碍中学生的健康成长
实施措施	本集采取哪些理论、措施、行动
	1. 重视家庭对孩子的成长因素，努力营造良好的家庭成长氛围
	2. 积极回应孩子的成长问题，鼓励孩子要有自己的行动措施
	3. 重视同龄人的示范作用，重视理想和兴趣的牵引
	4. 支持孩子建立完善的社会支持系统和高中生涯规划
具体过程	步骤说明
	1. 倒叙的方式，回忆主人公王飞在紧张地做考试试卷
	2. 回到现实，家里收到东莞五中录取通知书
	3. 借助同龄人的选择，进行对比
	4. 约上同学，一起到东莞五中实地考察
感想倾诉	师生感悟
	创新的工作确实很难，一切的准备、一切的设计都是原创的。 无论是从学生的角度，还是从老师的角度，寻找出有特色的生涯行动还需要有更多的准备、更多的付出
评价与反思	1. 学生的生涯思考和大人的生涯思考不一致时，应该如何有效地解决
	2. 学生从初中升学到高中后，出现的不适应如何通过课程或者班会进行解决? 家长在这个过程中充当什么作用

教师实施教育戏剧的意义和优势。蔡元培先生曾说："美育的目的，在于陶冶活泼、敏锐之性灵，养成高尚纯洁之人格。"在教育戏剧中，每个主体的角色建构不一样，但是学生可以在体验中感受到思想融入骨子里的过程，课程改变了以往预设与静态知识的教条，将德育从课程开发走向课程理解的范式，让德育升华为一种生命、人格的教育，从而更好地执行了新课标的个性化课程标准，促进学生的全面发展。

（一）回归"全人教育"，健全人格培养

在传统分学科教育当中，知识是学科教学的核心，但在教育戏剧中人的主体地位发挥得非常充分，对于个体主体意识和价值观认识，对于集体的合作与分析，教育戏剧在充分地运用戏剧的综合特点，结合情景化的预设，在有限的空间、时间当中将心理、美术、音乐、语言、肢体进行结合，促进人际社会性的思考，这是一种非常美好的跨界体验和探索突破。

（二）师生成长路径的变化

对于具有综合实践性的戏剧来说，达成美育目的主要不是通过知识学习的途径，而是通过自身实践和审美体验的途径，立足鉴赏、感悟与反思来完成。一言以蔽之，戏剧美育要"做而论道"，而不能仅仅"坐而论道"。其要义，应立足情感与人格，挖掘、理解、探究游戏力、仪式感、角色意识、情境体验、冲突感悟、行动意志。这是戏剧教育的审美力，它需要学生在实践中自己体验、反思、想象与创造，从而实现以戏化人，以美育人，知行合一。

（三）高中阶段要培养学生的生命责任感和意义，以及发现问题和积极解决问题的能力

高中阶段要培养学生的生命责任感和意义，以及发现问题和积极解决问题

的能力。这样的责任感和解决问题的能力来自平时的积累，重视政治信念的塑造，重视课程转化为学生健康成长的课外自觉，重视学生的生命认知，如青春与心理健康、生命规划、生命安全、生命问题解决、生活能力与特长。努力通过体系化的课程行为将其价值化，融入自身为学为事的日常生活行动中。

五、生涯剧项目的意义

教育戏剧作为一门以创造力为核心的学科，是一种将戏剧作为教学媒介、形式和手段，基于特定素材或主题创作生涯发出的，艺术性、趣味性、教育性高度结合的教育活动。教育戏剧发展至今已有百年历史，从西方到东方，经历了各种理念、形态的变迁。

"横看成岭侧成峰，远近高低各不同。"教育戏剧在中国成长至今，已不满足于单纯地将国外教学方法、形态直接"移植"到国内的实践活动中，而是致力于让教育戏剧的"种子"在中国大地的滋养下，落地生根，成长萌芽，逐步形成属于自己的，具有本土技术、风格和生命的样态。

中国儿童艺术剧院院长尹晓东认为："戏剧是立体的高度综合的艺术形式，是了解世界、参悟人生的窗口，对孩子的成长、世界观、人生观、价值观的形成都具有极大的影响。"儿童戏剧和教育是天然的盟友。所以，我们选择在生涯领域和教育戏剧一起，融合创新出"生涯剧"这样的新概念、新形式，鼓励师生在自己的生命建构中，做自己生命蓝图的设计师。

（一）生命视阈下，学生成长权和成长路的创新性尝试

在当下中国的大背景中，如何让孩子们在获取知识、技能的同时，去寻得他们成长路上更为珍贵和必要的东西？即孩子们的社会责任感和世界观。青年初期是富于想象和渴望创造的时期，是个性特征逐渐稳定和初步形成的重要时期，也是世界观开始形成的时期。由于身心发展已接近成人，高中学生表现出更

广泛、更强烈的社会积极性以及社会责任感，因而这一时期也是世界观形成的重要时期。

教育戏剧专家张晓华教授说："在戏剧中，孩子体验别人的人生，经历某些事，他会明白不同的选择导致的结果不同，他会思考'如果是我，我会怎么样'，而这被证明对孩子的心智成长是非常有利的。"教育戏剧正是通过创造活化境遇，让孩子沉浸其中认识自己和世界。人际交往能力更加成熟。高中学生非常重视友谊，对友谊意义的理解更深了，在这一时期建立的友谊往往是深厚的、长久的和牢固的。与初中生相比，他们所理解的友谊不仅要有共同的兴趣爱好，而且包括共同的理想、观念和信念，对于朋友的相容、谅解能力都比初中生更强，这些都使得高中生的友谊更为深厚。他们对友谊的需求和获得也比初中生广泛而成熟。他们不仅满足于加入某个群体和获得群体的承认，而且十分关心自己在其中的地位与表现。

（二）仪式教育下，学生生涯感和生涯值的积聚性追求

学生生涯感和生涯值的积聚性追求往往表现出学生的自我意识的发展。自我意识的进一步发展，是高中生个性趋于成熟稳定的一个重要表现。他们不但对周围的人，而且对自己也能做出比较深刻的评价。他们不像初中生那样仅从表面和外在现象上讨论人，开始能够从思想水平、道德修养、智慧程度、人生态度等多角度比较全面地评价别人和自己。戏剧教育让孩子们在各种故事体验中，体验人生百态，从中感知世界，汲取智慧，认识自我，提高自我，进而能够自信阳光地站在舞台上，大放异彩。

（三）成长空间中，师生发展性和共同前进的合作性典范

生涯剧对学生的影响是多方位综合性的，绝对不是单一技能的学习。在这个过程中，学生有设计、有编辑、有思考、有演绎、有交流、有解决，他们的

生涯意识和生涯能力在飞速成长。他需要思考个人的社会环境、人生信念、生存状态，要用肢体语言表达人物内心，这个过程中孩子们尽力思考，并将思考推向理性层面。生涯剧的创新过程，并不是简单的教师行为，也不只是仅有学生成长；生涯剧的魅力不是浅层的感官刺激，而是深层的生涯触动，是师生努力创造出来的一个原来没有的成长空间。

世间人有生来是演戏的，也有生来是看戏的。这演与看的主要区别在如何安顿自我。演戏要置身局中，时时把"我"抬出来，使"我"成为推动机器的枢纽，在这世界中产生变化，就在这变化中实现自我；看戏要置身局外，时时把"我"搁在旁边，始终维持一个观看者的地位，吸纳这世界中的一切变化，使它们在眼中成为可欣赏的图画，就在这变化图画的欣赏上面实现自我。①

第四节　生涯剧《飞形记》剧本

第一集　变化（李捷生）

本集内容：中考失利的王飞，不高兴地接到东莞五中的录取通知书，迷茫的他，面临着去异地复读、去东莞五中读书还是去职业高中的选择。

本集结局：王飞非常纠结，不知如何是好，希望得到帮助。

附：人物小传

王飞：慢性子，优哉游哉，戴一副眼镜，看起来很有文采，一说话就让人觉得搞笑，爱作诗，爱之乎者也。

刘形：直性子，整天嘻嘻哈哈，非常开朗，但容易忽略细节，经常会出点小问题。

---

① 朱光潜：《无言之美》，北京大学出版社 2005 年版，第 1 页。

场 1	白天	外景/环城路（振兴路）
人物		快递小哥

快递小哥送快递。（急促紧张的音乐）

车在公路行驶，两旁的树木快进……

场 2	白天	内景/厨房
人物		王飞妈妈

快速切菜声音，嚓嚓嚓……

场 3	白天	外景/小区
人物		快递小哥

步行通过门岗，进入小区。（步伐加快）

场 4	白天	内景/小区电梯口
人物		快递小哥

来到电梯前，按上行键，电梯数字不动（一直停留在"5"这个数字），再按，还是不动，快递小哥着急，快速连续按键……

场 5	白天	内景/教室（考场）（王飞梦境）
人物		王飞、监考老师

王飞在紧张地做考试试卷（显示 20××年全国高考数学 I 卷）。

铃铃铃……

监考老师："考试时间到！请各位同学停止作答！"

王飞非常慌张，拼命在写试卷。（试卷一大半空白）

监考老师："请各位同学停止作答！"

王飞满脸汗水，头发都被汗水湿透了，边写试卷边擦汗水。

监考老师："王飞，请停止作答！（紧张音乐停止）王飞……王飞……"

场6	白天	内景/王飞卧室
人物		王飞、王飞妈妈

王飞妈妈："王飞……王飞……"（坐在床边叫唤王飞）

王飞突然惊醒，旁边的床铺有点儿乱。

王飞妈妈："又做梦啦？"

飞（情绪低落）："嗯……妈，这不是我真实的水平，我，我，我发挥失常了……"

王飞妈妈（握着王飞的手）："妈知道，考莞中一直都是你的理想，虽说中考很重要，可这次没考好，咱们不还有高考吗？咱这三年好好努力，一样也行的。"

飞："对了，妈，叔叔以前说过，在老家好像可以复读的，是不是啊？"

王飞妈妈："先不管是不是，把你一个人放回老家，爸爸妈妈不放心，也不会同意的。况且，听说五中的教学也很不错，妈妈一个同事的小孩在五中读书，去年考上了中国音乐学院，好厉害的！"

飞："但是，我……"

叮咚，叮咚……（门铃响起）

场7	白天	内景/厨房
人物		王飞爸爸

　　王飞爸爸（穿着围裙，关掉煤气，一边走一边用围裙擦着手一边说）："来了！来了！"

场8	白天	内景/房门口（内）
人物		快递小哥、王飞爸爸

　　王飞爸爸握着门把手，开门。

场9	白天	内景/房门口（外）
人物		快递小哥、王飞爸爸

　　打开门，看见快递小哥。

　　快递小哥："您好，这是王飞的家吗？"

　　王飞爸爸："是的。"

　　快递小哥："这是王飞的快递。"

　　王飞爸爸："谢谢！"

场10	白天	内景/房门口（内）
人物		快递小哥、王飞爸爸

　　王飞爸爸（关门，走向客厅）："飞，你的快递，快看看是不是五中的录取通知书？"

场 11	白天	内景/王飞卧室
人物		王飞妈妈、王飞

王飞妈妈："好了，你爸的饭也快煮好了，去洗个脸，先不想那么多，咱们先吃饭。"

飞："嗯……"

说完，王飞妈妈走出卧室。

王飞沉思了一下，慢慢坐在床边，几秒钟后，穿着拖鞋去关卧室门。（图像变黑）

场 12	白天	内景/饭桌
人物		王飞妈妈、王飞爸爸、王飞

王飞爸爸："吃饭啦！"

三个人在吃饭，爸爸在扒饭。

王飞妈妈："唉，老刘的女儿刘形是不是也考上五中了啊？"

王飞爸爸："考上了，老刘很开心，还专门请我们部门吃了顿饭，她女儿啊，从小喜欢美术，就是一心想考清华美院，这次考上五中应该也算是如愿以偿了。"

王飞妈妈："飞，还记得刘叔叔的女儿吗？小时候，爸爸带你去他单位的时候，你经常和她一起玩的。"

王飞爸爸（微笑）："他怎么会不记得！当时玩的时候，那小女孩不小心还把他的鼻子撞出血了！"

飞："她很粗鲁的，现在想想，鼻子都还痛！"

飞："爸爸，问问叔叔，老家那边是不是可以复读？"

王飞妈妈（有点儿情绪）："飞，怎么又说复读啦？"

飞："听你们说那么多，虽然五中是挺好的，可是我还是心有不甘，因为考取莞中一直是我心中的理想。"

王飞妈妈："飞，就算老家可以复读，也不能考莞中了，所以也不要总是想着复读这件事情了，而且人生的道路上，很多时候没有回头路的。所以，咱们还是得多往前看，要不你再多了解一下你的新高中，上网查查，再到五中校园周边看看，或许你会喜欢上它呢？"

飞："好吧，那我先看看……"

王飞端着饭碗，若有所思地扒饭……

场13	白天	内景/卧室（电脑旁）
人物		王飞

王飞在看电脑，电脑上显示百度搜索，关键字为"东莞市第五高级中学。"（特写镜头）

电脑显示东莞五中网站，页面在往上慢慢翻滚。（特写镜头）

王飞很认真地在看电脑，画面为东莞五中美丽的图片。（特写镜头）

飞（喃喃自语）："好像挺不错的。"

场14	白天	内景/卧室（王飞卧室门口）
人物		王飞、王飞父母

看着王飞在敲电脑，王飞爸爸对王飞妈妈说："阿飞，会喜欢这个学校的……"

场15	白天	内景/卧室
人物		王飞

打电话（或发微信）邀李玉去东莞五中参观。

飞："李玉，明天有空吗？咱们先去五中看一下吧。"

玉："好，好，好，就在五中门口见！"

场16	白天	外景/公交站
人物		王飞，李玉，路人甲、乙、丙

看看手机，时间显示9:16。

去东莞五中的路上千辛万苦，或者听到其他人的言论，思想有点儿动摇。

场17	白天	外景/东莞五中门口
人物		王飞、李玉

来到东莞五中门口，汗流浃背，再看看手机，时间显示10:29。

飞（喃喃自语，有点儿失落）："一个多钟，太远了！而且很偏……"

场18	白天	外景/东莞五中西门
人物		王飞

镜头由远拉近：东莞五中西门周边环境、王飞脸上的惆怅。

字幕：我该怎么选……

第二集　变化（武文卓、许娇）

本集内容：面对初来东莞五中的各种变化，尤其是在专业选择上的犹豫，王飞该如何是好？

本集结局：王飞心中面临着做艺考生还是文化生的抉择。

演员安排：王飞（卢骏飞饰）、刘形（李壁形饰）、王飞妈妈（杨露春饰）、琴管老师（符雯仪饰）、室友A（李泽楷饰）、室友B（庄展烨饰）、室友C（黄颖饰）、美术生甲（许娇饰）、美术生乙（薛羽饰）、音乐生丙（温馨饰）、音乐生丁（苏韵澄饰）、压腿舞蹈生（黄晓彤饰）、琴房弹琴男生（吴捷饰）、画室群演4个（A郭燕如饰、B单凤娟饰、C武文卓饰、D李树沔饰）。

场1	夜晚	男生宿舍2栋203
人物		王飞和室友A、B、C

宿舍里，几个同学在聊天，有的躺在床上，有的坐在床上，有的在洗衣服，有的在洗澡。（先拍一个天由亮变暗的延时画面，但很耗时，然后拍一个宿舍大景，再转到宿舍各位学生的活动）

室友A（一下子躺在床上）："今天终于结束了，好累啊！"

室友B（一下子坐在床上）："是啊，天气太热了！"

王飞："以前初中军训时都没这么累！"

室友C（已经坐在床边）："嗯，以前初中军训也不是在学校里面进行的，不过感觉我们学校的校园还挺美的。"

室友A："说到校园，我还发现我们的食堂和小卖部竟然不用饭卡消费的，而是刷脸给钱的。"

室友B："是啊，只要你的脸对着那个机器就可以直接扣钱了，感觉好高级啊。"

王飞："哎，经过八天军训，我可能累得连我妈都不认得了，不知道那台机器还能不能认得我。"

大家齐笑。

室友C："好了，不聊了，我们还是早点儿休息吧，明天早上六点还要早操呢！"

大家稀稀落落地说："好吧，睡觉了，睡觉了。"

画面完全变黑。

场2	白天	外景/运动场
人物		军训新生

（1）上午十一点，镜头对着太阳直接拍出炎炎夏日太阳刺眼的感觉，如果对相机损害大，就去网上下载一个这样的画面。

（2）中景拍摄运动场上某一班学生训练的场景。

（3）特写某一个学生大汗淋漓的场景。

（4）远景拍摄学生上午训练结束后解散的场景。

场3	白天	男生宿舍2栋走廊上电话旁
人物		王飞、王飞妈妈

王飞在拨打电话，跟妈妈讲这几天的校园生活。由于王飞初中时不住校，话语中体现出他对于集体生活的不适应。

（1）特写手动按电话键。

（2）中景王飞半身，和妈妈通电话。

飞："喂，妈。"

王飞妈妈："哎，飞，现在是午休了吗？有时间给我打电话？"

飞："是啊，刚吃完午饭。"

王飞妈妈："这几天的学校生活怎么样啊？还习惯不？"

飞："还可以吧，就是宿舍人多，干什么都要排队。"

王飞妈妈："那是因为你初中一直没有住校，现在对于集体生活不习惯，慢慢适应就好了。对了，你在学校有看见刘形吗？知道她在哪个班吗？"

飞："她应该是美术班的，但我还没有见过她。"

王飞妈妈："有时间你可以去找找她，人家初中一直是住校的，如果你有什么不适应的地方，可以问问刘形啊。"

飞："嗯，好吧，我有时间再去找她。妈，不说了，生活老师准备点名了。"

王飞妈妈："嗯，好的，那挂了吧。"

场4	白天	外景/校园（王飞去艺术楼找刘形）
人物		王飞和美术生甲、乙

（1）远景拍摄学生晚饭后走出饭堂的场景。

（2）晚饭后，王飞在湖边散步，边走边想：趁现在有时间，不如去找找刘形吧，她这个时候会不会在艺术楼呢？

（3）王飞不知道艺术楼在哪儿，此时，刚好看到两位穿着高一校服的学生在湖边低头写生，王飞上前询问。

飞："同学，打扰一下，请问你们是美术生吗？"

甲（抬头）："是啊，怎么了？"

飞："哦，想问问你们认识一个叫刘形的同学吗？"

乙："认识啊，她是和我们同班的，刚才好像看见她在艺术楼画室里。"

飞："好的，谢谢你们。"

王飞继续走，来到艺术楼楼下，便听到了悠扬的琴声。

场5	白天	内景/楼梯（艺术楼走廊）
人物		王飞和音乐生丙、丁

王飞上到二楼，两位音乐生边唱歌边下楼。

飞："同学，请问画室在几楼啊？"

丙："在五楼。"

飞："好的，谢谢。"

场6	白天	内景/艺术楼四楼（王飞好奇，参观四楼）
人物		王飞、压腿舞蹈生、琴房弹琴男生

王飞上到4楼，先来到舞蹈室门口，好奇地伸头进去看，一位女生正在压腿。经过走廊，又来到琴房门口，一位男生正在弹钢琴。王飞继续往前走，在隔壁找到了一间空琴房，想到小时候弹过钢琴，惊喜有这个机会，想试试。（摸着钢琴的动作）这时琴管老师查琴房，便询问王飞。

老师："同学，怎么还在乱晃啊？现在可是练琴时间哦。"

王飞："额……老师……我不是音乐班的，我是来找同学的，可是我找的同学是美术班的。"

老师："哦，美术班在五楼。"

王飞："好的，谢谢老师，打扰了。"

场7	白天	内景/艺术楼五楼（王飞好奇，参观五楼）
人物		王飞、刘形、群演A

来到5楼，王飞被一张大海报吸引，上面是东莞五中历届优秀毕业生的风采，中央美术学院、中国美术学院、广州美术学院、中国人民大学、东华大学、江南大学……当王飞看得入迷时，走廊上，一个熟悉的背影映入眼帘，于是王飞陷入回忆，初中时期一次被刘形把鼻子碰出血的经历。回忆部分：刘形扎两条辫子（李捷生老师建议），两人初中年龄打扮，在学校的运动场，王飞

练习射门，请求刘形帮他捡球，刘形一脚把足球踢到王飞脸上，顿时，王飞鼻血直流。

回到现实。

飞："嘿，刘形，总算找到你了！"

群演 A 一脸懵地回头。

飞（挠头窘状）："啊，不好意思，认错人了！"

A："没关系。"（说完后走进画室）

此时，刘形出现在王飞身后。

形（拍王飞肩膀）："嘿！王飞！怎么，以为凡是扎着两条辫子的就是我啊！难道我就不能改变一下形象啊！人家现在可是一位准艺术家哦。"（得意地笑）

飞（被吓一跳地回头）："原来你在这里！嗯，你的变化还真的挺大的。（上下打量刘形）这是你们上课的地方吗？"

形："是啊，这就是我们上课的画室，我带你进去看看吧。"

二人走进画室，共同参观画室，边参观边说话。

飞："这些画得都好像啊，好逼真啊。"

形："是吧，这都是学长学姐们画的，我听说很多人来五中学美术都是零基础的，但是经过三年的努力，有人最后考上名校了。我希望，在这里学习三年，我也可以达到这种水平。"

飞："零基础也可以啊！不过你来五中就是一心想学美术的，不像我……"

形："你怎么了，你虽然不像我一心是为了学美术，可是我们最终的目标是一样的啊。"

飞："但是，我中考过后并没有想来五中的，是因为爸妈不同意我复读，我才来了这里。可是来了几天我发现校园挺美的，而且刚才一路走过来找你，感觉艺术氛围好像很浓。再加上和你一起参观后，我觉得学艺术也是一个不错的选择。"

形："是啊，那你看看有没有兴趣也来学习美术？或者是音乐？"

飞（特写一张疑惑的脸）："我？我也来学美术和音乐吗？"

音乐响起，本集结束。

第三集　认识自我（李壁形、单凤娟）

本集内容：通过学校学生社团的招新活动，王飞开始认识自我并清楚自己的兴趣爱好；通过经历数学从差到好的过程，体验数学与音乐结合的美妙，并通过老师的点拨，开始思考如何利用自己的优势进行"跨界"。

本集结局：经过老师点拨，王飞开始认识自己的特点并思考发挥自己的优点。

演员安排：王飞（卢骏飞饰）、同学 A（李泽楷饰）、同学 B（庄展烨饰）、社团成员（群演学生数名）、历史老师（薛羽饰）、生物老师（吴捷饰）、数学老师（李捷生饰）、语文老师（郭燕如饰）。

场1	傍晚	校道上
人物		王飞和同学 A、B

周四下午，学校的各门慧美特色课正红红火火地开展着，王飞参加朗诵课（给一个王飞正在上朗诵课的镜头）。下课后，王飞和同学们走在校道上，正在讨论即将到来的社团招新。

同学 A："你们知道吗？我小时候也学过吉他，没想到现在五中也开了吉他课，星期天我一大早起来，一直抱着手机抢课，可算给我抢到了，你们都不知道吉他课有多火爆！"

同学 B："对了，我听说学校的吉他社这个时候也在小鱼池旁边练习，要不我们一起过去看看吧？"

飞："好啊，虽然我没有学过，但听你们讲感觉挺好玩的，走吧……"

场2	傍晚	女生宿舍楼下
人物		王飞，同学A、B，街舞社部分成员

王飞和同学们往吉他社方向走的时候，遇见了街舞社在女生宿舍楼下训练，被他们飒爽的舞姿吸引了。镜头给到街舞社跳舞的同学，停留一小段时间，王飞和同学A、B看着跳舞的同学，在交头接耳，时而竖起拇指点赞，时而流露惊叹的表情。

这时街舞社的一个同学走到王飞等人面前，拿着街舞社的宣传单介绍。

街舞社的同学："同学，有没有兴趣加入街舞社呀？我们的街舞社可厉害了，在2019年获得广东省优秀学生社团，每一年的学校文艺晚会我们都有机会上台表演哦，要考虑加入我们吗？"

（街舞社的同学把宣传单递给了王飞，王飞接住宣传单，挠挠头，面露难色地说）

王飞："啊！我可从来没跳过舞，我还记得五年级上台跳舞的时候，同学们笑我像赵四，可别了吧。"

同学A（打趣着说）："试一下啊，王飞。"

同学B："对对对，一起报名呗。"

王飞搂着两个同学的肩膀，嘻嘻闹闹地转身走开。

场3	傍晚	小鱼池边
人物		王飞、同学A、B,部分吉他社成员

吉他社成员正在练习，有一个同学在调琴，另一个同学指导他怎么调。另外3个同学正在弹吉他。王飞等走到吉他社旁，聚精会神地欣赏着。

同学 A："你看，我就说很好玩吧，我真的好希望有一天可以在五中的舞台上，当着全校同学的面弹唱自己喜欢的乐曲。"

同学 B："加油，我觉得你一定可以的，但是我五音不全，每次唱歌都走音，我觉得还是街舞社更适合我。"

飞（摸着下巴，沉思）："呃……我从小肢体就不协调，街舞就算了吧，但是我挺喜欢音乐的，我觉得会弹吉他的人太帅了，就像我的男神李荣浩（一边说一边做出弹吉他的帅气动作）。好，我就报名参加吉他社！"

镜头切到吉他社的报名表，报名表上特写对准王飞的名字。

旁白：王飞和小伙伴们的社团兴趣班就这样开始了，每周二的东莞五中慧美特色课程及丰富的校园生活（镜头拍摄篮球运动场景、羽毛球运动场景），给王飞带来了期盼和身心的放松，对进入东莞五中的校园生活有了更多的憧憬。（镜头特写王飞与吉他社成员在小鱼池边努力练习吉他的场景）

丰富的社团活动精彩纷呈，然而，王飞的文化学习却……

场 4	白天	课室内
人物	王飞、群演学生几个（穿原校服），以及历史、生物、数学、语文等各科老师	

本场交代王飞在课室里听课，状态不佳，表情迷茫，不会记笔记，是一个没有感情的听课机器。其他各科老师轮流上课，营造出紧凑的高中课堂氛围。

第一个老师上课时王飞挺直腰板听课；第二个老师上课时王飞手撑着头……最后一个老师上课时，王飞已经累得趴下了。

各科老师讲课的内容自定，两三句话即可。（蒙太奇镜头运用，上课片段叠加）

场 5	白天	课室内，数学测验
人物	王飞、数学老师、群演学生几个	

数学老师（一边发试卷一边说）："同学们，今天是我们上高中之后的第一次数学测验，考试时间是 60 分钟，现在开始答题。"

镜头切换到王飞身上，王飞面对数学试卷，皱起眉头，艰难地写下了自己的名字。答卷时满头大汗，时而挠头，时而咬手指，时而面对试卷发呆。

这时，数学老师宣布："考试结束，收卷。"

王飞双手撑着桌面，一脸焦虑。

场6	白天	教师办公室
人物		王飞、数学老师

镜头先对准试卷，镜头特写王飞的名字和红红的 69 分。

数学老师坐在座位上，手上拿着王飞的数学测验卷，王飞站在数学老师旁边，低着头。

数学老师："王飞你这次的测验成绩和你的真实水平大相径庭啊，是不是来到新学校有什么困难呢？"

王飞（思考片刻）："老师我觉得高中学习节奏快、任务重、休息时间少，而且我特别喜欢这里的社团活动，又占用了我一些精力。"

数学老师："噢，这样啊。其实数学是一门很有趣的学科，我们也可以转换自己喜欢的方式。我也听说你很喜欢音乐是吗？"

王飞："是呀，我很喜欢音乐和喜欢吉他。"

数学老师："那很好呀！老师觉得你不妨将学习和音乐结合在一起，这样岂不是一举多得？"

王飞："音乐还能和学习结合到一起？"

数学老师："怎么不行？之前老师和上一届音乐生陈淑君同学共同创作了一首数学歌曲《慧美数学》，她最后高考，数学成绩特别好，而且还考上了华师呢！"

王飞："哇！真的吗？这么厉害。"

数学老师："来！我让你听听。"

王飞："好啊！"

（数学老师递给王飞耳机）

王飞拿过手机，戴上耳机，点开歌曲，背景音乐响起《慧美数学》的音乐（副歌部分开始，rap 前开始）。（镜头渐淡）

镜头切换到课室内，《慧美数学》的音乐一直响着。

课室内数学老师写着板书上着课，王飞认真听课，眼神里闪烁着渴望知识的光芒，王飞时而认真做笔记，时而点头呼应老师，时而举手答题（多画面串烧）……（画面渐淡）

镜头切换：王飞手上拿着试卷（数学第二次测验卷），脸上露出了淡淡的微笑，镜头最后特写在试卷上，试卷上显示"王飞，112 分"。

场7	白天	教学楼课室外走廊
人物		王飞、数学老师

数学老师（面带笑容）："王飞，恭喜你哦，这次数学测验，比上次进步多了。这才是真正的王飞嘛！"

王飞："谢谢你呀，老师，听了您创作的《慧美数学》歌曲，感觉厉害哦，居然能够把这么枯燥的数学与音乐、武侠融合在一起，特别有趣，其他同学都很喜欢！"

数学老师："嗯，和你喜欢的事情结合在一起，学习也可以变得很有趣的。听说你是吉他社的主力成员，吉他弹得很不错，你也可以试试！"

王飞（惊讶地张大嘴巴）："啊？我？（微笑）可以吗？"

镜头渐淡，音乐响起，本集结束。

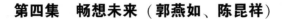

第四集　畅想未来（郭燕如、陈昆祥）

本集内容：高一分科是职业规划的重要转折点，王飞通过与同学兼好友刘彤、班主任的交流慢慢地清晰了自己的学习规划和职业规划，但自己的意愿和家长的设想产生了冲突，陷入迷茫中。

本集结局：王飞爸妈把选科的决定权交给王飞。

演员安排：王飞（卢骏飞饰）、刘彤（李璧彤饰）、同学 A（吴捷饰）、同学 B（武文卓饰）、同学 C（郭燕如饰）、同学 D（符雯仪饰）、同学 E（许娇饰）、班主任（单凤娟饰）、王飞妈妈（杨露春饰）、王飞爸爸（陈昆祥饰）。

场 1	政治课	课室
人物	王飞、班主任	

在政治课上，班主任播放《罗翔说刑法》视频，引起了王飞对法制的兴趣。

王飞（心里）："这法制还是挺有趣的。"

班主任："这节课就上到这里，下节班会课我们分析一下第一次段考成绩。"

场 2	班会	课室
人物	王飞和班上同学 A、B、C、D、E	

高中第一次段考结束了，班主任在班级上分发成绩条和分科意向调查表。

班主任："这是大家段考的成绩条和分科意向调查表，接下来会进行一次分科意向调查，大家可以对自己的成绩分析分析，结合自己的兴趣，完成分科调查表。"

特写镜头：王飞的眉头不自觉地皱了起来，摇了摇头。

109

场3	课间	课室外走廊
人物		王飞和班上同学A、B、C、D、E

下课后，王飞十分迷茫，这时他的几位同学来了。

同学A："王飞！为了庆祝段考结束，周末去茶室开黑（打游戏）啊。"

王飞："看你们这么高兴，肯定考得很好，我就不去了，《罗翔说刑法》视频更新了，周末我要回家看，而且还要回去跟我爸妈商量怎么选择分科。"

同学B："别不去啊，死猪不怕开水烫，越到分科越要浪啊！"

王飞："话说回来，你们已经决定好怎么选科了吗？"

同学C："这个还要想的吗？物理这么难，必须选啊，人称物理小天才、爱因斯坦接班人正是在下。"

同学D："哈哈，对啊，相比起来，《罗翔说刑法》视频我不太感兴趣，讲法制的我不太懂，我还是更喜欢物理多一些。"

同学E："可拉倒吧你，你的物理和数学成绩加起来还没有我的血压高。"

王飞和同学A、B、C、D、E："哈哈哈哈……"

王飞虽然也跟着一起笑了，但是看见别人有了明确的目标，越发迷茫了起来，笑容逐渐消失。

场4	放学后	小河边
人物		王飞、刘形

王飞一个人在河边弹吉他，刘形和她的闺蜜一起散步，见到了王飞一个人便过去找王飞。

刘形和王飞有一段小清新的戏：

刘形："怎么刚刚觉得你不太开心，是有啥心事吗？"

王飞："哪有……话说回来，你们段考成绩出了吧？你想好怎么选科了吗?"

刘形："早就想好啦,我们艺术级这边都是统一选择历史、政治、地理的,因为我早就想好走美术专业这条路啦,我的目标是考取中央美术学院,以后当一个画家,要不要我的签名?以后等我出名了就值钱了。"

王飞："等你出名,算了吧。不过话说回来,你不仅想好选什么科,连以后考哪个大学,将来做什么都想好了,真羡慕你。"(说着说着,王飞越来越失落)

刘形："有啥好羡慕的,我从小理科就不行,恰好喜欢画画,所以做这个选择也是很自然的,如果你现在没有想要做的事,以后也会有的,放心,我看好你,走吧,买牛肉丸去。"

王飞(叹了一口气)："唉,好吧。"

王飞看到刘形有明确的目标,而自己却连选科都没有想好,心里很不是滋味,脸上又多了一分失落。

场5	中午放学	篮球场边(王飞)、校医室(王飞爸爸)
人物		王飞、王飞爸爸、同学A

王飞没法自己拿定主意,下午放学后打电话给爸爸。

王飞："爸,我们高一要分科了,老师发了意愿调查表让我们填。"

飞爸："要分科啦,太好了,爸爸觉得你可以更专注地上好理科的课程,努力考上医科大学。"

王飞："爸,我理科一般般,而且我现在不是很想当医生。"

飞爸："你小时候不是说很喜欢爸爸的职业,以后也和爸爸一样当个好医生吗?"

王飞："那都是幼儿园的事情了,我也觉得爸爸的工作很伟大,但家里有爸爸一位好医生就够了,我呢……我呢,其实想选文科,我比较喜欢政治,以后可以读法律方向。"

飞爸："什么？你要读文科？儿子啊，选科这件事你得好好听爸爸的。你才刚上高中，关于职业的选择，爸爸比你有经验，知道应该怎么选择。爸爸读书的时候，就是听了爷爷的建议，选择了理科，然后实现了自己的医生梦，每天对着病人很累，但觉得很有意义。如果你也读医科，爸爸在专业上也能给你指导指导嘛。"

王飞："爸，我长大了，我要选自己喜欢的，我不想读理科，除了医生这个职业，有意义的工作还有很多的。"

飞爸："你怎么就听不懂呢，现在找工作很难的，儿子，你不懂啊。"

飞爸："就这么决定吧，到时回来咱们填好就交给老师，你接下来要好好学习理化生，争取考个好成绩。知道吗？"

同学 A："王飞，宿舍要关门啦，快点儿……"

挂了电话，王飞沮丧地走路回宿舍。

场 6	自习课	办公室、教室
人物		王飞和班主任

班主任偶然在教室发现王飞无精打采。

班主任："王飞，这两天看你都没什么精神，你是身体不舒服吗？"

王飞（无精打采地说）："没有。"

班主任："那是有心事吗？"

王飞低头欲言又止。

班主任："你的分科选好了吗？"

王飞（很烦恼的模样）："还没有……好烦啊，老师，好难选。"

班主任："现在分科的确不好选，但你可以根据自己的段考成绩看看自己比较擅长的科目有哪些，还可以想想自己以后有什么职业规划。来，我看看你的成绩单，发现你的政治学得挺好，课堂上也发现你很认真积极，作业嘛，也完成得很不错。"

王飞（一脸喜悦）："谢谢老师。老师的政治课我最喜欢了，每次老师上课时我都不会打瞌睡（摸头傻笑），而且啊，老师给我们播放的那些关于国内外形势、社会热点事件、国家政策发展的视频，我都很喜欢。每次政治课，我觉得自己的社会责任感被唤醒，还有啊，我觉得依法治国才是治国根本。嗯……之前老师在课堂上推荐过的罗翔教授的视频我周末经常看，一看就会着迷，罗翔教授广博的知识、丰富的阅历、幽默的表达都深深地吸引了我，我也想成为他那样的人。"

班主任："我听你这样讲就知道你是真的喜欢，那你就可以选政治啊，往法律方向走也是很有前途的。"

王飞（转向苦恼）："其实我自己本来是打算选读政史地，读文科的，但我父母不同意，我爸让我选理科，以后读医，当医生。可我真的不喜欢，他们不愿意。"

班主任："要不你周末回去和父母好好沟通一下吧，把自己真实的想法告诉父母。老师呢，也打个电话和你父母沟通一下，放宽心，问题总能解决的。"

王飞："谢谢老师。"

场7	周五放学	学校接待室
人物		王飞和王飞爸妈

班主任和王飞父母电话沟通后，担心王飞，下班后一起来到东莞五中。

王飞接到班主任兼政治老师通知急匆匆地跑到学校接待室，见到了父母。

王飞："爸妈，你们怎么来了？"

飞妈（笑着说）："来看看你，儿子。"

王飞："但我明天就回家了呀。"

飞妈："我们就是想你了，尤其是你爸。"（飞妈笑着看了飞爸一眼，使眼色让飞爸说话）

飞爸（略显吞吐）："嗯……是啊。昨天晚上爸爸在医院值班，今天下午休假，就等妈妈下班一起过来看看你。"

王飞："爸，你不多补补觉吗？"

飞爸："没事，爸爸没问题。来，赶紧看看我们带什么好吃的给你（道具保温瓶，还有水果）"

飞妈："儿子啊，那个选科的事情，你想好了吗？有没有认真考虑过爸爸的建议？"

王飞不语。

飞爸："嗯，我和班主任通了电话，也了解了你入学到现在的学习情况，的确按你目前的成绩来看，文科比理科要好，但爸爸呢，主要是从未来的就业前景来分析的，高中的分科直接影响了大学的专业选择，最后就很大程度决定你的就业。所以尽早确定自己的职业规划是很有必要的。你明白吧？"

王飞（低头喝汤）："我知道的，爸。"

飞妈："飞，你也可以把你自己的考虑告诉我们，我们是一家人，可以一起商量商量嘛。"

王飞（试探性的眼神）："我呢，如果按总体成绩来说，我的文科成绩比较理想，可能以后读起来会有信心些，而且我真的很喜欢政治，我也觉得往法学方向发展也挺好啊。你看，爸爸是医生，救死扶伤，妈妈你呢，是老师，培养国家栋梁，而我以后也可以通过法律知识来维护人民群众合法权益，这样我们一家都可以在社会中绽放我们的职业光芒，想想都好伟大啊！"（自信地笑）

飞爸与飞妈相视一笑。

飞爸："儿子，你真的长大了，有自己的主见，你的未来你自己做主。不管最终选择什么，我和妈妈都尊重和支持你。"

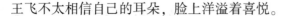

王飞不太相信自己的耳朵，脸上洋溢着喜悦。

王飞："谢谢爸妈！"

飞妈："快把汤喝完，别耽误上课，加油哈！"

剧末文字显示：我的未来我做主！

第五集　探索世界（杨露春、符雯仪）

本集内容：在有了心仪的选科目标后，王飞开始更多地去了解、接触自己向往的专业知识、职业技能，却在现实生活中遭遇了挫折，经过老师的帮助，最后问题得到解决，王飞对保护自己的手段的认识渐渐由不成熟转向成熟。

本集结局：经过王飞、刘形的努力，以及班主任的巧妙教育，维护了王飞等人的合法权益，让犯错误的同学意识到了错误。

演员安排：王飞（卢骏飞饰）、同学 A（203 班男生饰）、同学 B（203 班男生饰）、班主任（陈青天饰）、高二学长（群演学生）、高三学长（群演学生）。

场1	白天	综合电教室
人物		王飞和同学 A、B，班主任

下午，高一年级举行了一场关于普及法律的讲座，当讲到"校园欺凌"时，王飞出了神，显得焦虑而若有所思。

王飞（心里）："那我是不是可以……"

班主任（背景音）："同学们，面对校园欺凌，我们一定要拿起法律的武器，保护自己和他人。"

场2	周四下午	篮球场
人物		王飞、同学 A、群演学生数个（穿原校服）学长

同时 A（小声凑过来）："艺术楼离篮球场最近，一会儿我一定要选一个最好的场地，让路过的人一睹我的英姿。"

王飞（活动着手脚）："Ready……（王飞与同学 A 两人互相对视，点头）"

旁白：可是他们却忘了……只有高一有特色课福利。

下课，两人兴高采烈跑下楼（两人突然僵住），发现球场人满为患了。

同学 A："这……啊，来晚啦！都打不上球！这些都是什么孙悟空，这才刚下课！"

王飞："我看这校服，好像是高二、高三的同学占了场地，走，我们过去说说，让他们给我们让一个场地吧。"

同学 A："喂喂，不然算了吧，我觉得，在宿舍用水瓶子投垃圾桶也挺好玩的，嘿嘿。"（拉住王飞）

王飞："怂什么，（走上前）同学你好，这个场地是给高一的，你们让个半场给我们打吧。"

学长们（停下打球，互相看看，气势汹汹）："怎么，我们来打了就是我们的，你还管上了？你自己来的晚怪谁呢。"

王飞："不是，你们继续，我们就打半场就可以了。"

学长："高一还打什么球。"（把王飞的球扔了）

王飞："你们太不讲道理了！"（冲上前，被同学 A 拉走）

学长掏出手机，拍下两人离开的背影，上传到朋友圈，配文：矮子们也来打篮球，呵呵。

场3	周日返校	水吧
人物		王飞、刘彤、学生若干

王飞在水吧休息，发现旁边总有人对他指指点点，窃窃私语，议论纷纷……他莫名其妙，心慌慌的。

刘形（拍了拍王飞，王飞吓一跳）："王飞！"

王飞："呼，这位朋友，为何你的出场总是如此清奇。"

刘形："你怎么啦，还好吧？"（满脸担忧）

王飞："没什么，就是总觉得别人在用一种奇怪的眼神看着我。"

刘形："这，你还不知道？"（掏出手机给王飞看朋友圈内容）

王飞（怒气冲冲走开）："这也太过分了！我要去找他，他这是侵犯了我的名誉权。"

刘形："你别冲动。"（跟在背后，一脸担心）

场4	周日晚修	高三走廊
人物		王飞、刘形、学长、老师

王飞（上前质问）："你怎么能随意把我和我同学的照片放上网，还讽刺我，你这是侵犯我的名誉权，快删掉。"

学长："我凭什么删，我又没有指名道姓，还名誉权，你是名人吗？"

王飞："你这是违法的，我可以告你。而且你私自违规使用手机，违反了学校规定。"

学长："读书读傻了吧你，我考试报名需要，合乎规定，懒得理你。"（不以为然）。

王飞生气地拉住学长，学长转头瞪着，打掉王飞的手，两人怒目相视。来巡逻的老师看到了。

老师："那边的同学，干吗呢？马上上晚自习了，快回到教室里去。"

（两人只能分开）

刘形："飞，你别急，我们再想想办法。"

看着王飞和刘形远去的身影，学长又掏出手机，在周五发的朋友圈下发表自己的评论：矮子还想告我违法，也不掂掂自己几斤几两，真是脑残，自不量力，哼！

场5	周日晚修	一楼大堂
人物		王飞、刘形、同学 A

王飞和刘形边商量着边往教学楼走去，在一楼大堂碰到了同学 A，他手里拿着还亮着屏幕的手机，皱着眉头，一脸愤怒……

王飞（关切地问）："你怎么啦？"

同学 A（看到是王飞，扬起手里的手机）："你看看，我猜是你找学长理论过吧。他太过分了。"（一脸愤怒地）

刘形（拿起手机看了看更新的内容）："真是太嚣张了，不能让他这么张狂，一定要让他认识错误，接受教训。"

同学 A："刚刚我进学校后就发现有人在背后指指点点的，我虽然个子小但也是有尊严的，从小就忌讳别人这么叫我，还是在朋友圈里，以后该怎么见人啊。（鼻头一酸，捂脸难受）他那么强势，我们该怎么办呢？"（落寞地）

王飞（逐渐平静，同时握紧拳头）："我们冷静一下，一定要想出好的方法和对策来，为维护我们的权益和尊严而战！"

刘形："嗯，没错，走，我们先去找老师说明情况。"

场6	周日晚修	办公室
人物		王飞、刘形、同学 A、两位班主任

王飞："老师，情况就是这样的。"

王飞班主任："好，具体情况待我再进一步了解一下，你们不要冲动，先试着好好沟通看看。"

王飞、同学 A、刘形（点头）："好的。"

在王飞等人离开后，王飞班主任悄悄找到一名女同学。（画面模糊）

场 7	白天	办公室走廊
人物		王飞班主任、学长班主任

王飞班主任："你看，这个问题我们要不要马上介入？"

学长班主任（智慧的眼神）："别急，我们这样。"（两人商量，画面减淡）

场 8	白天	教室
人物		班主任、学长、同学若干

王飞班主任："同学们，最近网络上几则新闻频频引发热议，今天我们的主题班会就一起来关注一下'校园欺凌'这一话题。"（展示相关新闻视频，同学们认真观看）

班主任："同学们，校园不该成为罪恶的摇篮，网络亦不是法外之地，校园欺凌行为会严重影响我们的学习和生活。大家身边有没有发生过类似的事情呢，可以和我们分享一下。"

同学 B（慢慢举手，站起来）："我曾经见过我的朋友遭受过校园欺凌。"（插入回忆的画面：一名女生抱头蹲在地上，旁边不断有同学出手推搡，有人倒水，有人用手机录像、调笑；女生坐在医务室的角落里，拒绝和家人交流，神情惶恐；受欺凌者的桌子给搬走了）

同学 B 结束发言："其实大家本能看到一个精彩纷呈的世界，不应该被校园欺凌蒙上灰灰的一层，所以希望大家能坚决抵制校园欺凌，谢谢！"

场9	电脑课上	教室
人物		学长

学长打开网页，输入"校园欺凌"，网页上跳出了相关的词条，他点进去慢慢翻阅，面色越来越凝重。喃喃自语道："原来真的有这么严重啊！"

场10	白天	办公室
人物		学长、班主任

学长（找到老师）："老师，事情就是这样，我已经意识到错误了，并把朋友圈给删了。"

班主任："你能和老师坦白，就证明你真的能意识到自己的错误，但你的行为确实给同学带来了伤害，我希望你能真诚地用自己的方式来解决，老师相信你可以的。"

学长："好的，老师。"

场11	白天	走廊
人物		学长、王飞

学长找到了王飞，

王飞："你又想怎么样？"

学长："上次那件事对不起，学弟，是我做得不好，给你带来了伤害，我已经把朋友圈删了，很诚恳地和你说声对不起。"

王飞："那既然道歉了，就让它过去吧，不打不相识嘛。"

学长："师弟，你自我保护的法律意识真的挺强的啊。"

飞："啊……谢谢啊！哈哈！"

学长："要不下午我们一起约场球赛吧，以球会友嘛，那些不愉快的就让它过去吧。"

王飞："好啊，球场上就让你知道厉害。"

两人很愉快笑了，镜头定格。

第六集　绘制蓝图（卢骏飞、吴捷）

本集内容：王飞在图书馆得知"太阳之子"的事，找到黎耀江老师谈话了解。回班上碰见同学 A 和同学 B 因照片恶搞闹矛盾，于是王飞拉同学 A 一起拍采访视频。采访视频拍完后同学 A 意识到自己的不对，后来在课室走廊跟同学 B 谈话，两人和好。王飞自己也有所领悟。

本集结局：通过"太阳之子"和同学 A、同学 B 的事，王飞意识到，现阶段必须不断提高自己的水平，好好学习，使自己变得优秀，更应该用自己的优秀去影响别人，让别人也优秀。

演员安排：王飞（卢骏飞饰）、同学 A（李龙为饰）、同学 B（袁玉凤饰）、贾贝西老师、黎耀江老师、黎耀江的声乐老师（吴捷饰）、年轻的黎耀江（骆颖俊饰）、赵裕光老师、苏淑玲老师、郭云开老师、莫淑安老师、郭城锋老师、图书馆管理员 A（张晓珊饰）、图书馆管理员 B（何淑青饰）、高二 3 班全体学生、高二 6 班全体学生、高三 4 班全体学生。

场 1	白天	课室
人物		王飞

课室里王飞的桌子贴满了理想大学的法律专业和每天的任务安排表，王飞下定决心要读法律专业，在课室里努力地为自己的理想奋斗着。下课之后，想看看有关法律的书籍，便来到了图书馆找与法律相关的书。

场 2	白天	图书馆/内景
人物		王飞、图书馆管理员 A、图书馆管理员 B

王飞从图书馆找到相关书籍后，去办理借阅手续，看见图书馆管理员手里拿着"太阳之子"的专辑，正在讨论着"太阳之子"，都忽略了王飞。

图书馆管理员 A："我托朋友关系，终于拿到了'太阳之子'的专辑。"

图书馆管理员 B："哇！太阳之子！他们的歌声很好听！"

图书馆管理员 A："是的，特别是组合里的男低音，就是我们学校的黎耀江老师，而且他也是从五中毕业的。"

图书馆管理员 B："有机会借我听一下呗。"

图书馆管理员 A："没问题！听说黎耀江老师在体艺楼上展示课，肯定很精彩。"

图书馆管理员 B："行啦行啦，有学生来借书啦。"

图书馆管理员 A："又来借法律书籍啦。"

王飞："是啊，姐姐，你刚刚说的黎耀江老师在哪儿上展示课来着？"

图书馆管理员 A 把书还给王飞："在体艺楼阶梯教室呢……同学，好啦。"

王飞："好的，谢谢！"

场 3	白天	体艺楼阶梯教室内景
人物		王飞、群演同学、黎耀江老师

镜头来到了体艺楼，看见黎耀江老师正在上展示课，王飞在观众席上找了一位置坐下来，下课铃声响起，同学们纷纷走出来。

群演 A："黎耀江老师好厉害，让我受益匪浅。"

群演 B："对啊对啊，他的歌声很有力量，不愧是'太阳之子'的男低音。"

随后王飞突然想起："噢，对了，我的书。"

王飞便回到课室拿书。

场4	白天	体艺楼阶梯教室/内景
人物		王飞、黎耀江老师、黎耀江声乐老师

王飞回到座位上找书，左顾右盼也没找着，这时有人拍了拍王飞的肩膀，他扭过头，发现是黎耀江老师。

王飞："哎，耀江老师。"

黎耀江老师："同学，这书是你的吧。"

王飞："是噢，我还以为不见了，谢谢您！老师。"

黎耀江老师："没事没事，这节课你有什么收获？"

王飞："虽然我不是音乐生，不过耀江老师确实太棒了，听得我鸡皮疙瘩都起了。对了老师，我听说你还是'太阳之子'组合的一员，其实我挺好奇这组合的。"

黎耀江老师："'太阳之子'是国内小有名气的男声重唱组合，由四位音乐学院毕业后来东莞参加工作的教师组成，我是组合里的男低音。组合成立的初衷是提升专业能力、传播美的声音、传播正能量。"

王飞："我还听说您之前是五中的学生，如今又回来当五中的老师，这是为啥呢？"

黎耀江老师："回想我高中的时候啊……"（进入回忆故事）

回忆1：（江自述）高一的时候，声乐老师觉得我声音条件不错，是个好苗子，在比赛中也获得了一些奖项，加上我本身对音乐很感兴趣，所以就走上了音乐的道路，直到有一天……

回忆2：一天，黎耀江独自练琴到很晚，经过琴房发现声乐老师边吃晚饭边和家人打电话，电话中，家人抱怨声乐老师放弃了更好的音乐人工作，却来东莞五中做老师，挂了电话，声乐老师和黎耀江谈起自己的理想——想通过自己的努力，将声乐教给更多的人。

声乐老师："喂，老婆怎么啦？"

家人："你怎么还不回来，都几点啦！"

声乐老师："快啦，我这刚刚不是在辅导学生嘛。"

家人："行了行了，赶紧回家了，明明之前有音乐人工作你不做，非要自讨苦吃当个音乐老师。"

声乐老师激动地说："我都说了，我喜欢现在的工作，看着一个个学生变得更好我很开心，你怎么就不明白呢？"

这时候黎耀江的水壶掉了，声乐老师发现了黎耀江。

家人还在说着："我这不是为你好吗？真是的，你这么大声干吗……"

声乐老师："我先挂了，我这有个学生，等会打给你。"

声乐老师："耀江，没事没事，来坐会儿。"

江："您辛苦啦老师。"

声乐老师："没事没事，对了，你怎么也这么晚……"

过渡：两人开始促膝长谈。（拍无声画面）

（回到现实）江："就是那晚和老师的长谈让我知道了一个人优秀不够，还能影响更多人优秀才是真正的优秀。"

王飞听得很动情，觉得这些故事应该分享给更多的人知道。

场 5	白天	课室/外景
人物		王飞、同学 A、同学 B

王飞回到课室，这时刚好碰见同学 A 和同学 B 在争吵。同学 B 很大声拍着同学 A 的桌子，怒斥道："你闲得慌是不是，没事恶搞我的照片干吗？"

同学 A："干吗这么生气，是不是很搞笑？我很用心修图的呢。"

同学 B："是是是，就你最会修图。"

随后同学 B 撞了一下同学 A 的肩膀，从旁边气冲冲地走开了。

见此情景，王飞灵机一闪，既然同学 A 摄影修图技术那么好，不如找他一起拍个采访视频。

王飞望着镜头坏笑道：有了。

于是王飞买了一堆零食，试图拉拢同学 A。

同学 A："这是整哪出啊?"

王飞搭着同学 A 的肩膀："别人不懂欣赏你的摄影技术，但我懂啊，不如我们一起干一件特有意义的事。"

同学 A："啥有意义的事啊?"

王飞："我了解到有很多从五中毕业又回到五中教书育人的老师，而且其中有一些温暖人心的故事，所以我想拍一个采访视频，我想用他们的实例来激励同学们。"

同学 A："哇，这么有意义，没问题，我帮你。"

同学 A："零不零食的不重要，主要是想帮你。哈哈!"

场6	白天	水吧
人物	王飞、同学 A	

王飞："呐，这就是我们采访的老师名单，我都整理出来了。"

同学 A："哇，这么厉害，什么时候开拍，迫不及待了。"

王飞："别急嘛，下午放学。我已经和郭云开老师约好啦。"

王飞与同学 A 击掌："开干。"

场7	白天	办公室、校园各处
人物	王飞、同学 A、郭云开老师	

王飞和同学 A 正式开启拍摄之旅，第一个采访对象是郭云开老师。

王飞："云开老师，你从当初五中普通班的一名学生到考上了华南师范大学再回到五中当一名老师，是什么动力促使了你这样做呢？"

云开："我很感谢母校当初给我的包容和鼓励吧，这个过程其实并不容易，我很感谢恩师们的倾囊相传，当我有这个能力的时候，我也希望能够回馈母校……"（声音渐小）

旁白：就这样，王飞和他的小伙伴开启了忙碌而有意义的拍摄之旅，每天的课余时间，校园中都能看到他们忙碌的身影。他们记录了东莞五中首届体育毕业生郭城锋老师的励志故事，也分享了东莞五中首届美术毕业生赵裕光老师和首届音乐毕业生苏淑玲老师有趣而充实的高中时光；同时，也把莫淑安老师从东莞五中毕业生到现在东莞五中英语老师的心路历程讲述给更多的人听，而这一切的努力也得到了大家的认可……

场 8	白天	各场景
人物		王飞、同学 A、各采访对象

（旁白）

王飞和同学 A 随后又采访了苏淑玲、赵裕光、莫淑安等老师。

在钢琴室里，王飞找到了苏淑玲老师，问淑玲老师当年是东莞五中的学生，如今又是东莞五中的老师有什么感想，淑玲老师回答说，以前做学生的时候，刚开始也是想成为一名专业的音乐人，但是三年下来发现东莞五中的老师对她的影响很大，她觉得成为音乐人固然是她儿时的梦想，但是如果能够像老师们一样成为一名可以影响更多的人，能让更多的人实现梦想的导师，她觉得更加有意义。

在画室，王飞和同学 A 采访了赵裕光老师，问他在东莞五中读书时，有哪些趣事比较难忘，听完赵裕光老师的回答，王飞和同学 A 被逗得哈哈大笑。

在高三办公室，王飞和同学 A 采访了郭云开和莫淑安老师，问是什么促使她们从事教师职业，云开老师答道：高中的时候她遇到了一群有耐心、有爱和睿智的老师们。她想，能够和自己所仰望的人一起工作、一起奋斗，一定是一件很酷的事；淑安老师答道：从五中毕业，又回到五中从教，从学生到老师，和恩师成为同事，她觉得这是一件很传承的事情。

场9	白天	校道/外景
人物	王飞、同学 A、黎耀江老师	

采访终于拍摄完，王飞和同学 A 走在校道上，两人都很满意采访过程。

王飞："采访完你有什么感想？老师们不但自己优秀，还用这种优秀去影响更多的人。"

同学 A："是的，他们让我很受启发。"

王飞："你看你，好好的技术不利用，去恶搞人家女生，尴尬不？"

同学 A："我就想玩玩而已，谁知道她这么生气。"

王飞："你真是钢铁直男，女生谁会喜欢自己的照片被恶搞啊！"

同学 A："那现在怎么办？"

王飞："还能怎么办，跟人家道歉呗，是你不对。"

同学 A："好吧，自己惹的事自己解决。"

这时黎耀江老师走过来。

黎耀江老师："同学们，听说你们在拍一个采访视频，怎么样？"

王飞："都采访完了，多亏同学 A 的帮助，他摄影技术很好，拍摄很成功。"

黎耀江老师："这样啊，我建议同学 A 开个关于摄影技术的小讲座，让更多同学学习受益。

同学 A："我可以吗？"

场 10	白天	课室走廊/外景
人物		王飞、同学 A、同学 B

王飞和同学 A 回到课室，在走廊看见同学 B 在发呆，于是走过去。

同学 A 走到同学 B 旁边，拍了拍同学 B 肩膀："嘿！在干吗呢？"

同学 B 生气地回答："关你什么事！"

同学 A 诚恳地说："我想跟你道歉，对不起，照片恶搞是我不对。"

同学 B 不屑地回答："哦！好的。"

同学 A 继续补充道："我跟王飞做了一个采访视频，我们去采访了曾在五中读书现在又在五中教书的老师们，采访完我感想很多。"

同学 B 好奇地问："什么感想？"

同学 A："老师们的学生时代很努力，让自己成为优秀的人，现在又回来五中教书，培养更多优秀的学生。我想，既然我拍摄方面技术还行，何不把它教会更多同学。"

同学 B："那你想怎么做？"

同学 A："我想跟班主任申请，给大家开个摄影技术小讲座，把我的知识传授给大家，让同学们受益。"

同学 B 笑了笑："挺好啊，比你恶搞我照片好。"

同学 A："哈哈，那你就是原谅我了。"

两人哈哈大笑，王飞在他们后面看着，若有所思：两人终于和好了，看来我的鼓励很成功，不仅帮同学 A 认识自己的长处，还做了一件有意义的事情。我一定要成为优秀的人，去影响更多的人。王飞在脑海中描绘着一幅美好的蓝图。

第七集　守护心灵（李树沔、薛羽）

本集内容：面对家庭人员的变故，面对即将到来的联考，王飞心理承受着巨大的压力。这时，王飞该怎么办呢？

本集结局：经过各方的共同协助，王飞顺利释放压力，开心迎接七校联考，乐观积极走向高考。

演员安排：王飞（卢骏飞饰）、刘形（李壁形饰）、王飞妈妈（杨露春饰）、王飞爸爸（陈昆祥饰）、王飞爷爷（秦晓明饰）、心理老师（张颖饰）、王飞班主任（杨明慧饰）、小天（203班学生饰）、同学A（203班学生饰）、同学B（203班学生饰）、群演4个（A204班学生饰、B204班学生饰、C204班学生饰、D204班学生饰）。

场 1	周六晚餐	王飞家里
人物		王飞、王飞爸爸、王飞妈妈、王飞爷爷

（回忆：场景回放，时间约一个月前）

飞爸在饭桌前边吃着饭边刷着抖音，王飞漫不经心地吃着饭，仿佛有着很多心事，手机上传来新闻：今年是2022年，今年高考我市共有31100名考生参加高考，相比2020年的28724人，增加了2376人。（这段显示压力）飞妈同时把最后一道菜端上来了。

王飞妈妈："飞，多吃点儿哈，妈给你做的都是你爱吃的，高三不仅要成绩跟得上，身体也要跟得上啊。"

王飞爸爸（起筷）："飞，爸发现你有点瘦了，怎么样，是不是高三了不适应？"

王飞冷漠地轻轻地摇摇头。

王飞妈妈："飞，你下周要考试了，这个考试非常重要，这个周末你就啥也不用管了，一定要复习好！"

王飞爸爸夹了一块肉，放到飞的碗里，"多吃点肉，多考两分。一会儿吃完，赶紧好好复习功课。你是老爸的儿子，肯定能遗传到老爸的智商，想当年你爸年轻的时候啊……"

王飞妈妈连忙打断了王飞爸爸："得了吧你，我们阿飞哪不比你优秀呀。"

并转过头看着飞，停下筷子，认真且轻声地说："飞，高三是人生非常重要的一个阶段。每一次考试都要非常重视，特别是这种联考，更能看出成绩水平。你一定要重视，并且考好啊。"

意味深长看着王飞，用左手拍王飞的背，鼓励的声调："加油，飞！（学习任务停一会儿）吃饭吧。"

一家人继续吃饭。

饭后，王飞独自进了房间，走进了卫生间，打开水龙头，看着镜子里疲惫的自己，用水泼了两下脸，然后猛地扎进水里。（慢慢地伴随雷声）

场2	晚上	宿舍
人物		王飞

（慢慢地伴随雷声）王飞半夜猛然醒来，不禁为半夜突然的醒来而叹气，然后走到窗前，看着外面雷雨交加，雷光映在脸上，满脸忧愁，陷入回忆。

场3	下午	家校联系室
人物		王飞、王飞爷爷

回忆镜头：

爷爷给王飞送来家里煲的汤，爷孙俩相对而坐，王飞边喝汤边和爷爷聊天。

王飞爷爷（慈祥、关爱地）："飞仔，这是爷爷一大早去市场买料给你煲的，慢慢喝，小心烫！"

王飞："太好喝了！比我们学校饭堂的好太多了！"

王飞爷爷（笑）："我的大孙子啊，学习累不累啊？学习要认真，但是也不要太拼了，小心累坏身体呀，不然爷爷会很心疼的！"

王飞："谢谢爷爷，爸妈都只会让我努力学习，还是爷爷好！"

爷爷慈祥地笑，镜头慢慢远去模糊……（暗示爷爷已经不在了）

场2	晚上	宿舍
人物		王飞

外面依旧风雨交加，王飞从回忆中回过神来，用手稍微擦一下眼泪，便继续回到床上，王飞的悲伤如同一个秘密藏在了这个雷雨交加的夜晚里。

场4	下午放学	操场，跑道
人物		王飞、刘形、同学A、同学B

下午放学，王飞与刘形和几个同学在操场上放松心情。

同学A："王飞，你也真是的，放学了都不出来透透气，整天就知道卷我们，这下好了吧，打个球连个场都没有了。"（拍出操场的活力对比王飞的沉寂）

刘形："是啊，飞，看你无精打采的样子，是不是考试压力太大了？"

同学A："嘻！成绩起起落落很正常的嘛，都不像我，成绩就只有一直落……"

大家不约而同笑了笑，缓解了比较沉寂的气氛。

同学 B："对了，飞，听说你上周又留宿了，为什么没有回家呀？"

王飞："没啥事，不用担心我啦，就是有点事而已。"

同学 B 认真鼓励王飞："上次我不也考砸了吗，回家我爸妈就是一顿批，但我又和他们解释不清楚。后来，就和班主任聊了聊这些心事，可能是班主任给他们打了电话吧，他们的态度瞬间变得很好，我也更有信心下次能考好！"

王飞："我知道啦，走吧，反正没场了，还是回去学习吧。"

王飞说完便拿起隔壁同学手中的球走了，两位同学也无奈地跟着王飞走了。

刘形站在原地，眼神复杂地看着王飞的背影……

场5	白天	课室
人物		王飞、同学 A

同学 A 乐呵呵拿着字条进来，找到王飞说："飞，你的字条。"王飞接到说"谢啦"。同学 A 走开了。王飞打开字条，字条上写着："王飞，给家里打个电话。"王飞看了把字条揉成一团，塞进抽屉。

场6	白天	办公室
人物		王飞、班主任

班主任："王飞，最近有几次通知你给家里打电话，你好像都没有打。你能跟老师说说原因吗？是不是和家人闹矛盾了？"

王飞："对不起，老师，让您担心了。"随后有些愧疚地低下头。

班主任："老师发现你最近好像精神不太好，是不是学习太累了？还是身体不舒服？"

王飞思考了片刻，深呼吸，为难地说："老师，我压力好大，心情又不好。其实……我家里出了一些事情。……前段时间我爷爷去世了（低头，不语，痛苦，眼圈发红)，爷爷非常疼我，但是我爸妈却没有及时告诉我，让我错过了去看爷爷最后一面的机会。我觉得他们太过分了……还有，最近感觉压力好大，对自己越来越没有信心了，我不敢面对接下来的七校联考。因为这个我都好久睡不好了……"

班主任："飞，我想，你的父母隐瞒爷爷去世的消息，也许是为了不影响你的考试。考试压力大了，心理上有困扰，除了跟同学和老师交流，我们还可以向专业人员寻求帮助。现在我们身边就有这样的人可以向你提供专业的帮助。这样好不好，我帮你预约一下我们的张老师，你和她聊一下，你愿意吗？"

王飞还沉浸在悲伤之中，略有迟疑并轻轻点点头，表示愿意试一试。

场7	白天	心理室
人物		王飞、刘彤、心理老师、其他同学、小天

王飞："老师，我吃不好睡不好，心情还很压抑，是不是得了抑郁症？"

心理老师笑笑，然后又严肃地说："王飞同学，你不用太紧张。其实啊，你的心情我可以理解。通过老师刚才跟你的谈话，你这种情况，并不是抑郁症，只是我们心理上的一个'小感冒'。"

这些问题对于同学们而言还算是普遍的考试焦虑。一次考试的成绩并不能给你的水平定性，也不是你能力、智力的反映。你可以把它看作阶段学习成果的一次检验。你从中所学所思的体会是下一个阶段的开始。

理解和支持是双向的，你需要告诉爸爸妈妈你此刻需要的支持表达方式。如果你因为以前的不满，先回避不沟通，他们会以自己的方式来猜测和表达，便可能产生误解。不知道你可以做些什么让他们更理解你，以及做些什么可以降低他们的焦虑。

不如这样，我们社团近期有活动，你也来参与一下，可以帮助你调节情绪，减轻压力，好不好？"

王飞笑着点点头。

多镜头组合闪现王飞多次参加心理辅导（活动形式：曼陀罗绘画；准备道具：音乐、曼陀罗绘画纸、彩笔）。

一开始和刘形参加了几次心理室活动周，表情显得忧心忡忡，但后来随着时间的推移，表情越来越多笑容，王飞的情绪越来越阳光。

在一次心理周活动中，来了一个新加入的同学小天。

小天："我最近失眠很严重。一闭眼就浮现出自己考试失败的场景，真的很痛苦。"

王飞："小天，我之前也像你一样，因为考试压力山大，但是我现在明白了，有压力并不是丢人的事，面对大型的考试，在心中告诉自己'压力很正常，人人都会有的，只要积极去调整，就一定没问题'！"

刘形："对！有心理压力时可以多出去运动运动，也可以听听自己喜欢的音乐，向我们倾诉一下，也可以找心理老师帮忙。这样，就会越来越轻松！"

小天频频点头……

场8	白天	课室
人物		王飞、班主任、同学们

课室挂上了口号标语，时间来到了高考百日誓师大会……

班主任激情昂扬地宣讲联考的重要性（具体把控台词，台词一定要打鸡血，比如：高考是我们人生中最重要的一场战役……），鼓舞士气，然后一起喊口号，一起写下奋斗目标。

王飞聚精会神地听，也很有力地喊口号。（准备好宣誓台词）

同学们都信心满满，一个比一个目标明确，一个比一个目标高远。（拍摄

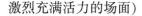

激烈充满活力的场面）

第八集　能力提升（龙武、王璟琦）

本集内容：进入高三复习的王飞因目标明确而信心满满，但辛苦的复习只有信心是不够的。不擅时间管理的王飞成绩提升并不如意，反而陷入困惑，自己如此努力，为何就不见提升？王飞向班主任询问对策。班主任在了解情况后，建议王飞合理地用好零碎时间，提高时间使用效率。此后，王飞为自己制订了更加高效的学习计划，成绩稳步上升，最终考上了理想大学。

本集结局：王飞成功蜕变，考上理想大学。

场1	下午放学	西湖
人物		王飞

王飞站在西湖边，看见去年投放、现在已经长大的鸭子，心里感慨：当初我来喂小鸭子时，这些小家伙还不会潜水。现在，不仅会潜水，还能在水上飞，成长蜕变了很多。还有几个月就要高考了，马上就轮到我的成长蜕变了。

场2	食堂路上	校园
人物		王飞和班上同学A、B、C

同学B："你们有没有去找数学老师对答案？这次数学不难，我蒙的两个选择题都对了。"（表情喜悦）

同学A："还行还行，考得还算可以。"（点头微笑）

王飞："你们别聊这个了，我们吃什么？"（面无表情）

同学B："要不吃面？"

王飞："我想吃米饭。"（语气决绝）

王飞感觉自己数学考得不是很好，因此拒绝继续聊这个话题，不过他并没有因此气馁。

他低头轻哼了一声，嘴里念叨：是时候爆发了，让你们都看看我的厉害！

场3	晚修下课	课室
人物	王飞和同学C	

晚修期间，王飞在制订学习计划。

同学C："我看你弄了一节课，你在写什么？"

王飞："我在制订学习计划。"

同学C："给我参考一下。"（伸出手）

王飞："没什么好看的，你想要，自己去做。"

同学C："帮你参考一下，提提意见，三个臭皮匠，顶一个诸葛亮。"

王飞将学习计划表交给同学C。

同学C："我觉得你应该增加运动的时间，运动有助于我们缓解学习压力，还能开发脑部智力，有空多和我们打打篮球。"

王飞（思考了一下）："也行，下次打球叫上我。"

场4	清晨	课室
人物	王飞	

从今天起，王飞决定每天早上6:10起床。

王飞第一个来到课室，拿出数学复习资料，看了一会儿，感觉有点儿困。

看着看着，突然被书底部的一个有趣的数学小故事吸引。

书的每页底部都有一个小故事，王飞一页页翻看，不知不觉，20分钟过去。

原本王飞计划完成三道题，最终只完成了一道题。

场5	语文课上	课室
人物	王飞	

语文老师：今天的课就上到这里，还剩十分钟，同学们自习，完成今天下发的实用类文本阅读练习。

同学们都在低头做题，王飞在整理桌子，清理不要的资料。

（临近下课时间）语文老师："王飞，你收拾了10分钟，怎么不做题?"

王飞："老师，只有十分钟，做不完这一整道的题，我打算下午再做。"

语文老师："现在复习时间宝贵，即使做不完一整道题，可以先做一部分，就算是十分钟，也要把握好。"

王飞："好的，老师。"

场6	下午放学	篮球场/宿舍
人物	王飞和同学D	

王飞和同学们去打篮球，打了半个小时，回宿舍洗澡。

同学D："王飞，我先去洗澡。"

王飞："你们先洗。"

王飞倒数第二个洗澡，其间一直在与同学聊天。

场7	晚修后	宿舍
人物	王飞	

王飞心想：今天又没有完成学习任务，已经好几次了，不能再这样了，必

须加班。

王飞打开台灯，熬夜学习。

场 8	课间	办公室
人物		王飞、班主任

班主任："最近我发现你上课精神状态不好，怎么了？"

王飞："没事，老师，应该是学习累了。"（王飞觉得自己能调节好，不想告诉老师实情）

班主任："那你平时注意补充营养，晚上早点儿休息。"

王飞点头。

场 9	早上	宿舍、办公室
人物		王飞、班主任、同学 A

近期王飞时常熬夜，十分疲倦。

早上，同宿舍其他人都起床了，王飞还在睡觉。

同学 A："王飞，起床了。"

王飞没有回应。

上课时班主任发现王飞不在课室，叫来他的室友询问。

同学 A："早上我叫了王飞，但他没有回应，我走时他还没有起床。"

班主任联系了生活老师，生活老师到宿舍叫醒了王飞，王飞洗漱后立刻来到了办公室。

班主任："为什么迟到？"

王飞："老师，我太困了，睡过头了。"

班主任："你室友叫你起床，你听见了吗？"

王飞："没有。"

班主任："上次我就跟你聊过，你最近精神状态都不怎么好，你晚上几点睡的？"

王飞："我熄灯就睡了，最近考试压力大，没睡好，早上起得又早，我一定调节好，下次绝对不迟到了。"

班主任："晚上一定要好好地休息，不能熬夜，即使学习压力再大，也不能以牺牲睡眠时间为代价，这是饮鸩止渴，得不偿失。"

王飞点头。

场 10	下午放学	办公室
人物		王飞、班主任

在接下来的两次测试中，王飞都没有考好，与他预想当中的完全不一样。

考完试后的那几天，王飞被成绩打击，变得消极，时常发呆，同学聊天不参与，独自一个人走路，沉浸在悲伤中。他开始怀疑自己，变得不自信。随着高考时间的临近，他担心自己的高考目标无望实现。

感觉身心俱疲的王飞，找到班主任寻求帮助，将此前的一切都告诉了班主任。

班主任："你应该早点将情况告诉我，有些事情你感觉自己能够处理好，实际并非如此。"

班主任："你目前最主要的任务，就是提升时间管理的能力，提高时间使用效率。"

王飞点点头。

班主任："我有几点建议，你可以结合自身情况运用到学习中。第一，充分运用零碎的时间，学一些零碎的知识，例如背单词。你在等候别人洗澡时，不一定都去聊天，也可以用上这段时间。第二，学习一定要保持专注，自习课时可以像上课一样，专心学一个小时，休息 10 分钟。专注能使你事半功倍。第三，劳逸结合。时间是挤出来的，我对你时常运动表示支持。但是，绝不能牺牲休息的时间，身体是革命的本钱，学习是一步一个脚印，白天没有精神又何谈学习。"

王飞："好的老师，接下来我按照您的建议去调整。"

场 11	下午放学	操场
人物		王飞、刘形

刘形一直都清楚王飞的心思和焦虑，打完球后，他们坐在场边休息。

刘形递给王飞一瓶水："打球挺累的吧，到一定的程度就需要适当的休息，如果你一直打下去，最终会因力竭而倒地。一根弦绷得太紧会断的。"

王飞目视前方："我明白，所以我会改变的。"

刘形："有困惑一定要说出来，闷在心里挺难受的，不介意的话我们可以一起学习，有问题共同面对、共同解决。"

王飞点头，伸出手，双方用力握在一起。

场 12	各种时间	宿舍、课室、饭堂、操场
人物		王飞、刘形

（宿舍）王飞在老师的建议下，晚上按时休息，不再熬夜。

（课室）自习时，王飞以学习 40 分钟、休息 5 分钟为一个周期，排除干扰杂念，保持专注。

（饭堂）在去饭堂排队时，带上英语单词小卡片，充分利用好时间。

（操场）王飞时常与同学一起打球、跑步。

王飞和刘形合作越来越紧密，一起背书、一起讨论、一起竞争，相互监督，保持良好的状态。

经过一段时间的学习，王飞在接下来的测试中，成绩比原来提高了30分，并保持稳定。(王飞拿到成绩单，很开心)

王飞在认真备考的同时，与刘形结成了学习互助小组，相互帮助，相互监督，相互鼓励。

剧终字幕：最终，王飞与刘形都考上了理想的大学。(愿所有的努力不被辜负)

第三章

生涯剧体验课程开发

总观点：生涯教育，应该是引导学生适应、改善、发展成长处境的过程！

生涯剧《飞形记》第三集剧照

第一节　生涯剧体验课程的理论基础

一、生涯教育课程的理解

（一）"课程"一词的起源

唐朝孔颖达在《五经正义》里为《诗经·小雅·巧言》的"奕奕清庙，君子作之"句注疏："教护课程，必君子监之，乃得依法制也。"南宋朱熹在《朱子全书·论学》中也有"宽着期限，紧着课程""小立课程，大作功夫"等句。这里的课程已含有学习范围、进程、计划的程式之义。

在西方教育史上，"课程"一词，英语为 curriculum。英国教育家斯宾塞（H. Spencer）在其名著《什么知识最有价值》一文中，首先提出"课程"（curriculum）这一术语，并将之概念化为"教育内容的系统组织"。该词源于拉丁文"curfere"，即"race course"，意为"跑道"，规定赛马者的行程，与教育中"学习内容进程"之义较为接近。斯宾塞将"课程"术语引入教育中，并很快被西方教育者普遍采用。

课程是一个使用广泛而含义多重的教育学术语。不同的人，在不同的时代、不同的情境中，所使用的课程概念的内涵和外延是不同的。从某种程度上讲，每个人都有对课程的认识、理解与建构。因此，要得出一个较为一致的课程含义，是非常困难的。事实上，人们对客观世界认识水平的层次性与差异性，一个最基础的"怎样认识课程并对课程做出界定"的问题就能引发各种类型和各种取向的课程概念。

（二）课程理解的四个关键

对于课程的设计，既是为当下的目的，也是为即将出现的目的。课程是一个动态的领域。^① 在这个描述中，我们对课程的理解需要把握下面四个方面的关键。

1. 课程起源于社会活动

课程作为教育的最重要的手段与载体，是根据一定的社会实践和教育发展现状而产生的。课程的内容要体现社会实践，课程的目的要符合社会发展的需要，课程的实施方式要符合社会发展的需要，课程的评价要突出与社会实践相融合。例如，在原始社会，采撷、捕鱼、狩猎、歌舞、敬天地等生存技能和民俗传统的相传，是原始的课程活动内容；春秋时期的私学教育，因材施教，礼、乐、射、御、书、数六艺。从苏格拉底（Socrates） "产婆术"对儿童"真、善、美"的灵魂的塑造，到柏拉图（Plato）"为实现理想国"教育蓝图而拟定的人的终生教育计划。虽然，当时还没有"课程"这一词汇的出现，实际上这已经是今天我们所指的"课程设置、课程进程"等问题的萌芽。

2. 课程设计是为了当下

如何理解课程设计是为了当下？开发校本课程，应该是要立足学校的教育教学实际，重视在学校教育教学实际的基础上，找到符合学校的特色之法和特色校本教材，从而实现以优质校本课程助力学校教育事业发展的根本。所以，课程设计是为了当下主要有两点：一是解决学校教育教学领域的某些问题；二是基于学校的教育教学的实际来解决一些问题。

3. 课程设计也为了未来

生涯剧体验课程毕竟是生涯教育的校本课程，它的目标是服务生涯教育，但是孩子的生涯教育任务绝不仅仅是获得一点儿生涯知识，而是在获得生涯知识的过程中，形成健康的生涯意识、正确的生涯方向和持续的生涯行动。

---

① ［美］艾伦·奥恩斯坦、费朗西斯·P.亨金斯：《课程：基础、原理和问题》，王爱松译，华东师范大学出版社 2021 年版，第 1 页。

4. 课程是动态的

我们在进行生涯剧体验课程开发的过程中，也在思考，生涯剧毕竟是通过教育戏剧的方式，把生涯教育的重点放在了学生的真实环境之中，并且，整个过程除了关注做成的校本教材外，还应该包含了学生参与的全过程，并且我们发现，这个过程是动态的、发展的。由此，我们在前面的关于课程定义的类别之上，加入了我们的设想，即课程是动态学习过程，是学生持有特定方式和视野进行有目的的学习全过程。这样一来，生涯剧体验课程就需要打破那些强调"课程应该关注预期的学习结果或目标，即把重点从手段转向目的，而将教育教学目标的选择和制定作为核心任务"的观点。

钟启泉、汪霞和王文静在《课程与教学论》中的描述，"课程"可以定义为几种类型：（1）课程即教学科目，即课程是各个不同的学科对应的教材。（2）课程是指课程实施的安排，在学校的日常教学中，比如是教学部门安排的课程表，其实就是按照教学科目进行的。（3）课程即学习效果，具体来说，是课程所能达到的教育教学的目标。（4）课程还是经验，是课程和生活以及相关环境产生互动的所有经验。

一般而言，课程方法会集中反映课程开发者的教育思想、教育观念和学科知识结构。课程方法包含着课程的基础、课程的范围和课程的理论实践。从这个角度而言，生涯剧体验课程的开发与实施，就必须以匹配的理论作为指导。整个项目，除了前面章节提到的教育戏剧理论外，还积极坚持社会认知理论、体验理论，并在具体的实践中努力体现这些理论。

二、坚持社会认知理论，坚信生涯剧素材的来源与使用方向，突出真实生涯环境的生涯教育作用

社会认知理论是社会心理学的重要理论之一，它是一种用来解释社会学习过程的理论，社会认知理论家们将个体描绘为积极地处理事件和发展关于强化

期望的人，而不是作为根据以前相依强化物来自动行为的人。

班杜拉作为行为主义学派的代表人物之一，认为人的行为的发展与产生不仅与刺激有关还和我们的认知相关，认为人是在社会中发展的，而社会中的环境、个人的认知及我们的行为是相互影响的，由此提出了社会认知理论又叫社会学习理论，其核心内容包括以下三个方面。

（一）三元交互论

即个体（认知）、社会、环境三者之间相互影响，相互作用。我们在开发生涯剧的时候，就注意做好个体、社会、环境三者之间的相互关系，通过选取学生身边的素材，营造真实的生活环境，并积极关注和回应学生。

（二）观察学习

即学习是通过观察所获得的。具体来说，班杜拉认为通过直接观察学习，获得示范行为的简单模仿；通过抽象性观察学习，获得一定的行为规则或原理，从而能根据这些规则或原理表现出某种类似的行为；通过创造性观察，进行新的组合，从而形成一种全新的行为方式，如青少年从父母、姐妹兄弟、同学及朋友那里获得了不同的行为特点，最终形成了自己独特的行为风格。

观察学习是注意、保持、复制和动机四个子过程的四者统一。注意、保持过程是从观察、表征、编码到存储。复制过程是把大脑存储转为外显的行为。动机过程是因表现所观察到的行为而受到奖励。

虽然每个人的生涯有每个人的特色和成长轨迹，但是同一年龄段的人的生涯经历也会有相同的因素。就好比校园中发生的欺凌事件，除去欺凌事件的具体因素外，学生还是可以了解到一些基本的要素和应对的方法。所以，我们在生涯剧的第四集中，通过倒叙的方式，大胆地设计了一场校园欺凌事件，引导观察者如何应对欺凌，形成较长时间难以磨灭的印记。

（三）重视强化的作用

班杜拉在实验之后，将强化总结为：直接强化即观察者因表现出观察行为而受到强化。替代性强化，指学习者通过观察他人行为所带来的奖励性后果而受到强化。自我强化，指人能观察自己的行为，并根据自己的标准进行判断，由此强化或处罚自己。

在生涯剧及其课程中，我们往往通过两个角度来进行强化：一是剧情中的故事的正向导向，我们在《飞形记》第一集"变化"中看到，学生王飞因为中考失手，没有考上心仪的学校，一直闷闷不乐，总想着回老家复读。这个时候，剧本的设计是从正向导向入手，先鼓励他通过互联网了解录取他的学校，然后鼓励他约上自己的同学实地考察，并且能结合自己要重点发展的兴趣爱好……

二是课程项目的整体强化。班杜拉将新的学习与习得行为的表现区分开来，强调知识的获得（学习）与基于知识的可观察的表现（行为表现）是两种不同的过程。生涯剧及其课程是一项系统工程。它包括生涯剧、生涯慕课、生涯手册、生涯班会、生涯盲盒五个子系统。每个子系统都是按照这个顺序来进行。其中，生涯剧可以单独运作，也可以作为原创素材放入涯慕课中，学习完生涯慕课后，学生要独立完成生涯手册，最后，学生还需要独立完成开放性的生涯盲盒。从德育与生涯融合的角度，还可以通过生涯班会对生涯知识进行强化。

三、体验式教育理论

（一）体验，是通过实践认识周围事物

所谓体验分为直接和间接两种。直接体验是身临其境的，在一种包容的环境中，开放所有感官，感受对象的形状、色彩、材质、肌理、空间、声音、气

味、表情、动作等，获得相应的美感和愉悦。间接体验则是借助于图像、影像、乐音、人造环境或虚拟现实等，通过想象获得美感和愉悦。不论哪一种体验都不能脱离感官，因此审美体验必须培养敏锐的感官。马克思在 1857 年写的《政治经济学批判·导言》中指出："艺术对象创造出懂得艺术和能够欣赏美的大众——任何其他产品也都是这样，因此，生产不仅为主体生产对象，而且也为对象生产主体。"乔治·桑塔耶纳也认为："美感教育就在于训练我们去观赏最大限度的美。"其中所言的观赏，自然离不开感官的参与。罗丹也表达过类似的意思："生活中并不缺少美，而是缺少发现美的眼睛。"

体验式德育，即在教育中注重唤起受教育者对道德的感受，从情感上去感受生命、感受生活。体验式教育来源于美国大卫·库伯的理念。他把体验学习阐释为一个体验循环过程：具体的体验、对体验的反思、形成抽象的概念、行动实验、具体的体验。如此循环，形成一个贯穿的学习经历，学习者自动地完成着反馈与调整，经历一个学习过程，在体验中认知。

体验式教育是个过程，是个直接认知、欣然接受、尊重和运用当下被教导的知识及能力的过程。它特别适合处理人生中重要的事物，它在尊重之下去碰触人们深层的信念与态度，深植于内在的情绪和沉重的价值观。

大卫·库伯认为体验学习过程是由四个适应性学习阶段构成的环形结构，包括具体经验，反思性观察，抽象概念化，主动实践。具体经验是让学习者完全投入一种新的体验；反思性观察是学习者在停下的时候对已经历的体验加以思考；抽象概念化是学习者必须达到能理解所观察的内容的程度，并且吸收它们使之成为合乎逻辑的概念；主动实践要求学习者要验证这些概念并将它们运用到制定策略、解决问题之中去。生涯剧体验课程的整体是建立在体验的基础之上。具体说来，也是存在着几种体验方式，有直接体验，也有间接体验。体现了丰富的体验层次。

我国《现代汉语词典》对"体验"的解释是"亲身经历以认识周围的事

物"。体验是支撑生涯剧体验课程全部子项目内容的最好方式。换言之,以学生为中心的高中生涯剧体验课程的理念是让学生拥有更多、更全面、更深入的体验。

(二)体验式教育理论的特点

1. 主体是学生

学生是教学的对象和主体。"体验式"课程关键是要创造出各种情境和条件,让学生作为主体去体验,最终实现主体的主动发展。

2. 教师起引领作用

在"体验式"课程实施的过程中,教师主要充当"引路人"的角色,要不断激励学生,让学生在体验中学习,获得丰富的情感体验,进而积极地投入自我构建和发展之中。

3. 关注学生的体验

在教学中,教师要特别关注学生体验的态度与情感等,关注体验过程本身对学生情感态度与行为方式培养的价值,以促进学生积极情感的生成。

4. 体现专业性特点,彰显生涯教育的特色

在实施"体验式"课程的教学中,要设置与学生特点相符合的教学活动,引领学生在"做中学,学中做"。学生通过自主探究,学生如何去获得自己需要的知识,学会反思,让学生在积极的体验中不断成长。

(三)体验式教育理论的优势

1. 自主性

"体验式"课程能坚持以人为本,充分尊重学生的主体地位,还课堂予学生,让学生自觉、自愿、自主地参与课堂,只有这样,他们才会在课堂中积极体验,追求感悟。

2. 体验性

体验既是一种过程，又是一种结果。作为一种过程，是主体亲身经历某事并获得相应的认识与情感；作为一种结果，是主体从其亲身经历中获得的认识成果和情感体验。此课程不仅让学生"身体动"，还让学生"脑动"和"心动"。而学生在课堂上实现了"脑动"和"心动"，对一定的态度、价值、信念有了深切的情感体验并感悟到其意义，将之内化为自己的行为习惯，也实现了道德主体的自我形成和发展。

3. 开放性

开放既包括授课内容的开放，也包括课堂组织方式的开放，还包括评价方式的开放。在开放的课堂中，学生不再是被动的接受者，而可以自由地展示他们的情感、体验和观点，他们在愉悦的学习环境中，学会自主、学会选择、学会创造。

生涯剧及其课程总体上是突出体验学习的总体方式，充分发挥体验学习在生涯教育中的作用，努力在教学或社会文化活动中，让学习对象在体验学习中达到学习目标和目的。重点是在相互交流中发现可能性、创造新意义。课程的体验可以分为三种形式：

首层，小环节体现。在八集生涯剧《飞形记》中，每一集都能充分体现学生的参与性和课程的开放性。例如，在第二集《适应》中，故事的主人公王飞和刘形为了更好地适应自己进入高中后的校园生活，主动参与校园中的种种社团活动，通过参与社团活动，积累更多的自信和能力。

中层，子项目体现。生涯剧《飞形记》旨在透过教育戏剧思维重构生涯教育问题，其目的是在体验学习中通过情境与体验、合作与分享、对话与探究重建学习概念，促进学生知识与人格的双重发展。生涯剧就比较重视体验学习的过程，并且这种过程并不是一种简单的对话过程，是一种包括有构思、设计、交流、解决、提升、反思等方面的综合性教育教学过程，"学生的社会能力、学业素养、身心素养"等方面得到较多的实践。

末层，子项目之间的体系相接。所谓"体验式"课程，是教师根据授课内容，精心设计活动，学生作为主体，积极地亲历具有教育性、创造性的实践活动，在主动参与过程中体验并审视自己的活动实践、积累正确的经验、心智得到改善与建设的一种课程。例如，在生涯教育中，常常会遇到这几个基本的问题：

人与非我——我将会碰上什么？

自我效能——我能做好这件事吗？

结果预期——如果我这么做，会发生什么事？

学习经验——成就事件、替代经验、情绪状态、社会鼓励。

支持系统——身边的人支持我这么做吗？

在学生的成就事件的过程中，请你描述过去你最成功的一次任务或者人生经历。

当时的你是谁？

是什么品质成就了你或你们？

接下来，你会把什么物质带到你的学习、生活或工作中来？

生涯剧要实现校本化的第一个特点，就应该实现教育目的从理论到学校、学生和学校的教育教学事业的实际的落地。通过生涯剧及其课程的开展，发展学生的一些基本技能，其中尤为重要的是创作能力、写作能力、合作能力、表现能力、社会研究能力及艺术能力，发展并保持良好的身心健康，增强思考能力，明确价值观，能用语言表达信仰和希望。发展对美的理解，可使用包括文字、色彩、声音和动作在内的各种媒介，创造性地成长，并由此体验自身的创造力。

四、生涯剧起点

在"高中生涯剧式体验课程"中，总体上的实践原则是遵循着"研究方向—问题聚集—解决策略—成效趋向"的科学过程。

我们的关注点是在"生涯特质"与"生涯现状"两大基础之上开始。"生涯特质"是从生涯个体的自然属性的角度分析。人的自然属性是人在生物学上区别于其他动物的特点，包括生理结构、生理机能和生理需要等。这是人的生理基础。人的自然属性的最基本表现是以人的生理结构为物质前提的食欲、性欲和自我保存等三种基本机能。哲学认为，人的自然属性渗透着社会属性，社会属性是人在实践基础上形成和发展起来的人与人的关系属性。

"生涯现状"则是从生涯个体的社会属性的角度分析。人是社会实践的产物。人从出生起就不断处于越来越丰富的社会关系中。学生的生涯现状正是其所处、要面对、要解决、要发展的一切。比如学生在班级的处境、人际、氛围、活动、社团甚至是目标和追求等，构成了学生的"生涯现状"。

而在现实中，这两个方面是相互影响的。"生涯特质"会影响"生涯现状"。气质学说来源于古希腊医生、哲学家希波克拉底，之后经不断优化完善形成一整套理论体系，分为多血质、胆汁质、黏液质、抑郁质，不同的气质类型具有不同的性格特点，现代人的气质很少只拥有某一种，而多属于多血质、胆汁质、黏液质、抑郁质中的两种或多种的混合。

（一）多血质

多血质型特点是活泼、开朗、外向、善交际，但有时浮躁、缺乏毅力。优点是自信，适应能力强，在工作和学习中的效率高，爱钻研，而且应变能力强。缺点是情感丰富，比较浮躁、粗心。虽然思维活跃、适应能力强，但有时缺乏耐心，容易频繁变换目标、朝三暮四。

（二）胆汁质

胆汁质的人性格豪爽，但有时容易冲动，脾气急躁。优点是他们性格外向，属于兴奋热烈的类型，工作积极进取，富有热情，乐于助人，为人表里如

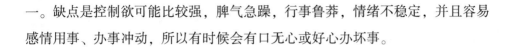

一。缺点是控制欲可能比较强，脾气急躁，行事鲁莽，情绪不稳定，并且容易感情用事、办事冲动，所以有时候会有口无心或好心办坏事。

（三）黏液质

黏液质的特点是踏实、能吃苦、懂忍让，但有时候会守旧、刻板、缺乏灵活性。优点是情绪稳定、不急不躁，缄默而沉稳。他们勤奋踏实，工作总能保质保量地完成任务，且严格遵守规则制度和生活秩序，为了目标坚定不移地付出，不容易分心。缺点是过于稳重而显得呆板，过分遵守规则而缺乏灵活，做事情不紧不慢甚至有些迟缓，可以吃苦耐劳但又容易墨守成规、因循守旧，与朋友、爱人的关系非常稳定但又缺乏变化和浪漫。

（四）抑郁质

抑郁质的特点表现为谨慎、敏感、情感丰富，有时候容易消极、悲观。优点是对情感的变化感知能力非常敏感，内心情感丰富，对思想或人心的洞察力强、抽象能力好，有强大的共情能力，富有爱心和同情心。缺点是心思过于细腻、想得太多、缺乏安全感，对他人和事物过分挑剔，遇到挫折容易悲观、消极，人际关系不太稳定，容易情绪化。

"生涯特质"和"生涯现状"之间的相互影响是教师进行生涯教育或者学生进行生涯规划的重要前提。它们会表现为外部生涯事件，也会影响着内部生涯动机。如果处理得不好，外部生涯事件会影响着其内部生涯动机。下面有这样的例子。

案例：对于我带手机进入校园，并且没有向班主任报备的行为，我承认错误，接受批评。

关于为什么带手机入校，也有以下的原因，希望各位领导、老师理解：

我的妹妹由于父母离婚，心理健康出现问题，对所有亲人感到陌生，性格孤僻，她只认我一个人，我可以和她进行有效交流。由于我们在上学期间，两人距离相对较远，出于担心妹妹，为了能够及时收到妹妹发来的消息，所以带手机进校并且没有上交老师。但我承诺，没有使用手机做除联系妹妹之外的事。

望校方理解我的意图，并且能够考虑我的特殊情况。我保证，此后，带只能使用通话功能的手机入校，并仅以此用来联系妹妹，绝无其他用途。

阿德勒认为，一个人健全的精神心理是以他的理智、对他人及社会的兴趣和关怀、对于自卑的克服为标志；精神疾病则是以自卑感肆虐、自我中心、全力寻求自己的利益而罔顾他人等特征为记号。[①] 由于人格结构形成于儿童期，所以，要找出人格心理问题的症结只能从人的童年时期入手。另外，既然关乎人的一生精神健康的人格形成于儿童期，那么，帮助儿童形成健康的人格就变成了头等重要的事情，这也就是"教育"一词在阿德勒心目中的含义。

教师的生涯教育和学生的生涯规划两者的研究方向可以归一的，都可以从生涯意识、生涯能力和生涯管理等三个重要方面进行。外部生涯事件可以衍生出生涯故事、生涯策略、生涯榜样和生涯能力；内部生涯动机则需要进一步地激发和强化。项目组采取"组合拳"方式，分别采取生涯剧、生涯慕课、生涯手册、生涯盲盒和生涯班会等五种不同内容进行生涯知识、生涯管理和生涯评价的强化。

第二节　生涯剧体验课程的内涵特征

人的生涯是各种可能的不断实现，学生是"可能"的创造者和享受者。

---

① ［奥］阿尔弗雷德·阿德勒：《儿童的人格形成及其培养》，韦启昌译，北京大学出版社 2014 年版，第 6 页。

高中生涯教育的核心是培育和实现"可能"。本着此宗旨，笔者通过两年多的高中生涯实践，和团队原创"生涯剧"，并做到以点带面，开发含有"生涯慕课""生涯手册""点生涯班会""生涯盲盒"等子项的高中生涯剧体验课程（如下页图）。在此课程中，学生拥有丰富的生涯教育体验途径和层次，为推动生涯教育发展和学生持续健康发展带来可借鉴经验。

高中生涯剧体验课程构成图

一、生涯剧体验课程的内涵

（一）课程构成成分可以用多种方式加以组织

大多数课程设计还是基于三种基本设计的修订和阐释：（1）以科目为中心的设计；（2）以学习者为中心的设计；（3）以问题为中心的设计。这些设计在不同的重视程度上分别致力于伊根所说的三种核心观念："社会化、柏拉图的学术观、卢梭的发展观。"①

① K. Egan，*The Future of Education*，London：Yale University press，2008，p. 9.

生涯教育课程并不是严格意义上的学科，但是生涯剧体验课程的建构逻辑也是可以按照学科的一般流程进行，即先有理论指导，再通过设定课程目标、课程内容、课程实施、课程评价，形成体系完整的校本课程。生涯教育课程可以多设计含有观察、可计量的元素，突出学生如何体现和感受生涯，把活动的思维策略和参与策略摆在优先地位。

生涯剧体验课程，即以学生为中心，由师生共创的"生涯剧"为内容载体和线索，遵循设计、开发、应用、评价和完善的课程逻辑，倡导学生主动进行生涯学习、规划和行动，辅以生涯盲盒活动以评价生涯学习的效果和反馈，从而促进学生主动学习能力和终身发展素养的提升的项目式体验课程。

生涯剧体验课程要将立足点置于通俗性与知识性的思考。高中生涯规划教育运用系统方法引导学生进行全面的人生规划，帮助学生更好地管理自己的人生，以期达到人境适配与平衡发展的状态。但在实践中，高中生涯规划教育面临着诸多困境：应试倾向阻碍了生涯规划教育的纵深发展，师资匮乏限制了生涯规划教育的有效开展，学生自主权式微影响了生涯规划教育的真正落地。[①] 这样的结果使学生生涯意识淡薄，不清楚社会上所存在的职业种类及各职业对从业者的素质要求，生涯规划、决策能力很弱，在升学（填报志愿、文理分科等）或就业方面听从家长或师长等的意愿，最终导致升学或就业失败。

（二）生涯剧体验课程的特点

1. 物联性

在这个过程中，学生、老师、校园环境实际上人为地融入了镜头，然后又科学地被安排进了课程，再人性化地结合了学校的课程实际，借助学校的信息化平台，真正融合了"慧美"力量，成为课程开发的一大亮点。物联是通过

---

① 王慧玲：《高中生涯规划教育的内涵、困境与出路》，《教育观察》2022 年第 29 期。

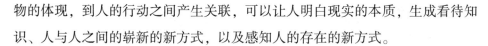

物的体现，到人的行动之间产生关联，可以让人明白现实的本质，生成看待知识、人与人之间的崭新的新方式，以及感知人的存在的新方式。

2. 体系性

生涯剧是整个课程的最大亮点。但是我们也深知，单凭一共八集的生涯剧不足以有效解决高中学生的生涯教育与生涯规划的问题。需要我们从生涯剧起，把项目开发除了对比别人的项目设置，思考合理性之外，还要考虑项目设置与使用的逻辑性。做好生涯剧以素材进课程；生涯剧以问题导入进课程；生涯剧以讨论进课程；生涯剧以评价进课程，形成自成体系的校本生涯课程。

3. 多元性

可以这样说，课程的前半程开发与创造，考虑更多的是课程的科学性、知识性与趣味性；课程的后半程则是更多地考虑课程落地，考虑课程的可操作性、人文性和有效性。总之，重视学生、教师和学校三方发展的真实需求，是课程的基本追求。认可知识是校本课程设计所面临的基础挑战，但是学生介入课程的时间并没有明显增加，如何保证学生在有效的时间获得多元的收获是关键。

4. 三维性

课程是三维的，是科学性、可操作性和适应性的统一。科学性是指课程的开展遵循教育教学的规律，响应着"立德树人"的根本追求。可操作性是指生涯剧及其课程无论是从整体项目，还是从各自的子项上，都是可以实际操作的。适应性是指加强对学生理想、心理、学习、生活、生涯规划等方面指导，帮助学生树立正确理想信念、正确认识自我，更好地适应高中学习生活，处理好个人兴趣特长与国家和社会需要的关系，提高选修课程、选考科目、报考专业和未来发展方向的自主选择能力，有利于育人重点领域和关键环节的改革，切实提高育人水平，为学生适应社会生活、接受高等教育和未来职业发展打好基础，努力培养德智体美劳全面发展的社会主义建设者和接班人。

5. 真实性

生涯剧和课程的融合，需要考虑到课程的体系性、素材的身边化和内容的特色性，还要考虑到课程开设的时间、形式、考核和要求、意义等各个方面，换言之，课程应该强调学生如何学习、形成健康态度、生成兴趣及培养正确价值观。

6. 科学性

生涯剧在关注什么？一般来说，生涯剧当然是关注学生的生涯教育。但生涯教育又不是不接地气的，我们整个项目无论是生涯理论、生涯工具，还是学生的生活学习态度、处事方式、学习动机以及问题应对及解决等方面，努力让生涯剧到生涯剧体验课程，都深深地体现"立德树人"的根本追求。

（三）生涯剧体验课程的原则

生涯剧体验课程是一门校本课程，需要以完整的课程框架和课程体系来支撑。它的落地、生根和开发，无一不遵循以下四个原则。

1. 目标牵引

通过学业目标或者是职业目标，牵引学生在校的行动，引导学生围绕着"生涯目标"这个中心，有意识、主动地提升自身发展。

2. 相关整合

高中生涯规划教育是人生发展的必修课，它能让人发现自己，了解大学专业和社会职业，学会从长远着眼，来规划自己的发展。强调学生自身的意识确认和行为选择合一，强调自己的职业发展志向与国家发展需求相结合，强调关注和选择社会发展的热点专业。

3. 理性选择

有明确规划的人生，比糊里糊涂读完大学再陷入失业困境的人生要好得多。生涯规划主要是弄清自己的兴趣和天分，以便做出最合适的选择。考生和

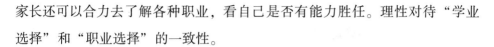

家长还可以合力去了解各种职业，看自己是否有能力胜任。理性对待"学业选择"和"职业选择"的一致性。

4. 可操作性原则

可操作性实质上是课程落地开花的问题。课程是载体，服务教育教学工作，是师生学习共进的"助推器"。东莞市第五高级中学"高中生涯剧体验课程"顺应新高考方案的需要，引导学生慧美人生规划，慧美成长。以"剧"讲生涯，以课程推动发展，采取"线上+线下"的方式，充分利用好学生的课余时间，充分利用好学生的发展故事，用好周边的资源，可操作性更高。

二、生涯剧体验课程的目标

（一）课程目标

1. 总体目标

在国家政策背景和高中生涯教育现状下，着重围绕如何创新生涯规划教育的内容、形式与途径开展研究。

2. 资源目标

高中生涯教育资源：如何结合社会发展趋势，融合学校及学生实际，开发含有生涯慕课、生涯手册、生涯班会和生涯评价的高中生涯校本课程，以课程推动高中生涯教育创新发展。

3. 路径目标

高中生涯教育路径：高中生的生涯规划教育的实施应该遵循哪些策略，怎样才能破解目前的窘境，提高生涯规划教育服务立德树人目标的有效性。

4. 评价目标

生涯课程有效评价：项目组研究如何以新颖的形式鼓励学生参与课程，又如何更加主动、更加全面、更具有生成性地实施生涯评价。

（二）课程实施策略

1. 榜样效应策略

榜样效应策略突出课程内容来源。无论是生涯剧还是生涯体验课程。我们都强调以学生为中心，用学生身边的素材让学生去做最好的自己。在挖掘开发生涯剧以及生涯体验课程的过程中，我们充分考虑学生面临的最大实际困扰，比如学业、思维方式、情感、社会诱惑、沟通方式、榜样认同、校园人际关系等共同的问题。同龄人、身边人的正面做法对学生有着较大的影响作用。

在学校育人工作中，大部分教师引用的事例，要不就是人物离教育实践比较远，要不就是不符合当下学生特质，难以让学生有切身体会，育人效果不佳。所以，教师可以从教育实践过程来开发生涯课程和资源，并就此展开生涯课程教育实践，从学生、教师、学校、社区和家长等身边人和物寻找生涯教育的基点和评价点。教师依此进行的生涯教育和事例具有强说服力，并能引起学生的共情和共鸣。生涯剧重视学生身边的故事和挖掘，用身边的要素与资源，拉近学生对生涯的距离，以产生强烈的认同和催化。

（1）关注学生成长过程中的痛点，如在生涯剧《飞形记》的第一集《变化》中，选取"王飞，一心想考重点中学，在其收到一所普通中学的录取通知书时的失落与迷茫，是该选择复读，还是在普通中学（职业高中）继续坚持……"以及第八集中，王飞在高考前经历很爱自己的爷爷去世的痛苦……

（2）引导学生自己认识成长变化，如在生涯剧《飞形记》的第三集《认识自我》中，选取"王飞通过高中社团的招新活动，开始认识自我并清楚自己的兴趣爱好，通过经历数学从差到好的转变，从数学老师那体验到数学与音乐结合的美妙，开始思考如何利用自己的优势进行跨界……"

（3）关注学生成长过程中的激点，如在生涯剧《飞形记》的第二集《适应》中，主人公王飞和刘形在普通中学相遇，在面对新环境的各种变化，如宿舍环境及人际、在校与父母的沟通、专业选择上的犹豫……通过生涯剧的演绎，造就了学生健康的选择，孕育了学生未来发展的可能。

（4）引导学生成长过程中的高点，于学生而言，高中生要善于把握三年高中生活的机会，积极引导各种可能向健康的方向发展。如何激发学生的内在动机，帮助其找到自己的兴趣点和自身优势所在，让他们主动思考自己未来的发展方向，势必成为高中生涯教育首要解决的问题。

（5）促进学生完善其生涯成长融合点。比如，在生涯剧《飞形记》的第四集《畅想未来》与第五集《探索世界》中，王飞通过与同学兼好友刘形以及班主任的交流中，慢慢地清晰自己的学业规划和职业趋向，但自己的志愿和家长的设想又有冲突，经过其社会系统的不断完善，王飞在身边榜样的影响下，坚定了信念和行动。

2. 视角冲击策略

如今图片和视频已经成为人们获取新闻信息的主要方式之一。在此背景下，越来越多的新闻摄影师开始关注自身摄影作品的视觉冲击效果，既讲求布局、光影、景别等外在的冲击效果，也会在思想、情感、意识等的内在冲击效果方面格外注意。视觉冲击力是打开受众心灵之门的钥匙，只有真正具备了良好视觉冲击效果的新闻摄影作品，才能够将新闻的内容与形式完美地结合起来。[①] 笔者在教育实践过程发现，生涯教育的学生主体参与较为重要，在校园体育文化艺术节和社会交流展示周及实践过程，部分教师在舞台上表演的小品，往往都会引起不小的轰动，引起热烈的反响，这不仅和教师自身的精彩表演有关，也和教师展现的不同视角使学生产生新鲜感有关。

教育信息化2.0时代的到来，以学生为中心的理念在高中教育阶段逐渐普及，教师需要站在学生的视角，进行高中生涯教育的新尝试。因此，教育者可以将戏剧和生涯课程内容与育人目标融合，将生涯教育实践融入"剧"中，以

---

① 朱鑫华：《新闻摄影中视觉冲击效果研究》，《科技传播》2021年第3期。

"剧"的形式呈现出来，师生参与其中，引起学生的共鸣，最终达到育人的目的。所以，生涯剧突破传统生涯教育的"师论"之道，制定学生可以自主学习完成的线下课程以"剧"演绎生涯，以"剧"思考人生，前行路上更有方向。

高中学生生涯教育和生涯体验的一种视觉冲击。直观上说，视觉冲击策略更多的应该是从生涯剧和生涯体验课程的呈现方式和传播方式来说明。

从呈现方式，我们是通过原创性的校园青春微视频方式，用镜头去记录学生的一点一滴，用故事串联学生的成长过程，用同龄人的想法、方式和师长的教育结合来解决问题。通过镜头呈现出学高中学生生涯发展过程当中的关键问题和学生解决问题的办法的来龙去脉。让镜头下的声音、镜头下的故事的解决都有一个非常好的视觉效果。

从传播与辐射，视觉冲击策略就是强调生涯剧和生涯体验课程通过哔哩哔哩网站、中国大学慕课、微信公众号等互联网平台实现传达，以获取更广的空间，更短的时效传播。利用"剧"的形式实施生涯教育有三个特点：（1）可视化感官体验；（2）情境化感官体验；（3）亲历性理性提升。

3. 合作探究策略

合作探究策略是促进学生参与生涯剧和生涯体验课程深度融合，有效达成生涯教育追求的重要手段和策略。在生涯剧中，每一集《飞形记》围绕着一定的主题呈现，也设计了一些核心的、具有剧情冲击的生涯问题或者生涯情境，主动引导学生之间合作有效处理和应对一些发生在校园的真实情况，需要跟同学进行有效的、深度的合作才能解决。如在《飞形记》第五集《探索世界》中，通过镜头，巧妙地插入校园欺凌的内容，以引导学生依法参与、依法追求的正确思路。

又比如，在评价环节，生涯盲盒当中的每一系列中的一些问题需要学生通过团队实践合作，展示交流才能够解决问题，增强交流能力，提高其生涯意识。如，学生抽到问题：（1）探索五中的校史——五中你知多少？希望你能更好地适应新的校园，去探索记录五中的历史吧！（2）在未来，我是谁？发挥你的想象，如果时光快进 20 年，你正在做什么呢？请进行一次角色扮演体验并记录下来。

学生参与任务盲盒抽取、组队（个人）实践打卡、美化展示交流等环节，不仅能够锻炼综合素质，增强了交流能力，"生涯盲盒"还能使得学生的生涯任务可视化、可展示化，把做得好的作品展示给其他学生，激发其他同学的完成"生涯盲盒"的动力，在分享优秀成果的同时，也有助于生涯课的开展。

4. 理论提升策略

生涯慕课以生涯剧作为课程实践的原创素材，按照生涯思考—生涯现状—生涯知识—生涯榜样—生涯规划的慕课结构开展。为了让学生既有真实的生涯感悟，又能学到一定的理论知识，每一讲的慕课都内嵌了一到两项生涯理论知识，如第一讲：《变化》，主要是内嵌了"生涯规划书"；第二讲：《适应》，主要是内嵌了"社会支持系统"等。

为了有机会让学生充分地把慕课的学习内容成果巩固好，笔者及团队设计和开发出线下使用手册《青春修炼手册》。它是一本实实在在的活动手册，在内容上，它与线上的生涯慕课互相匹配，按照生涯连线—生涯实践—生涯作业—生涯工具的主线，匹配一定的生涯理论，设计一些相关的学生活动，通过这些活动的实施，达到线上与线下相互融合、相互促进的良好效果。

5. 多元提升策略

保存、保全、尊重和保护每个孩子的体验可能，是生涯剧体验课程的一大追求。我校坚持"慧美育人，育慧美之人"的理念，重在培养学生学业谋求与未来规划的发展，更关注学生生命成长的历程，关注学生生命质量的提升，关注其生命价值的实现与否。如下页表"生涯课程多元策略"中，从生涯目标上，实现人的成长化，即把生涯课程的出发点和落脚点都放在学生的成长上；从生涯取向上，课程要完全生涯化，即亲近学生的生活与实际来设计；从生涯方法上，尊重多元化过程，让学生体验生活，体验通过多种形式实现；从生涯过程上，实行开放化，允许各种有利因素和各种内容融入生涯教育过程、实现生涯教育过程更丰富。最终，生涯主体可以全员化，从尊重学生个体差异，到实现全员、全程参与。

生涯课程多元策略

项目	特征	具体内容
生涯目标	成长化	把生涯课程的出发点和落脚点都放在学生的成长上
生涯取向	生涯化	亲近学生的生活与实际来设计
生涯方法	多元化	体验在生活，体验在课堂，体验在不同形式上
生涯过程	开放化	允许各种有利因素和各种内容融入生涯教育过程
生涯主体	全员化	尊重学生个体差异，鼓励全员、全程参与

（三）生涯课程实施思路

简单来说，生涯即个人所经历的多种角色，在所处的生活空间环境中，发生的预期以及预期事件之总和。例如，"点生涯班会"在目标引领、体察环境和挫折磨练三个理念指导下，突出目标的选择和确立，促进学生主动学习的生涯班会。班会鼓励学生学会关注周围的环境，并在不断"自我追寻"过程中顺应或改造环境。这其实对生涯发展更具深刻的影响力。人生途中，机遇、挑战与风险同在。生涯教育的本意就在于让人冲破迷惑，克服挫折，知难而进。

"点生涯"，其实就是生涯的关键点，高一年级突出"变化与接纳"，高二年级突出"学习主动性"，高三年级突出"科学拼搏"。而对于高二年级的生涯关键点"学习主动性"，我们从七个方面开展：①学习时间的安排；②学习环境的营造；③学习方法的选择；④学习目标的制定；⑤学习时间的安排；⑥学习动力的创造；⑦学习压力的调适等。

1. 高中生涯剧体验课程的开发与实施总体思路

探讨如何更加优化生涯剧体验课堂设计，从而更好地引导学生深度学习、有效学习。笔者从四对矛盾关系的处理中提出了优化路径：思维活动与实践活动相结合中实现动与静的流动性；情真意切和科学理性相融合实现更高级的认同；最近发展区与宏大世界相连接实现远近的自由推进和迁移；强设计感和结构不良的矛盾实现创新性要求。

2. 课程开发组科学制定研究方法与技术路线

课程开发组采用文献法、问卷法、比较法、访谈法、研讨法等研究方法，了解学生的生活物质和生活现状，注重应用研究与理论探讨相结合。通过"课程研发与案例成长跟踪"，边研发、边改进，先试点、后推广。

3. 课程开发组重视制定课程开发与实施总目标和方案

课程开发组结合国家对高中生生涯规划教育的政策和我校具体校情以及慧美品牌的工作要求，成立21人的课程开发小组，组织修订校本课程开发与实施方案，以培养学生生涯认知、唤醒学生生涯觉悟、提高学生生涯素质和做好生涯规划为重点，通过确定研究方向、问题聚焦、解决策略和成效趋向四个步骤，促进学生的生涯意识、生涯能力与生涯管理的素质协调发展。（见下图）

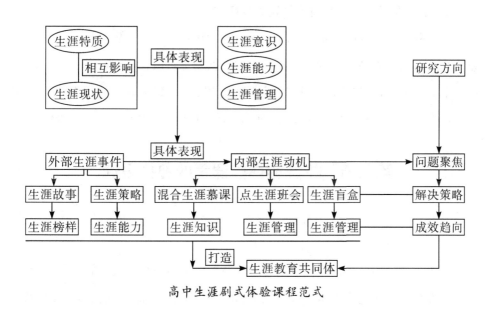

高中生涯剧式体验课程范式

4. 改革生涯规划教育的课堂方式和课堂实施空间

项目组充分考虑学生外部生涯事件如何影响转化为内部生涯动机。重视学生的生涯榜样、生涯能力、生涯知识、生涯管理和生涯评价。具体为：①积极引导学生参与到课程开发的过程中，吸引学生参演，鼓励学生参与剧本的编写，吸收学生的生涯信息，引导学生做好自己的生涯认知。②重视信息技术与生涯教育课程的结合，积极开发线上慕课，融合信息技术进行生涯课程的开发。③重视生涯规划教育的前置，把课程的开发与实施过程当成是对学生生涯规划教育的重要阵地。④规范管理生涯规划教育课程的本土活动。⑤放活课程的必修时间，可以是正常的学习时间，也可以在假期进行。

5. 突出高中生涯剧体验课程的素质教育

注重发挥课程与学科、德育、美育等学科交叉融合优势，将高中生涯剧体验课程融合到学生的日常中，加强日常的生涯教育渗透，形成"生涯剧+生涯剧体验课程+学科融合+生涯活动"的多元学习模式。

6. 强化课程开发与实施的体验实践环节

课程开发组独具匠心地考虑了从初中生到高中生的转变，开设成"准高一、高一、高二和高三"四个阶段，然后根据四个阶段，设定八个主题，再匹配八个学生动手的学习内容，适当减少理论学时，增加实践学时，开展自主实验、自主设计、自主实习，形成既有理论，又有行动的体验式生涯规划课程。

第三节　生涯剧体验课程的总体设计

一、生涯剧体验课程的不同

为了设计一门课程，我们必须考虑其各部分是如何相互关联的。在设计一门校本课程时，我们应当思考哲学理论和学习理论，以确定我们的设计决策是否与我们有关人的基本信仰合拍，他们应当学习什么及如何学习，应当如何使用他们现已获得的知识。教师和学生在设计、实施课程之中需要重新思考的某些基本问题："课程体现怎样的教育理念？""师生如何参与到课程开发与实施中？""师生从中能获得什么？""课程的具体内容有什么？""课程的实施办法有哪些？""如何跟踪和评价此课程的有效性？"等等。

一般意义上说，学校的校本课程应该是由学校层面的校本课程和教师个人层面的校本课程组成。从重视政策和落实政策的角度而言，生涯教育的校本成分应该更多。但是从教师个人特色的发挥的角度，生涯教育的个人成分可以更多。因此，我们学校的生涯教育校本课程，融合了两者，充分发挥了两者的优势，即学校重视和落实，制定相关的校本课程政策，又组织优秀教师，允许教师特色内容的参与，共同组成学校校本课程的生涯教育范本，用来规范学校的生涯教育实施。

高中生涯剧体验课程是我校成功申报成为东莞市第二批品牌学校和"广东省信息化中心校"之后，结合我校实际，以"慧美"核心理念为本，以"生涯剧"为重要载体，采取线上线下混合式教学，创设的含有"生涯剧+线上线下混合课程"内容的生涯规划教育教学校本课程。

无论我们将课程狭义地理解为学校所教的科目，还是广义地理解为个人要求全面参与社会的经验，都不容否认，课程影响到教育工作者、学生和其他的社会成员。从1997年算起，教育戏剧在中国发展也有二十余年了。那么教育戏剧的发展呈现着两类方向，即"教育戏剧的研究"和"教育戏剧的应用"。而在教育戏剧的运用方法，也是存在两大派别，即"戏剧教学法（DIE）和"教育剧场（TIE）"，但对后者的研究比较少。所以，我们在提出"教育戏剧视角下高中生涯剧体验课程开发与实施研究"的课题研究就是希望通过文献研究发现，传统的教育戏剧与我们目前正在做的生涯剧体验课程有所不同。

第一，从虚构的情境逐步转变为以真实情境为主。但无论是"以教学为中心、参与为中心或者课程为中心"，强调"构建信以为真"的虚构情景，重视从身边出发的并通过互联网平台实现的教育戏剧实践并不多。

第二，在真实情境的选取上，做出可比的正向筛选和编造。为此，才会有剧本的出现，也就会有学生参与编写。

第三，从学科领域为主到德育功能为主的尝试。如教育戏剧在英国的文学领域的研究，突出学科教学方法的问题，而在儿童戏剧的领域，则突出学生的参与过程，在艺术课程的教学中，变为以艺术课程的开发使用为主。我们的生涯剧项目则是更多地在生涯教育领域，同时也试图做到生涯与德育的融合。

第四，从问题解决，到真实情境的应对，再到生活问题的有效解决，即创新多元生涯体验场域，促进生涯规划自觉。（1）生涯剧为起点（如下图）做到故事悟人。生涯剧的创编和展演以学生为主体，由学生选取真实情境，做出筛选和创作，积极参与剧本编写。同时，学生可报名参加剧组的具体岗位，如灯光师、录音师、场务助理等，借此体验职业人生。在生涯剧表演过程中，参演学生将演绎不同的角色，切身体验生涯，引领学生经历多元体验过程。（2）线上线下混合课程实现理论育人。课程实施以生涯慕课为理论学习场域，由教师根据授课内容精心设计活动，为学生提供在线学习资源。生涯慕课以生涯剧为原创素材，按照"生涯思考—生涯现状—生涯知识—生涯榜样—生涯规划"的慕课结构展开设计。每一讲都内嵌一到两项生涯理论知识，力求让学生在学习生涯知识的同时，获得生涯感悟。（3）生涯发展，主动成人。尊重生涯事件、适应生涯环境，从中探寻学习应对态度和解决方法。学生通过生涯剧体验课程的立体学习，了解高中三年的基本生涯情况，较早地唤醒生涯规划意识。在此基础上，进一步展开生涯自主学习与实践体验，主动成人。

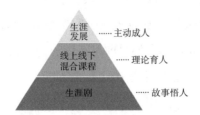

第五，教育戏剧的功能和德育效用辐射面在互联网的推动下，起最大效用。教育戏剧的载体作用和德育追求之间产生柔软的融合。

第六，从感性影响到理性觉醒的过渡。教育戏剧必须通过表演的形式和一定的环境的渲染，突出感性影响的慢慢渗入。而生涯剧这种模式则是尽量挖掘自己或者身边的真实资源，突出"真"，强化其"育人"的较短距离。使学生能更快代入自己的成长过程的种种相似，催生更快的共鸣，最终形成如上图的生涯教育效果。

二、生涯剧体验课程的课程方法

（一）一般性的课程方法

美国的艾伦·C. 奥恩斯坦和弗朗西斯·P. 亨金斯在《课程：基础、原理和问题》中对课程方法归纳为行为方法、管理方法、系统方法、学院方法、人本主义方法和后现代方法六种。一些课程带头人争辩说，前述方法过于技术至上、僵化呆板。他们认为，试图达到科学和理性的课程专家遗漏了课程和教学的人的层面和社会层面，忽视了科目材料的艺术、物质、文化层面，很少考虑学习者的自我反思和自我实现的需要，没注意课堂和学校的心理学机制。杜威、查尔斯·贾德（CharlesJudd）、弗朗西斯·帕克（Francis Parker）开发出了基于学生的自然发展和好奇心的进步论教学方法。[①]

（二）生涯剧体验课程的课堂形式

生涯剧及其课程也是坚持人本主义的基本方法，关注学生的自我认同、心理健康和个人实现。课程必须以学生的成长特点和目标来开发。课程目标是学

---

① 　[美]艾伦·奥恩斯坦、费朗西斯·P. 亨金斯：《课程：基础、原理和问题》，王爱松译，华东师范大学出版社 2021 年版，第 9 页。

生能够准确认识自己，分析自己的优势、劣势，明确职业目标及发展方向，根据自己所选择的未来职业，规划自己的高中生活，提升学业水平、职业素养和职业能力。课程项目组科学地把高中三年分设为四个阶段，即准高一、高一、高二和高三。其中，准高一是一个针对学生从初中向高中迈进的适应性阶段。在这个阶段中，学生无论是年龄、身份、心理、生理、学业任务、学业目标、环境等，都发生了很大的变化。主要有以下几类课堂形式：（1）生活体验教育。于高一、高二、高三年级依次开设以"认识自我、规划学习""认识社会、体验职场""认识学生、规划未来"为主题的体验课程。如高一年级的体验职业的面包坊烹饪体验课程，高二年级的创意市集活动，高三年级的研学体验活动。（2）生涯主题班会课程。针对不同年级的学生心理特点和面临的发展任务，进行具体分解。比如，高一：初高中过渡、认识学校的环境和资源、确定学习目标、认识自我，职业规划尝试等；高二：情绪、学习能力、学习习惯、意志品质培养、自主教育、抗挫折、人际关系、生涯规划与抉择辅导等；高三：考前心理辅导、志愿填报、选择职业初步目标辅导等。

我们的生涯课程就在准高一、高一、高二、和高三四个阶段中，共开设八个不同主题的生涯慕课。这八个主题分别为：

第一节　变化

第二节　适应

第三节　认识自我

第四节　畅想未来

第五节　探索世界

第六节　绘制蓝图

第七节　守护心灵

第八节　提升能力

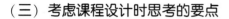

（三）考虑课程设计时思考的要点

课程设计反映出课程的体系架构。这里是一些有用的要点，供建构有效的课程设计时思考。

（1）反思你自己的和学校（或学区）目标有关的哲学、教育和课程设想。

（2）考虑你的学生的需要和灵感。

（3）考虑各种设计成分及其组织。

（4）勾勒要加以实施的各种设计成分。

（5）以学校任务为背景，再次复核你所选择的设计成分（目的、内容、学习经验、评估方法）。

（6）和一位同事分享你的课程设计。[①]

生涯剧体验课程坚持人本主义的基本方法，选择合作学习、探究学习和项目式学习等方法，重视整合人的三大生活领域，即家庭和个人生活、职业生活和公民生活。在目前的经济社会发展趋势下，全球化和技术对课程也具有重要而明显的影响。受其影响，产生了包括大型开放性网络课程（慕课）、翻转课堂、数字素养技能、在线测试、教室高速网络登录等新的教育形式。对教育来说，全球化和技术显然必不可少。

三、生涯剧式体验课程的教学目标

课程应该着重探讨有关课程与教学的九个基本问题：课程与教学的含义、关系以及课程与教学研究的历史发展，课程与教学的政策，课程与教学的目标和内容，课程与教学的开发和设计，课程与教学的组织，课程与教学的实施，

---

① 　［美］艾伦·奥恩斯坦、费朗西斯·P.亨金斯：《课程：基础、原理和问题》，王爱松译，华东师范大学出版社 2021 年版，第 258 页。

课程与教学的改革，课程与教学的评价，当代课程与教学的研究。①

生涯剧体验课程的开发也是要遵循中国特色社会主义教育发展规律。课程设计作为一种科学行为，根据布鲁姆教学目标分类，教学目标应该从知道—理解—应用—分析—评价—创造呈现递进式发展的过程。针对不同水平的学生，就应该设定不同的教学目标，唯有如此，才能更好地调动学生的积极性和主动性。教学目标表达应基本涵括：实现方式、选取情境、达成目标等各方面。课堂教学本身就是一个由若干环节组成的系统性的工程。学生在完成学习目标过程中，参与"议题 + 情境 + 任务 + 活动"教学路径中，学习必备知识、形成关键能力、培育学科素养、树立核心价值。

在设计一门课程时，要牢记我们是在何种层次上思考课程内容的构成成分。以下所列举的课程维度，将有助于我们深入思考内容。

一是考虑内容的智力维度。这一维度也许是课程思考最普遍的维度。所选择的内容应当能刺激学生的智力发展。

二是考虑内容的情绪维度。我们对这一维度知之甚少。但是我们正获得对它的一种更好的理解，将其作为知识的情感领域。

三是考虑内容的社会维度。所选择的内容应当有助于学生的社会发展，并重视人的关系。

四是考虑内容的身体维度。通常指精神运动知识领域。应当选择出内容以发展身体技能，允许学生在身体上更有自我意识。

五是考虑内容的审美维度。人们通常拥有一种审美维度，然而我们通常对审美知识在教育中的地位知之甚少。

六是考虑内容的超越或精神维度。大多数公立学校几乎将这种维度整个排除在考虑范围之外。我们往往将这一维度刻板地同宗教混淆起来。这一内容层

---

① 钟启泉、汪霞、王文静：《课堂与教学论》，华东师范大学出版社 2008 年版，第 323 页。

面与理性没有直接联系。然而，我们需要有这样的内容——引起学生自己为人处世的反思，帮助学生超越自己的知识和行动的当下水平。[①]

四、生涯剧如何融入体验课程

生涯剧体验课程也是从课程基本原理入手，形成了自己独特的课程元素。

（1）课程目标：课程内容采取思维活动和实践活动等方式呈现。所以课程目标是指向学生动态的成长过程。

（2）生涯故事：生涯剧剧本取材于东莞五中学生的日常真实生活。由东莞五中师生生涯拍摄小组进行拍摄和编辑。每一集都有一个独立的成长故事，引出东莞五中学生成长中的困惑。素材来自生活，剧目又高于生活。

（3）生涯行动：通过采取一定的生涯行动，在教育中强调学习的主动性、活动性、情境性与协同性，将学习定义为意义与成长的建构。

（4）生涯评价：教学是科学与艺术的统一。教学是科学还是艺术？这一问题曾被长期争论着，有人认为教学是科学，有人认为教学是艺术，各据其理。实际上，教学既是科学，又是一门特殊的艺术，是科学与艺术的统一。[②]

（5）生涯追踪：关注学生的可能和可行。从被动接受到主动规划；以一定的舞台融合个性与集体的发展；灵活使用教育教学的相关情境和知识，生成更多的素养和能力。

生涯剧作为一种基于生活，联合生涯的原创校园青春微视频。它是有别于直接从互联网上下载的素材。所以，生涯剧在课程中的使用方式和使用时机是灵活的，也是可以多样的。归纳起来，有以下几种。

---

① ［美］艾伦·奥恩斯坦、费朗西斯·P.亨金斯：《课程：基础、原理和问题》，王爱松译，华东师范大学出版社 2021 年版，第 279 页。

② 钟启泉、汪霞、王文静：《课堂与教学论》，华东师范大学出版社 2008 年版，第 8 页。

（1）以情境导入：在每一集的生涯慕课中，讲授者都适时地选用了所对应的生涯剧的全集或者片段进行播放。

（2）做课程素材：如何让高中生愿意去了解、去思考这些宏大的内容呢？普遍采用也是可行的办法就是找到学生的"最近发展区"，先拉近和学生的距离。

（3）辩经典案例。教学活动是以课程内容为中介的共同活动。课程内容是联系教师的教与学生的学的中介和纽带，没有特定活动内容材料的传输与学生自身经验的体验，教学活动将不能成为事实。因此，教学活动中，教师必须明晰学生所学的内容，并正确运用教育情境中的相关教育资源与影响。

（一）生涯剧如何牵引相关项目

高中生涯剧体验课程的几个子项目之间的使用，肯定不是简单的相加，而是有内在逻辑性的使用。那种认为教或者学只是简单意义上的相加的观点是不科学。赫伯特·西蒙（Herbert Simon）在他的经典著作《人工科学》（*The Sciences of the Artificial*）中，对设计科学和自然世界的科学，包括社会科学做出了区分，试图理解和阐释两者之间的差异："自然科学关心事物是怎样的……设计关心的则是事物理应是怎样的。"①

从生涯教育的效果来看，生涯剧毕竟是只有短短的几分钟，尽管生涯故事经典，生涯呈现方式吸引学生眼球，但是生涯教育的效果也容易出现衰退的现象。所以，在首项"生涯剧"，我们希望实现"剧影响人"的效果。然后，一旦学生的观看效果出现了衰退时，就可以进行第二个环节，组织学生参与到生涯慕课的学习上来，加强生涯教育效果的延续，即实现"课程育人"。再者，

① ［英］黛安娜·劳里劳德：《学是一门设计科学：构建学习与技术的教学范式》，金琦钦、洪一鸣、文倩译，福建教育出版社 2019 年版，第 1 页。

学生通过线上的生涯慕课的学习，初步接触和掌握了生涯理论、生涯知识后可以借助线下的生涯手册即《青春修炼手册》进行知识与技能的再次强化，以实现"册完善人"的学习效果。最后，老师指导学生通过抽取生涯盲盒中的具体的、开放性的题目，完成自己对整个生涯学习的流程后的一次自主性的、体验性的评价，以"评价育人"。（见下图）

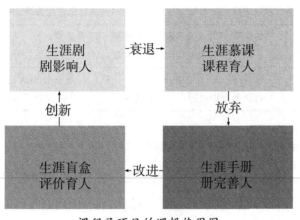

课程子项目的逻辑使用图

从生涯剧体验课程的实施策略看，明晰生涯剧体验逻辑，凸显真实的主体互动。生涯剧体验课程由师生共创的"生涯剧"为基础内容载体和线索，遵循设计、开发、应用、评价和完善的课程逻辑，倡导学生主动进行生涯学习、规划和生成，辅以生涯盲盒活动以评价生涯学习的效果和反馈，从而促进学生主动学习能力和终身发展素养的提升。其作为一项系统工程，以"生涯剧、生涯慕课、生涯手册、生涯盲盒、生涯班会"五个子项作为基本内容，遵循着演绎、学习、自学、强化、评价的路径实施生动的生涯教育。（见下页表）

生涯剧体验课程的实施策略

子项 目一	飞形记	依托互联网，学生自 主观看、学习	八集，突出故事发展的主线，形成先后统一 并递进发展的生涯故事。
子项 目二	生涯 慕课	依托互联网，组织学 生学习	八讲，融入《飞形记》的内容。每一讲突出 一个主题，向学生讲授一至两个生涯理论 知识。
子项 目三	青春修 炼手册	组织学生线下自主学 完成指定任务	八练，衔接生涯慕课，重视学生结合实际， 巩固和完善自己在生涯慕课中学到的知识。
子项 目四	生涯 盲盒	学生完成上述三项， 进行开放型评价	四系列，即春、夏、秋、冬。每一系匹配两 个专题。学生完成发展性评价。
子项 目五	生涯 班会	强化生涯与德育融 合，不定期进行	高一、高二和高三分别围绕重点主题，细化 开展

（二）生涯剧体验课程的实施策略

我校生涯剧体验课程的结构、内容（如下图所示），遵循着从核心概念—子项内容—参与方式—参与策略"的四层结构的、由内到外的开发过程。

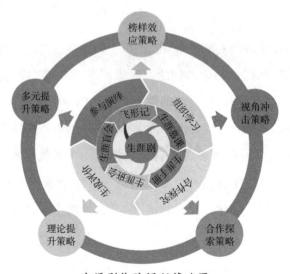

生涯剧体验课程策略图

第一层，生涯剧，既是核心概念层，也是原创素材层，是整个项目的牵动层。

第二层，子项内容层，由生涯剧牵引和辐射而产生，先有生涯剧，到生涯慕课，到生涯手册，到生涯盲盒，最后到生涯班会，形成了"五位一体"的、比较全面的生涯教育校本课程。

第三层，体验方式层，师生在参与到整个项目的过程中，可以通过"参与演绎、组织学习、合作探究和生成评价"四种方式进行，不同的参与方式，获得不同的生涯体验效果，形成多元收获。

第四层，参与策略层，是从最广的范围上保证生涯剧体验课程的开发和保证。所以，在生涯故事方面，以榜样效应策略为主；在学习体验方面，以视角冲击策略为主；在学习开展方面，以合作探索策略为主；在理论素养方面，以理论提升策略为主；在课程效果方面，以多元提升策略为主。

（三）生涯剧体验课程

在本课程开发的过程中，我们也发现了一些不足，在未来，我们将继续对课程在以下三个方面进行进一步的优化与完善。

1. 加强课程的多元化评价

在后续研究中，我们将加强学生生涯课程的多元化评价，采用表现性评价和动态评价等多种评价生涯方式，对学生在课程中的表现和改变进行评价。通过理论和活动相结合的方式，鼓励学生深入社会、深入群众的行动，是对所学知识的验证、深化和运用，也是发现问题、解决问题，形成过程评价的过程。

2. 加强生涯教育与学科的融合

高中生生涯教育，重点是引导学生形成正确的学业价值观和积极的生涯规划意识，除了以上实施方式，还需要与学科教学融合，未来我们将加强教师专业培训，在对生涯教育有充分的认知与了解基础上，加强生涯教育融合课程的实施。

3. "生活即实践"，多方联动，建立生涯探索社会资源

（1）在生涯剧体验课程建设中，将整合更多的社会资源，建立起家校社的实践基地，借助一定的课堂实施方式，可以把学生的生活实践作为"情境"搬到生涯教育的课堂"议题"中来。这样生动的生活实践的捕捉，让原本陈旧的话题更有吸引力和深入探讨的价值，为学生参与社会实践、职业体验活动、职业角色扮演、职业信息采集等活动提供更好的条件。（2）重视"思维活动"也是生涯教育的重要一环。生涯教育要努力实现从"行—心—行"的过程，是需要借助看、读、辩、对话与展示等方式呈现学生的思维过程和成果，是学生对已获得的生涯知识和信息的深化理解、梳理总结、迁移再生。

法国的安德烈·焦尔当（André Giordan）在《学习的本质》中说道："只有学习者才能炼制出与自身相容的特有意义。"换句话说，学生不是单纯的学习"参与者"，而是他所学的东西的"创造者"。别人永远不可能替代他去学。不论是老师还是家长都要适应这一点。学习只有通过学生掌握的手段才能实现。

（2）学生并不是其知识唯一的、独立的创造者。他的所有认知生产都来自环境，更确切地说它们都是与环境互动的结果。对于学习来说最根本的一点在于学习者的思想结构和他可以采集的信息之间的多重关系。不过这些互动从来都不是即时的、自发的，在大多数情况下需要一种媒介。他者（偶然遇到的陌生人或专业人员，如教师、媒介人）必须促进每个个体的意义生产，陪伴他，对他的概念形成干扰。

五、生涯剧体验课程的创新之处

（一）生涯剧体验课程的创新

1. 项目特色

本课程打破传统的直接选取网络素材作为课程资料的形式，而是首创

"生涯剧"概念，采用自选、自编、自导、自演的，贴近身边人、身边事的生涯剧作为线上课程素材，这样更会吸引学生眼球，提高关注度。同时，本课程采取"线上线下混合教学"方式，使学生多场域合理进行生涯学习，提升生涯意识能力，助推学生生涯规划。本项目的研究，还将进一步助推德育美育信息化工程的发展，推动生涯规划教育教学的"三个课堂"发展。

2. 创新之处

（1）概念新。进行生涯教育校本课程的设计中一定要清楚课程的"时代性""生命性"分别在何处，一定要清楚生涯教育校本课程的"新"在何处，项目组把教育戏剧理念和生涯教育进行融合，创造性提出"生涯剧"概念，根据学生兴趣和时代特点，引发生涯剧的头脑风暴，自编、自导、自演生涯剧。"生涯剧"将成为线上课程的亮点和重要载体，开启跨生涯育人的新思路。

保存、保全、尊重和保护每一个学生的体验可能，是生涯剧体验课程的追求。为此，项目组创设了"生涯盲盒"的创新性评价方式，力求将多种生涯发展的可能融合呈现，进一步激励学生的生涯能力和成长动力。立足课程学习实践，学生将参与任务盲盒抽取、组队（个人）实践打卡、美化展示交流等环节。通过生涯任务可视化展示评价，深化学生的生涯体验，激发生涯自觉。

（2）课程新。项目组正确处理好高中生成长的远景与近景，即立足最近发展区与着眼宏大世界的矛盾关系，没有"最近发展区"地亲近学生，活动设计就无法让学生有"依傍"；没有拓展、铺开的宏大世界，高中生涯教育的引领作用就削弱了。"近景"与"远景"都应该成为高中生生涯成长的风景，做到生涯教育课堂素材创新，以身边的资源为情境，课程设计可以从近入手，但不能仅仅停留在近处，一定要引导学生由近到远。将宏大的思想、理念变成更生动形象的活动，有效地亲近了学生，增加了学生的参与性，创作共八集的微视频剧《飞形记》，并以此作为重要载体和素材，在中国大学 MOOC 完成共八讲的线上慕课《高中生涯课程》，并编写出校本教材《青春修炼手册》。

（3）途径新。《高考评价体系》提出"立德树人"的核心要求，考查的素质教育目标凝练为"核心素养、学科素养、关键能力、必备知识"。整个项目坚持以学生实际和学生需求为导向，主动进行生涯教育实施路径创新，结合学校实际，确定研究对象，确定研究对象的组织结构图，即课程的组成部分。内容都有连贯的故事，都有自己的教学目标，教学重难点，教学过程的设计。这些"边框"的存在，使得很多活动型课堂都可以做到环环相扣、线条清晰，甚至议题设计工整对仗，显示了很强的设计感。然后，运用现代信息技术，如慕课平台、公众号等网络资源，以线上线下的方式，借助教育信息化，把教学理念落实于教学过程中，结合中学生在校的生活与学习的特点，发展视觉性、参与性、理论性、推广性的"高中生涯剧体验课程"。这样的活动型课堂，在情境的流动中、问题启发中和任务递进中，形成治理参与的各种方案的可能性、开放性中，学生将"惰性知识"激活，对生涯的认同感也提升了。

第四章

生涯剧体验课程的子项实施

总观点：生涯剧体验课程，遵循着演绎、学习、强化、评价的路径实施生动的生涯教育。

生涯剧《飞形记》第六集剧照

第一节　生涯慕课课程的设计与开展

一、生涯慕课的课程开发

课程开发（curriculum development）是课程领域一个常用的重要概念，是使课程的功能适应文化、社会、科学及人际关系需求的持续不断的决定课程、改进课程的活动和过程。[①] 随着生涯发展指导的作用日益受到国家、各级部门和学校的重视，能够通过校本课程来帮助学生正确地认识自我潜能和社会需求，选择适合自己的职业和岗位，培养他们能够自我规划的基本能力，是教育者应尽的责任。教师发展、课程建设，是教育改革的核心要素，是维护良好的师生参与、学生多元发展的生态和良好的信息化应用的生态的两大关键支撑。

生涯教育，顾名思义，即为学生未来生涯发展而进行的各种课程和活动，具体指为帮助学生进行生涯设计、确立生涯目标、选择职业生涯角色、寻求最佳生涯发展途径的专门性课程与活动，包括学生如何生活、学生如何学习、学生如何生存及学生如何爱等四个方面的内容。

同时，学生对生涯发展指导课程也是非常欢迎的，他们也希望学校能够提供专门的指导，使自己能够切实做好进入职业前的准备。因此，为迎合时代发展需求，在充分结合学生实际情况的基础上，开发了符合我校学情的慧美人生规划课程。

本课程由线上慕课和线下手册构成，线上慕课打破传统的直接选取网络素材作为课程资料的形式，而是首创"生涯剧"概念，采用自编自导自演的、贴近身边人身边事的生涯剧作为线上课程素材，这样更会吸引学生眼球，提高关注度。线下手册的编写高度配合线上慕课内容，与之形成完美衔接，使学生

---

① 钟启泉、汪霞、王文静：《课程与教学论》，华东师范大学出版社 2008 年版，第 83 页。

合理进行生涯学习，提升生涯意识能力，助推学生人生规划。

二、生涯慕课的课程结构

由于学生不断会产生新的兴趣与需要，社会上的各种因素在不断变化，学校也处于不断改革发展中，这些都会对学校课程产生重大影响，所以需要进行课程开发。课程开发除了包括目标、内容、活动、方法、资源及媒介、环境、评价、时间、人员、权力、程序和参与等各种课程因素外，还包括了各种因素之间的交互作用，特别是包含了课程决策的互动和协商。因此，课程开发的重点是强调过程性和动态性。校本课程开发过程是一个专业性比较强的活动，涉及许多复杂的因素。课程设计一般涉及课程目的、课程内容、课程学习经验和课程评估四个基本部分。根据有关的研究，我们认为校本课程生涯慕课开发应包括以下几个基本的操作环节。

（一）开发生涯慕课课程的背景

东莞市第五高级中学是东莞市的一所普通高中，同时也是东莞市唯一的一所艺术中学，在校学生共有 60 个班级，约 3000 位师生。学校正在进行东莞市第二批品牌学校的建设阶段，打造"慧美"品牌，提出"让慧美浸润生命"的教育教学理念，校方决定开设一系列校本课程，慧美人生规划必修课程应运而生。具体这样实施：第一，开发综合性的校本课程，含慕课、学生应用手册、创新评价手册等，并实施小组教学。第二，实行综合能力分班，缩小班级规模，以更好发展学生多样生涯需求。第三，根据学科性质，把每节课的时间大体调整为 1 个小时，人文学科每节课的时间调整为 1 个小时以上，为小班教学创造条件，增加学生转换教室的次数，实现跨学科学习的可能。

（二）课程目的

生涯慕课作为校本课程，其开发的目的必须依据学校的教育教学目标。我校是以"慧美"作为品牌理念，校训是"求真尚美，臻于至善"。所以，生涯慕课的课程目的就是培养"慧美"之人，鼓励学生求真，尚美。

（三）课程内容

以原创的生涯剧《飞形记》作为生涯慕课的视频素材，围绕着"变化—适应—认识自我—畅想未来—探索世界—绘制蓝图—心理素质—提升能力"八个主题开发生涯慕课。

（四）开发校本课程的过程

开发名为"六艺六美融合"的校本课程包括开发人文学科、综合理科、创造艺术等课程。首先，建立项目式的校本课程开发小组，如慧美人生规划必修课程开发组，小组内的教师共同负责，互相交流，集体参与课程编制、课程实施和课程评价。其次，课程形式以专题为主，采用综合课程和学科课程两种形式，以某一专题为核心，组织有关课程内容。最后，其他参与者。在开发校本课程的过程中，参与者包括校外专家、教辅人员、学校教务处领导、学校其他部门等。

（五）课程学习经验

生涯慕课的学习，需要学生自觉、主动进行，需要围绕着"生涯思考—生涯现状—生涯知识—生涯榜样—生涯规划"的慕课结构开展。每一讲都涉及一到两项生涯理论知识，力求让学生在学习生涯知识的同时，获得生涯感悟。生涯学习不同于学科的学习，学生应该要树立起生涯意识，采取相应的生涯行动。

（六）课程评估

本课程由线上慕课和线下手册构成，所以生涯慕课的评估需要观察学生学

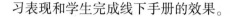

习表现和学生完成线下手册的效果。

（七）组建校本课程开发队伍

依据本校独特的教育宗旨或教育哲学来确定本学校课程开发的发展方向，成立含有相应部门主管、讲授教师、慕课制作者等在内的校本课程开发队伍以便开展各项活动。

（八）课程编制

课程编制大体上是要决定学校课程编制的具体组织与时程、课程的设置与教学节数的配置三项。

（九）评价与修订

评价是课程建设过程的重要环节。生涯慕课和《青春修炼手册》是一起使用的，所以，生涯慕课的评价主要是突出两个环节的评价，即生涯慕课的过程表现和《青春修炼手册》的效果评价。

三、生涯慕课的课堂的结构

（一）课堂的使用方式

为了着重培养学生的智慧和审美能力，我们决定打破传统的借助网络素材的形式，而是将自己拍摄的生涯情景剧作为线上慕课的素材。笔者及团队设计和开发的生涯规划课程将采用线上和线下相结合的混合体验形式。学生可以便捷学习的生涯慕课和可以自学的《青春修炼手册》。

（二）课程的结构线索

生涯慕课以生涯剧作为课程实践的素材，遵循"变化—适应—认识自我—畅想未来—探索世界—绘制蓝图—心理素质—提升能力"的主线，按照"生涯思考—生涯现状—生涯知识—生涯榜样—生涯规划"的慕课结构开展。

混合体验课程线下部分指的是《青春修炼手册》学习和实践，它是一本实实在在的活动手册，在内容上，它与线上的生涯慕课互相匹配，按照"生涯连线—生涯实践—生涯作业—生涯工具"的主线，匹配一定的生涯理论，设计一些相关的学生活动，通过这些活动的实施，达到线上与线下相互融合、相互促进的良好效果。

（三）课程的校本实施

课程名称	慧美人生规划	课程类型	德育课程（生涯规划）
课程负责人	陈青天	成员	陈青天、李捷生、武文卓、李树沔、符雯仪、许娇、郭燕如、单凤娟
所在单位	东莞市第五高级中学		
课时	8	适用对象	高一学生
课程简介	随着生涯发展指导的作用日益受到国家、各级部门和学校的重视，能够帮助学生正确地认识自我潜能和社会需求，选择适合自己的职业和岗位，培养他们能够自我规划的基本能力，是教育者应尽的责任。同时，学生对生涯发展指导课程也是非常欢迎的，他们也希望学校能够提供专门的此方面的服务，使自己能够切实做好进入职业前的准备。因此，为迎合时代发展需求，在充分结合学生实际情况的基础上，开发了符合我校学情的慧美人生规划课程。本课程由线上慕课和线下手册构成，线上慕课打破传统的直接选取网络素材作为课程资料的形式，而是首创"生涯剧"概念，采用自编自导自演的、贴近身边人身边事的生涯剧作为线上课程素材，这样更会吸引学生眼球，提高关注度。线下手册的编写高度配合线上慕课内容，与之形成完美衔接，使学生合理进行生涯学习，提升生涯意识能力，助推学生人生规划		

续表

课程结构	第一节　变化 第二节　适应 第三节　认识自我 第四节　畅想未来 第五节　探索世界 第六节　绘制蓝图 第七节　守护心灵 第八节　提升能力
课程目标	1. 学生能够准确认识自己，分析自己的优势、劣势 2. 明确职业目标及发展方向，根据自己所选择的未来职业，规划自己的高中生活 3. 提升学业水平、职业素养和职业能力
课程内容	线上课程由生涯剧作为课程素材，进而由主讲老师进行课堂引导、讨论、分析，让学生学有一定量的生涯理论知识。线下课程一般由学生自主学习，该部分包含有"生涯连线""生涯实践""生涯作业""理论工具"四个部分，学生可以充分结合前期的线上课程学习，自主完成课后的线下学习，进一步提升自己的生涯能力
学习方式	线上+线下混合式学习
课程实施（建议）	1. 将8节课分为四个阶段，分别是准高一、高一、高二、高三，每个阶段2节课 2. 本课程可供班主任在班会课使用
课程评价（学生学业评价）	1. 观看线上慕课，15分 2. 完成线下小册子课程，30分 3. 学习前后积极参与问卷调查，10分 4. 学期按要求完成"生涯盲盒"任务，40分 5. 过程性评价，5分 总分100分

续表

课程作用	1. 学生能够准确认识自己，分析自己的优势、劣势
	2. 明确职业目标及发展方向，根据自己所选择的未来职业，规划自己的高中生活
	3. 提升学业水平、职业素养和职业能力

（四）课例展示

把握变化，明晰生涯

设计者　陈青天

【生涯思考】

同学们，生涯剧《飞形记》是以王飞、刘形在东莞市第五高级中学学习和生活的点滴为主线，讲述年轻人经过磨炼成为优秀毕业生的励志故事。

剧中的王飞、刘形的故事在现实、在你们的身边，每天都会上演。因为，每个人都有自己的"生涯"。

【生涯现状】

首都师范大学的关于大学生对专业满意度的调查数据显示，大学生中对专业表示非常满意的只占8%，而非常不满意和比较不满意的比例居然高达80%。

首都师范大学还做了一项中学生对大学与专业了解度的调查显示，高中生对大学及专业非常了解的只占2%，完全不了解和不太了解的占了71%！

同学们，你得规划你的生涯！

【生涯知识】

简单来说，生涯即个人所经历的多种角色，在所处的生活空间环境中，发生的预期以及非预期事件之总和。

1. 角色——假如你是王飞，你会怎样选择？

2. 环境——你有没有遇到过王飞类似的情况，你是怎么看待的？

3. 事件——你会如何处理你在高中校园碰到的突发事件？

我的兴趣是什么？（生涯缺失）

我已制定生涯目标，却不知道如何实现？（生涯乏力）

高中的生活还是跟我想象的不太一样，我甚至有点儿失落，但是问题出在哪里？（生涯迷茫）

关于高一、高二、高三，我应该如何科学度过？（生涯缺失）

中学生生涯规划处在探索期的前期，这个阶段的生涯课题是：

①能力与才能的进一步成长。

②独立性发展。

③学习计划的选择。

④适合自己专业，工作的选择。

⑤有关专业技能的发展。

【生涯榜样】

亚里士多德说过："人是一种寻找目标的动物。"目标像一座灯塔，对一个人今后的发展有着重要的意义。而生涯规划就是树立灯塔的过程。我们今后要做什么、怎么做，才能实现人生的价值。

出生于医学世家的钟南山，毕业后十一年都没有从事自己热爱的医疗工作，他当过校报编辑，被下放到农村，还烧过锅炉！他的坚毅，让他即使在最艰苦的环境下也没有放弃。为了重新投入自己热爱的医学事业中，他在 35 岁的时候，每天工作到深夜，再挤出时间来研读医学专业术语和专业英语。就这样坚持了八年，1979 年 43 岁的钟南山一举通过了国家外派学者的资格考试，成为改革开放后第一批公派出国留学的学生，每月 6 磅生活费。"剪头发都得自己剪，有时钱不够坐公共汽车了，我就跑步去医院。"钟南山院士回忆道，

189

坚毅和奋斗是两个永远绕不开的关键词。

【生涯规划】

积极心理学之父马丁·塞利格曼描述了人类的三种生活状态，给同学们的高中生涯以重要的启示：

①愉悦的生活，即生活中时时处处充满了积极体验。

②美好的生活，即善于利用个人优势与他人建立关系。

③有意义的生活，即利用个人优势投身于比自我更宏大、更持久的事情。

希望同学们：

了解高中事。

把握高中势。

做好高中学业，乃至生涯规划书！

▲教学的作业

生涯作业说明

作业一：人生第一次

人生中有很多的"第一次"：第一次入学，第一次独立上下学，第一次做饭，第一次接触某项爱好，第一次单独出行，第一次体会到父母的不易，第一次经历失败或体验成功……

请以"人生第一次"为主题，用视频/图文等形式记录下自己第一次经历某件事的过程及感受。

作业完成形式：

1. 用视频的形式记录，时长 8 分钟以内。

2. 用图文的形式记录，自备 A4 纸，右上角标注姓名、班级。

作业二：让我感受成就感的那些瞬间

对自己满意的前提是"看见"：看见自己一路走来每一个小小的成长和进步，看见那些被自己忽略掉的小成就，看见自己身上不断散发出的微光。看见自己原本就闪闪发光的样子。

请回忆自己成长过程中三个让自己最有成就感的瞬间，谈谈当时你遇到的情况，采取的行动，最终的结果以及你的感受。

作业完成形式：用 word 文档书写，不少于 600 字。

作业三：现在我就成了你

每一个角色和身份都有自己的价值和意义，也都有自己的不容易。请挑选一个角色来体验一天，可以是身份互换（比如和家人），也可以是职业互换（体验某个职业）。并完成一份体验报告，内容包含但不限于以下方面：体验/互换角色的收获、感受等。

作业完成形式：用 word 文档书写，不少于 600 字。

作业提交方式：

以上三项作业，选择一项完成。不管是视频，还是图文（需拍照或扫描）、word 文档，均需以班级+姓名+主题命名，并以班级为单位打包发送至邮箱。

第二节　《青春修炼手册》的设计与开展

一、为什么是《青春修炼手册》

生涯剧体验课程是以学生为中心，由师生共创的"生涯剧"为内容载体和线索，遵循共同创造、应用、评价和完善的循环过程逻辑的校本课程。其倡导学生主动进行生涯剧式慕课合作学习和《青春修炼手册》自学相结合的混合体验课程实践。而后，师生共同开展"点生涯"班会，丰富和建构生涯剧的创作内容和主题，辅以生涯盲盒活动以评价生涯学习的效果和反馈，从而促进学生主动学习能力和终身发展素养的提升。

《青春修炼手册》是在生涯慕课之后使用的，强调生涯自学，主要目的是进一步夯实学生在生涯慕课环节的学习成果。我们选择了从生涯剧《飞形记》入手，让学生设计、参与、演绎、观看、学习，就是要引导学生要学会从自身的成长、自身所处的环境中汲取有益的东西去迎接成长过程中碰到的问题，探索解决问题的可能和能力。引导学生挖掘自己的性格优势，构建优质的人际关系，培养积极的情绪，增强积极的行动力量，让每位学生的生涯之花淋漓尽致地绽放。一旦我们的教育既兼顾学生的生涯特质，又重视发生在学生身边的生涯事件，自觉的生涯行动会更多。

二、《青春修炼手册》的设计

《青春修炼手册》要根据一定的理论依据、培养目标、内容要素、实施过程和达成评价目标等几方面设计。

（一）《青春修炼手册》是生涯慕课的延伸

重视学生生涯成长的过程，引导学生拥有健康的生涯追求。高中生涯规划教育是人生发展的"必修课"，它能让人发现自己，了解高中学业、大学专业和社会职业，学会从长远着眼来规划自己的发展。强调学生自身的意识确认和行为选择合一。通过高中生涯剧体验课程的系统开展，引导学生明晰自身兴趣、挖掘特长，通过内外部环境的改变与健康融合，做出较为正确的定位，制定合理的学业升学目标，最大程度地帮助中学生找准适合自身发展需要的专业和职业方向，实现个人与社会的匹配，从而找准自身努力方向，为未来的发展做足准备，实现个人价值的最大化。

（二）《青春修炼手册》是生涯意识和生涯能力的发展

正确的生涯认知是有两个关键，一个是对自己的现状有个正确的认识；二是在对自己的现状已有的正确的认识的基础上，提出合适的目标并持续努力。

两年来，学生通过参与演绎、组织学习、合作探究、生成评价四个方式参与课程，借助课程育人使众多学生重新重视生涯，重视生涯的规划，对生涯有了一种新的使用思路。

科学的生涯管理，重视学生生涯成长的体会，重视个体"主动唤醒—主动互动—主动选择"的生涯线的建立。学生到学校来干什么？一个是学习，一个是生活。怎么学习？学会学习。怎么生活？健康生活。项目组为了更好地落实课程育人功能，全程兼顾了素材、课程、手册、班会、评价等方面的组合与使用，引导学生主动、科学规划生涯，培养学生的生涯意识、锻炼学生的生涯能力、遵循科学的研究思路，确定研究方向—问题聚焦—解决问题—成效趋向，加强对学生生涯的科学管理。

三、《青春修炼手册》的结构

《青春修炼手册》每一讲的结构都由生涯连线、生涯实践、生涯作业、知识链接等四部分组成。

四、《青春修炼手册》的开展

《青春修炼手册》既可以用线上的方式，也可以用线下的方式进行。其遵循时代性、基础性、选择性原则，使课程内容与社会进步、科技发展、学生经验有机联系起来，把知识技能的学习与学生创新精神和实践能力的培养有机结合起来。

《青春修炼手册》立足于"自主、实践、认知自我"的生涯学习策略和模式的研究，逐步构建并完善重基础、多样化、有层次、综合性的生涯校本课程结构，为学生的自主选择和主动学习提供较为理想的课程环境。

《青春修炼手册》实行多元评价方式，过程评价和结果评价相结合，重视激励促进元素，丰富和完善"生涯教育"主题。

项目组成立《青春修炼手册》编写建设领导小组和工作小组。规范和指导教师执行和开发《青春修炼手册》的程序与管理，加大对教师课程开展能力的培养。

五、《青春修炼手册》的展示

《青春修炼手册》第三讲：认识自我

设计者　李壁形

一、生涯连线

从心理学的角度来说，人必须经过自我认识的阶段才能成熟。但在实际生活中，对于许多关于自我的问题，很多人往往是困惑的。高中选科时，有人会纠结：理科好还是文科好呢？从事某项工作时，也有人会自我怀疑：我真的适合这个工作吗？甚至在追求理想时，还有人不免会动摇：我真的想成为这样的人吗？凡此种种，归根结底，还是因为对自己的认识不够。

"认识自己"是人类千百年来都在研究的命题，古今中外无数的先贤伟人都曾投身于思考探索的洪流之中。老子有言，知人者智，自知者明。认识自己，就能收获聪明和智慧。特别是高中阶段的学生，相比于初中，身份角色都发生了变化，知识结构和难度也在变大，只有不断地认识自己，才能树立明确的目标和志向，从而激发内在动力，快乐并自主地成长和学习。

Part 1：什么是自我意识？

认识自己不是一个简单的命题，首先要明白什么是自我意识。

自我意识是对自己身心活动的觉察，具体包括认识自己的生理状况（如身高、体重、体态等）、心理特征（如兴趣、能力、气质、性格等），以及自己与他人的关系（如自己与周围人相处的关系，自己在集体中的位置和作用等）。

Part 2：自我意识的结构和分类

1. 从自我意识的内容来看，自我意识可以分为生理自我、心理自我和社会自我三个方面。

生理自我，指个体对自己生理状态的认识和体验，如个体对自己身高、体重、容貌、身材、性别等的认识，以及病痛、温饱、饥饿的感受等。

心理自我，指个体对自己的心理活动、个性特点、心理品质的认识和体验。

社会自我，指个体对自己与外界客观事物和人的关系的认识和体验，包括个体对周围客观环境对人的影响、作用的认识和体验，对自身在客观世界中的地位、责任、力量的认识和体验等。生理自我、心理自我和社会自我既相互区别又相互联系，是个体自我意识的有机组成部分。

2. 从心理构成和表现形式来看，自我意识在认知、情感和意志三个方面的表现，分别称为自我认知、自我体验和自我控制。

自我认知，是自我意识的认知成分，包括自我感知、自我概念、自我观察、自我分析和自我评价等心理成分，是自我体验和自我调控的前提。

自我体验，是建立在自我评价的基础上，个体对评价结果是否符合自己的需要所产生的一种情感体验，反映个体对自己所持的态度，是自我意识的情感成分。自我体验的内容十分丰富，包括自尊、自爱、自信、自卑、内疚、自豪感、成就感等。

自我控制，是自我意识的意志成分，主要表现为个体对自己行为和思想、言语的控制，以达到自我期望的目标。自我控制是一个人自我教育、自我发展的重要机制，自我控制的实现是自我意识的能动性表现。自我控制使个体为了获得优秀成绩、社会赞誉，达到自己的目标而做出不懈的努力。下面这张表格可以帮助我们认识自我意识的结构和成分。

Part3：认识自己的其他打开方式

除了根据上述理论，也可以借助身边的同学、老师、家长和朋友的评价来认识自己。

	自我认识	自我体验	自我控制
生理自我			
心理自我			
社会自我			
物质清单			

在日常生活中，人若自己不能独立自主地存在，便失去了独立的个性和自由，这样就会在他人的范式中人云亦云地度过自己的一生。而真正认识自己的人，会有自己独特的目标，并能心无旁骛地为之奋斗。这时候，你才有资格说：我就是我！

二、生涯实践

体验活动一：拍手实验

目的：我们每个人对自己的潜力是估计不足的，人的潜力在一定的环境下是可以挖掘的。

时间：约5分钟

操作：

1. 请估算30秒内最多可以拍多少次手，把这个数字写到纸上。

2. 进行计时拍手30秒。

3. 将30秒内所拍的次数和原来估算的数字做对比，结果如何。

说说你的感想。

感悟：每个人大多有两个"自我"：

一个是"理想中的我"，即自己想象中的我；一个是"现实中的我"，即现实中的我。

这两者往往差距很大，在生活中我们经常会有意无意地用"理想中的我"来代替"现实中的我"，甚至不愿意直接面对"现实中的我"。"理想中的我"

浓缩了我们的梦想和追求，但能够清醒全面地认识"现实中的我"，则是我们身心成长、心智成熟的标志，也是我们生涯发展的基础。

体验活动二：认识自我二十问法

步骤一：我眼中的我

现在我们来认识这个自我，你需要做的是描述你自己。请用这样的句式写下二十个最能描述自己的句子，内容涉及生理的我、心理的我、社会的我，可以是优点，也可以是缺点：

我是一个＿＿＿＿＿＿＿＿＿＿＿＿＿＿＿＿＿＿＿的人。

我是一个＿＿＿＿＿＿＿＿＿＿＿＿＿＿＿＿＿＿＿的人。

我是一个＿＿＿＿＿＿＿＿＿＿＿＿＿＿＿＿＿＿＿的人。

我是一个＿＿＿＿＿＿＿＿＿＿＿＿＿＿＿＿＿＿＿的人。

我是一个＿＿＿＿＿＿＿＿＿＿＿＿＿＿＿＿＿＿＿的人。

我是一个＿＿＿＿＿＿＿＿＿＿＿＿＿＿＿＿＿＿＿的人。

我是一个＿＿＿＿＿＿＿＿＿＿＿＿＿＿＿＿＿＿＿的人。

我是一个＿＿＿＿＿＿＿＿＿＿＿＿＿＿＿＿＿＿＿的人。

我是一个＿＿＿＿＿＿＿＿＿＿＿＿＿＿＿＿＿＿＿的人。

我是一个＿＿＿＿＿＿＿＿＿＿＿＿＿＿＿＿＿＿＿的人。

我是一个＿＿＿＿＿＿＿＿＿＿＿＿＿＿＿＿＿＿＿的人。

我是一个＿＿＿＿＿＿＿＿＿＿＿＿＿＿＿＿＿＿＿的人。

我是一个＿＿＿＿＿＿＿＿＿＿＿＿＿＿＿＿＿＿＿的人。

我是一个＿＿＿＿＿＿＿＿＿＿＿＿＿＿＿＿＿＿＿的人。

我是一个＿＿＿＿＿＿＿＿＿＿＿＿＿＿＿＿＿＿＿的人。

我是一个＿＿＿＿＿＿＿＿＿＿＿＿＿＿＿＿＿＿＿的人。

我是一个＿＿＿＿＿＿＿＿＿＿＿＿＿＿＿＿＿＿＿的人。

我是一个＿＿＿＿＿＿＿＿＿＿＿＿＿＿＿＿＿＿＿的人。

197

我是一个＿＿＿＿＿＿＿＿＿＿＿＿＿＿＿＿＿＿＿＿＿＿的人。

我是一个＿＿＿＿＿＿＿＿＿＿＿＿＿＿＿＿＿＿＿＿＿＿的人。

步骤二：你眼中的我

1. 请将这张纸传给本组其他同学（分小组）。

2. 请接到的同学认真审阅他/她的 20 个自我评价，选择你赞成的，在该特点后面画"√"。

3. 如果凭你对该同学的了解，这里面还有他/她没有写出的特点，请写在下面帮他/她补充。注意书写，字不要写太大，为后面读到的同学留出空间。

步骤三：我思考

1. 对别人的评价你认同吗？

2. 你有没有看到自己潜在的优势或特长？可能你从未注意，而在别人的眼中却十分明显。

感悟：我们可以通过"他人眼里的我"来认识自己的不足及发现潜在的优势，但他人评价有时会扭曲我们的真实情况。所以，要正确看待和理智分析他人评价，把自己眼里的"我"和别人眼里的"我"整合起来，更客观全面地认识自我，从而发展完善自我。

三、生涯作业

同学们，现在让我们穿梭时光，想象自己高中毕业 10 年后的样子，那时的我们再相聚。你想递给昔日的同窗好友什么样的名片？

作业要求：

(1) 请根据自己的实际情况，规划自己的未来。设计一张属于自己的独特名片。除了有理想追求之外，注意要切合自己的实际情况，不要空想、妄想，并尽量具体明确，不要过于空泛。

《毕业 10 年后的我》个人名片

- 姓名：_____　　• 年龄：_____
- 职业：_____　　• 职位：_____
- 毕业院系：_____
- 所学专业：_____　　• 所在城市：_____
- 工作收入：_____
- 工作业绩：_____
- 婚姻状况：_____　　• 子女情况：_____
- 私家车状况：_____
- 10 年中最大的收获：_____
- 10 年中是如何奋斗的：_____
- 签名：　　　　　　　　　　　填写日期：

（2）看着你为自己设计的名片，你有什么感想？想要如何实现理想？

四、知识链接

（1）约哈里窗户理论——"约哈里窗户"是由美国著名社会心理学家约瑟夫·勒夫特（Joseph Luft）和哈林顿·英格拉姆（Harrington Ingram）对如何提高人际交往成功的效率提出的，用来解释自我和公众沟通关系的动态变化。此理论被引入人际交往心理学、管理学、人力资源、传播学等领域。

（2）MBTI 职业性格测试理论——MBTI 职业性格测试是国际最为流行的职业人格评估工具，作为一种对个性的判断和分析，是一个理论模型，从纷繁复杂的个性特征中，归纳提炼出 4 个关键要素——动力、信息收集、决策方式、生活方式，进行分析判断，从而把不同个性的人区别开来。

第三节 "点生涯班会"的设计与开展

一、"点生涯班会"的思考

生涯即个人所经历的多种角色，在所处的生活空间环境中，发生的预期以及不可预期事件之总和；而学生由于所处学段的变化，其经历和担任的角色也会有所不同。为了让学生科学有序地进行系统性生涯规划，使学生形成积极健康的人生观、价值观，激发学生的内驱力，使其养成良好的生活和学习习惯，将生涯教育和德育通过班会巧妙结合，我们创新"点生涯班会"，旨在以新颖的形式向学生传授一定的生涯知识，注重学生的体验与总结，帮助其形成科学健康的生涯管理与追求。

唤醒生涯从现实问题与需求出发。生涯教育既要考虑生命的成长与发展问题，又要考虑生命的现实问题与需求。并从他们的现实问题和需求出发，看到问题背后的期待，并找到我们应该关注的点，提出解决问题的针对性策略。[①]

既然生涯即个人所经历的多种角色，在所处的生活空间环境中，发生的预期以及不可预期事件之总和。那么在不同的学段，就会有不同的侧重点，比如，初高衔接：保持学习热情；高一年级：变化与接纳；高二年级：学习主动性；高三年级：科学拼搏等。

以高二为例，学生的学习主动性因受学校多元文化的影响而分散难聚。"点生涯班会"是围绕具体的"生涯点"，设计并展开系列生涯班会课，每节班会课四十分钟，以主题班会的形式对生涯知识加以巩固，让学生形成正确生涯认知和产生自觉的生涯行动，助力生涯成长！

学生的学习主动性因受社会发展提供的可能而缺乏冲劲。实施"点生涯

---

① 李萍：《唤醒生涯：生命成长视阈下的生涯教育》，机械工业出版社 2021 年版，第 48 页。

班会"，是带动学生生涯成长的着力点，是提升学生综合素质的关键点之一。"点生涯班会"具有以下特征：

适应性，适应生活，适应学习和适应环境。

竞争性，适应的目标和同伴的健康竞争。

参与性，参与才会有丰富、深层的体验。

选择性，根据素质和兴趣，发展优势和特长。

合作性，合作意识、合作精神和合作团队。

一旦通过生涯班会，通过细化影响主题的因素而开设好生涯班会，学生的生涯教育效果更明显。以高中二年级的学生为例，此阶段学生在学习上两极分化日益明显，偏科现象严重，其心理特征是孤独感和焦虑感较强。容易出现茫然，一旦遇到挫折，特别是考试中受到打击，就会自我怀疑，产生焦虑。

对于高中二年级的学生的实际和心理特点，我们的班会的教育方法如下：

1. 均衡发展

高考录取依据是总成绩，只要没有严重偏科，在高考中都能取得一个不错的成绩，所以鼓励孩子均衡发展是取得高考好成绩的基础。

2. 提前备考

不要认为高考就是高三的事情，其实每个阶段都是在为高考打基础，高二尤其如此。

3. 强化基础

如果发现高一的部分知识没有完全掌握，千万不能等到高三再去解决，要敦促孩子尽快补上，使高二高三的学习更加顺畅。

二、"点生涯班会"的设计

（一）指导思想

1. "自我追寻"理念

这是一种不断在生命成长历程中发现和追寻本我的过程，也是成功规划自我生涯的第一步。人要真正认识自己的内在世界很不容易，只有当我们具有了自我认知的科学能力和公正态度，生涯设计和规划才可能真实有效。

2. "目标引领" 理念

人生的意义取决于目标的选择和确立。伟大的目标塑造伟大的人生，这样简朴的道理应当让学生根植于心底。无论是学习、生活，还是工作、社交，离开了人生的奋斗目标，生涯规划也就毫无意义了。

3. "体察环境" 理念

生涯规划并不完全是一个人的事，它应当顾及个人和外在环境的关系。即你到底在这个社会中扮演了怎样的角色？你愿意选择怎样的一种生活方式？学会关注周围的环境，并在不断"自我追寻"过程中顺应或改造环境，实际上对生涯发展更具深刻的影响力。

4. "挫折磨练" 理念

挫折是人生的必然，坎坷是生命的历程。现代社会，竞争日益激烈，矛盾错综复杂，机遇毫无规则，天赋客观存在……于是，人生途中，机遇与挑战、风险同在。生涯教育的本意就在于让人冲破迷惑，克服挫折，知难而进。

5. "魅力人格" 理念

魅力人格，既是生涯规划的起点，也是生涯规划的归宿。人以其人格而赢得机会、赢得朋友、赢得生命的价值。培育人格应当成为生涯教育之关键。

（二）班会目标

（1）关于学生的"主动"学习；生涯与德育形成合力，个体与团队形成合力。

（2）学校的目标：形成具有可借鉴意义的生涯班会范式。直接丰富德育班会资源库。

（3）以学习者为中心，梳理学生的动机、情绪、环境等因素对学生生涯的影响。

（三）班会重点

形成班会，定格慕课，以学生为服务对象。

（四）班会主题

高一：变化与接纳。

高二：学习主动性。

高三：科学地拼搏。

（五）班会过程

和你体验：导入环节，与学生互动，重在学生体验。

为你而定：体验活动之后的"量身定制"，聚焦班会目标，引导学生进行思考、分析、讨论等活动。

科学规划：教师用相关生涯心理理论引导，学生结合个人实际情况进行科学规划。

尽力而为：落实个人规划，坚定地完成任务。

相伴而行：班会总结，携手共进等。

三、"点生涯班会"的具体安排

（一）"点生涯班会"的系列主题

高一：变化与接纳	高二：学习主动性	高三：科学地拼搏
认知变化与接纳	学习环境的营造	目标要明确
认知情绪与管理	学习目标的制定	方法要科学
认知关系与处理	学习习惯的培养	集体有公约
认知性格与包容	学习时间的安排	压力要调整

（二）"点生涯班会"的实施流程

（1）主备人完成初稿。

（2）项目组审查修改。

（3）年级统一各班进行试验课。

（4）主备人到心理活动室进行录课。

（5）从慕课的角度完成修改，项目组向校慕课委员会申请审核，再由录课中心录课。

（三）"点生涯班会"的实施细节

（1）"点生涯班会"是面向学生成长的班会。

（2）"点生涯班会"的设计要重视学生的参与和体验。

（3）"点生涯班会"不需要限制场地。

（4）"点生涯班会"要统一体现学校的文化元素和项目组的特色。

（5）具体录制由电教中心负责，具体落实由德育处统筹安排。

四、"点生涯班会"的展示

认识自我·逐梦启航
——高一（8）班生涯规划主题班会教案

设计者　张松华

一、学情分析

生涯规划对许多高中学生来说很陌生，然而作为生涯规划的发源地——美国，生涯教育从幼儿园就开始了，高中阶段更是全面而系统地进行，许多国家的学校教育中早就有"职业设计辅导"这一课程。相比之下，我国生涯规划仅出现在大学，被称为"就业指导"，而在中、小学几乎没有对学生进行过生涯教育。我国高中生在懵懵懂懂时就参与高考选科，上大学选专业也很少考虑到其职业兴趣和能力倾向。然而，忽视对学生进行生涯教育使大部分中学生对自己的未来缺乏责任感和方向感，导致学生在高中阶段缺乏学习的主动性和积极性，从而影响学生的长远发展。

本班会课是高中生涯规划的第一课，旨在通过各种课堂活动及教师引导，让学生认识自身、明确方向，树立目标，为接下来的高考选科及专业选择做好准备。接下来还会开展系列的生涯规划课，在目标分解、计划制订、计划执行方面给予学生更多的指导和帮助。

二、主题班会目标

1. 通过引导，认识生涯规划的重要性，学会运用 SWOT 分析法认识自我。

2. 通过案例分析和活动探讨，对自己性格及学业情况进行分析，发现自己的优势和劣势，完成高中阶段的生涯规划。

3. 明确努力方向，确立学习目标，树立积极向上的人生观。

三、主题班会设计思路与依据

1. 理论依据：霍兰德职业兴趣测试、SWOT 分析法、目标设定的 SMART 原则。

2. 教学设计思路：

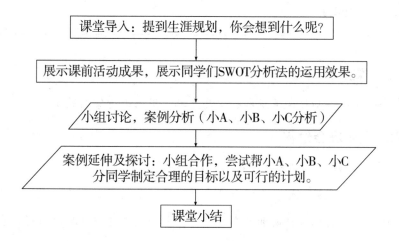

四、主题班会课对象、课时、场地

高一年级学生、第二课时、心理活动室

五、主题班会课准备

（一）课前学习准备

1. 课前扫码完成"霍兰德职业兴趣测试"，生成自己的性格分析报告。

2. 运用 SWOT 分析法，剖析现在的我和未来的我，完成下面表格。

	Strength：优势（性格、特长等）	Weakness：劣势（性格、学科等）
现在的我		
未来的我		3 年后的我	10 年后的我
	所在城市		
	就读学校和专业/从事职业		
	学业支出/职业收入（按年计算）		

（二）课堂材料准备

每个小组准备两张大卡纸和一支马克笔，用来进行案例展示。

六、主题班会过程

1. 和你体验：提到生涯规划，你会想到什么呢？

教师明确：生涯规划，又叫职业生涯设计，是指对个人的主观和客观条件进行分析，确定自己最佳的职业奋斗目标，并为实现这一目标做出行之有效的计划。

生涯规划的意义：明确奋斗方向，做出正确的高中生生活与学习的规划，创造美好的高中生活，为幸福的人生奠基。

2. 为你而定：展示课前活动成果，展示同学们 SWOT 分析法的运用效果。

选取三位同学（小 A、小 B、小 C）作为代表，展示同学们的课前活动成果。

3. 科学规则：小组讨论，案例分析（小 A、小 B、小 C 分析）。

讨论小 A、小 B、小 C 三个案例，他们能否实现自己的梦想？呈现方式多样，分析其成功的理由、不成功的理由，提出你的建议，将小组讨论成果展现在卡纸上。

4. 尽力而为：小组合作，尝试帮小 A、小 B、小 C 同学制定合理的目标以及可行的计划。

运用 SWOT 分析法，根据目标设定的 SMART 原则，帮小 A、小 B、小 C 同学制定合理目标，理性地预设未来。

注意目标设定的 SMART 原则：Specific 具体的、Measurable 可以计量、Attainment 可以达到、Reasonable 合理、Time 有时间性。

阶段	目标	可能遇到的障碍	实现目标相对应的计划
高中阶段			
高一年级			
高一第一学期			

5. 相伴而行：课堂小结。

经过本节课的学习，同学们对自我已经有了一定的认识。我们通过对自身性格、特长以及优势劣势进行分析，初步明确了自己今后的奋斗目标和努力的方向。相信在目标引领下，同学们必然会奋力前行、有所成就的。

然而，生涯规划课程并不是一节课就能阐明的事，接下来我们还会进行系列的班会课来落实，比如如何对目标进行分解和细化，如何制定合理的、有效的学习计划，以及学习计划如何高效地执行等。让我们共同期待后续的生涯规划课程吧。

七、主题班会总结（效果与反思）

1. 通过班会课的引导，同学们学会运用 SWOT 分析法认识自我，对自我有了一定的认识。

2. 通过案例分析和活动探讨，同学们对自己性格及学业情况进行分析，发现自己的优势和劣势，明确了今后努力的方向，确立学习目标，树立积极向上的人生观。

3. 同学们通过对三个案例的分析与点评，交流与表达都非常充分，通过分析他人的案例，同学们也发现了自身的不足之处，为今后的努力指明了方向。

4. 案例展示环节，卡纸的颜色较深，对比度不够明显，对后排学生的观看有一定的影响。

第四节　生涯盲盒的设计与开展

一、生涯盲盒作为评价的思考

评价是课程的重要组成部分。评价是教育教学过程的重要环节，正确的评价是做好"立德树人"的重要价值导向和技术支撑。从此角度而言，评价是一种重要的"知识技术"（knowledge technologies），① 通过科学的评价设计，可以改变我们与知识、与认知方式的关系，深刻触及了教育过程的核心。评价这种知识技术既可以引领学习方式的改变，也可以健康塑造真实有效的学习内容。

从词源来看，英语中的 evaluation（评价）意为引出和阐发价值。在汉语中，"评价"是评定价值的简称。课程评价（curriculum evaluation）的概念最早由美国"课程评价之父"泰勒提出。他认为："由于课程目标是指人的行为变化，因此，课程评价实质也就是一个确定实际发生的行为变化的程度的过程"。②

所谓评价，是一定事物或对象的价值在人们意识中的反映，离开对价值的反映，就没有什么评价活动可言。课程评价是根据一定的课程价值观或课程目标，运用一定的科学手段，通过系统地收集信息、资料，分析、整理，对课程方案，课程实施过程和结果等的价值或特点做出判断，从而为课程决策提供可靠信息的过程。③ 所以，课程评价是"课程计划、实施、结果，课程主体，课程结果等"众多因素的综合体。

据《中国教育报》2022 年 11 月 11 日的"教育视窗"栏目报道：西安市第四十四中学总结国内外生涯教育的理论研究和五年来的探索实践，坚持践行"人人明志成才，人人皆为人才"这一生涯教育理念（One），以"课程落地、德育融合、文化引领、动态评价"四个方面（Four）为抓手，加速推动"学生、教师、学校"三个变化（Three），逐渐形成了符合学校校情、具有学校特色的"O-F-T"生涯教育体系，力求充分实现学生的自我教育、自我价值、

---

① 　［英］黛安娜·劳里劳德：《教学是一门设计科学：构建学习与技术的教学范式》，金琦钦、洪一鸣、梁文倩译，福建教育出版社 2019 年版，第 3 页。

② 　黄政杰：《课程评鉴》，台北师大书苑有限公司 1990 年版，第 14 页。

③ 　钟启泉、汪霞、王文静：《课程与教学论》，华东师范大学出版社 2008 年版，第 251 页。

自我发展。

西安市第四十四中学在生涯教育中实施动态评价：学校积极探索多元化评价机制，在原有高中综合素质评价的基础上，引入生涯发展评价理念，扩充多元评价主体，对学生进行多阶段、多方向评价，构建特色个性定制化评价体系，形成了"全员参与"的"3+M"导师制，使学生通过自评、他评更加全面地了解自己。在"3+M"导师制中，学校根据学生的发展特点设定了十项导师陪伴的具体活动项目，如畅谈一次人生理想、与学生同读一本书、参加一项学生的社会实践、举办一次"职业、专业、学业"规划指导会、共同完成一项研究性学习报告等，导师和学生可以在其中任选三项固定项目，再结合学生特点自行设计特色项目，实践过程详细记录在《学生生涯发展成长手册》中，形成个人生涯档案，保障导师陪伴方案的专业化、个性化和可行性。

目前，高中生涯教育课程的评价方式有哪些？通过百度搜索"生涯教育的评价方式有哪些"，得出的"职业生涯评估方法、职业生涯教育的评价原则与方法、高中职业生涯规划之自我评估的方法有哪些？中学开展生涯教育主要方式是什么？"等结果。原来，生涯教育的评价也可以分为学生评价、教师评价、学校评价；自我评价和外来评价；诊断性评价、形成性评价和总结性评价；绝对评价、相对评价和个体内差异评价；定量评价和质性评价。结合我自己的理解和归纳，我认为生涯教育的评价主要有三种：

第一种，教师对学生的讲授。

第二种，学生在虚构的环境中进行静态的探索。

第三种，学生在真实的生涯社会环境中进行动态的体验。

在日常的生涯教育中，因为教师、学校、课程的不同，三种评价方式会产生不同的效果。当然，三种各异的生涯教育评价方式也有很多共同点，如"评价目的"。但是，三种极其不同的评价方式也会因为学生的参与程度而产生完全各异的课程效果。

对于中学生，我不轻易使用测评工具，也不建议使用测评工具。在此也建议和呼吁从事中学生涯教育的工作者，不要对中学生随意运用测评工具，更不要过度或完全依赖测评工具。暂且不考虑各种测评工具的科学性、适用性，这个阶段的孩子，自我身份与角色混乱，自我同一性尚在建立中，自我概念尚未形成，不能以一个测评结果贴一个标签，不能以一个测评结果匹配他们未来的专业与职业。他们需要通过不断的经历与体验，在与外部世界及职业的连接中体悟、觉察、觉知，形成与发展自我概念。对这个阶段的孩子来说，建构论比特质匹配论更适合。①

生涯盲盒作为生涯剧体验课程的评价方式，是以一种"激活"为本质的主动探究实践评价，通过运用已学的知识和技能，主动解决自己生涯发展过程中的真实问题，达成深入理解已有经验和所学知识，重新生成"应对模式"。在这些过程中，生涯盲盒评价方式还会积极引导学生以角色演练引发自己对行为和目标关系的思考，引发自己对人与自己、人与他人、人与环境的多重思考。

生涯盲盒的设计延续着生涯剧的创作思路。一是主体依然是学生；二是关注点依然是身边；三是形式依然开放；四是实施过程依然突出体验；五是生涯盲盒的设计主动引导又积极呼应已学的内容。

生涯盲盒的设计延续着生涯剧的育人需求——尊重学生，发展可能。生涯课程的评价为什么一定要完全针对课堂任务的完成度来开展，而不能从学生的生涯发展和生涯需要的实际出发？这是从"生涯课程任务评价"到生成"生涯课程能力提升评价"的转变。

从学生的生涯发展和生涯需要的实际出发的评价，走的是立德树人的道路，其着眼点在于学生生涯的发展与追求的真实发展，目的在于生成"有生

---

① 李萍：《唤醒生涯：生命成长视阈下的生涯教育》，机械工业出版社 2021 年版，第 25 页。

涯能力的人"。生涯盲盒这种评价方式，题目本身就是生涯活动，本身就是需要极大的主动规划性和行为，力求实现生涯教育目的的转换，即从培养"学生涯知识"到生成"有生涯能力"的转换。生成"有生涯能力"并不排斥生涯系统知识的学习，但生涯系统知识的学习在生成"有生涯能力的人"的教育活动中已经不再是唯一目的。也就是说，不再是为学习知识而学习知识，而是在"有生涯能力"的成长这一根本目的统率之下对必要的生涯系统知识进行学习。

二、生涯盲盒的设计例证

（一）活动目的和意义

高中生生涯规划是其对自身成长与发展所进行的一个目标与路径的探索和规划，是实现个人理想的有力保障。而学校及教师对学生的规划指导也是十分有意义的工作，但简单直接地干预学生的生涯规划，并不能够科学有序地使学生形成积极健康的人生观、价值观，无法激发学生的内驱力，使其养成良好的生活和学习习惯。所以，本课题评价组首创了"生涯盲盒"，旨在以新颖的形式引导学生主动地进行自我探索和规划，帮助其认识自我、改变自我。原创"生涯盲盒"体验式评价模式。项目组利用"生涯盲盒"的不确定性，激发学生生涯探索的好奇心，旨在以新颖的形式引导学生主动地进行自我探索和规划，帮助其认识自我、改变自我。

"生涯盲盒"通过学生参与任务盲盒抽取、组队（个人）实践打卡、美化展示交流等环节，不仅能够锻炼综合素质、增强交流能力、提高生涯意识，更重要的是进一步明确了自己奋斗的目标和前行的方向，为实现自己的人生梦想积聚新的能量，激发更大的动力。与此同时，"生涯盲盒"还能使得学生的生涯任务可视化、可展示化，把做得好的作品展示给其他学生，激发其他同学完成

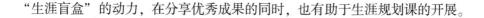

"生涯盲盒"的动力，在分享优秀成果的同时，也有助于生涯规划课的开展。

（二）活动内容及流程

盲盒，起源于日本，是受到"福袋""扭蛋"的启发，由动漫人物造型衍生出来的潮玩。盲盒具有不确定性，能够激发学生的探索心理和好奇心。任务既可以个人单独完成，也可以团队完成，任务中提高合作能力，促进凝聚力。在展示交流过程中，锻炼综合素质，增强交流能力。明确自己奋斗的目标和前行的方向，为实现自己的人生梦想积聚新的能量，激发更大的动力。生涯盲盒循着演绎、学习、自学、强化、评价的课程实施路径，其实施流程如下：

第一步，观看并学习板块课程（如：变化与适应）视频。

第二步，线下授课完成后，抽取阶段盲盒。

第三步，学生在线上作业系统上传抽取到的盲盒内容照片，以及完成情况的影片或照片。

第四步，任课教师浏览后给出评语及修改意见。

第五步，学生上传最终版课程作业。

第六步，任课教师通过最终成果给出生涯成长意见。

"生涯盲盒"属于生涯剧体验课程。课程中线下课程作业评价环节中的内容，学生在完成前面课程内容后在教师引导下，团队合作或自主完成，并上传至中国大学 MOOC 平台，由授课教师进行中期评价及提出改进意见，最后课程小组进行最终成果的评分及收集展示。

每一套盲盒内容配套慧美生涯规划线上课程的每一版块课时，学生在结束每一版块课时的学习后，抽取一张盲盒卡片，根据抽取的盲盒卡片内容完成任务，并在线上作业系统上传打卡作业，教师可以根据学生的打卡作品对其进行课程过程性评价并提出修改意见，学生在对作品进行修改后最终提交，由任课教师给出最终的评价分数，选出优秀作品进行宣传展示。如：

（1）观看并学习第一部分（共两讲：变化与适应）视频。

（2）线下授课完成后抽取第一阶段盲盒（盲盒内容）：①认识三位新同学；②打卡校园三个最美的景点；③我的一天 vlog；④养成一个好习惯；⑤探索东莞五中的校史。

（3）学生在抽取到盲盒内容后，根据盲盒卡片上的提示完成任务，用影像或者照片，的方式记录下过程以及美好时刻，并对视频或照片进行编辑和整理。

（4）学生在线上作业系统上传抽取到的盲盒内容照片，以及完成情况的影片或照片。

（5）任课教师浏览后给出评语及修改意见。

（6）学生上传最终版课程作业。

（7）任课教师通过最终成果给出课程评级或分数。

（三）生涯盲盒内容设置

1. 变化与适应

对应教学主题为：第一讲"变化"，第二讲"适应"。

盲盒内容有：①认识三位新同学。②认识三位新同学并记录你们相识的过程。③打卡校园三个最美的景点。校园风光你值得拥有，请携伴同行去寻找校园最美的景点，拍照打卡！④我的一天 vlog。我读高中啦！我的一天是怎样安排的呢？⑤养成一个好习惯。用一个月时间，养成一个习惯，比如跑步、背单词等，并每天记录完成情况！⑥东莞五中你知多少？探索东莞五中的校史，希望你能更好适应新的校园，去探索记录东莞五中的历史吧！

2. 认识与规划

对应教学主题为：第三讲"认识自我"，第四讲"畅想未来"。

盲盒内容有：①面对不完美的自己。金无足赤，人无完人，我知道自己有不足之处，请记录下自己改变一个小缺点的过程吧！②找到我的个人色彩。你最喜欢的颜色是什么？请记录下它在你生活中的踪迹吧！③组成我的"元素"。准备一个小小玻璃瓶，把自己的性格、外貌特征、兴趣爱好、特长等放进瓶子中。④选科之路，由我做主。"3+1+2"选科，你的想法是什么呢？请根据自己实际，选出适合自己的组合！⑤在未来，我是谁？发挥你的想象，如果时光快进二十年，你正在做什么呢？请进行一次角色扮演体验并记录下来。

3. 探索与发展

对应教学主题为：第五讲"探索世界"，第六讲"绘制蓝图"。

盲盒内容有：①尝试培养一个新兴趣。人生就是一个不断尝试的过程，请记录下你培养一个新兴趣的过程吧！②说说你最感兴趣的职业那些不为人知的故事。三百六十行，行行出状元，你最感兴趣的职业是什么？请给大家分享一下这个职业的故事。③在自己心仪的大学留下自己的"足迹"。你有心仪的大学了吗？是不是对它充满好奇，不如亲自记录下自己到访它的经历吧！④写给未来自己的一封信。想对未来的自己说什么，给自己准备一封信，写好后存起来。⑤毕业前最想做的一件事。青春进行时，美好的校园生活，当然有你最想做的一件事，写下来折成纸鹤，交给班主任保管，毕业之际打开纸鹤检验自己的完成情况。

4. 完善与跨越

对应教学主题为：第七讲"守护心灵"，第八讲"提升能力"。

盲盒内容有：①一切都会顺利的。写出几个能帮助自己积极思考的句子。②我相信我可以面对它。学习上你最害怕面对什么？面对它，克服它！③对自己好一点儿。假如即将毕业，请做一份假期计划表把自己安排妥当。④为自己的独处能力打分。你能接受多大程度的独处或者一个人做某事情？试着去实现并留下纪念照。⑤我能为家人做什么？以你目前的最大能力，能为家人做什么事情？请写一份日志记录你的高光时刻！

两组学生抽取生涯盲盒的数据表

慕课	组别	学生	盲盒内容	呈现
第三讲：认识自我 第四讲：畅想未来	组3	学生A	在未来，我是谁？	想象记录
		学生B	选科之路，由我做主	表达记录
		学生C	组成我的"元素"	收集记录
		学生D	找到我的个人色彩	行动记录
		学生E	面对不完美的自己	改正记录
第五讲：探索世界 第六讲：绘制蓝图	组4	学生A	毕业前最想做的一件事	表达记录
		学生B	写给未来自己的一封信	想象记录
		学生C	尝试培养一个新兴趣	行动记录
		学生D	说说你最感兴趣的职业那些不为人知的故事	收集记录
		学生E	在自己心仪的大学留下自己的"足迹"	行动记录

三、生涯盲盒卡片设计

生涯盲盒卡片设计以生涯课程四大板块为主题，每个板块对应一种配色设计，分别代表春天、夏天、秋天、冬天。春天，万物复苏，是花开的季节，因此以粉黄色为主；夏天，绿意盎然，是滋长的季节，因此以青蓝色为主；秋天，稻谷飘香，是收获的季节，因此以橙红色为主；冬天，冰清玉洁，是沉淀的季节，因此以蓝白色为主。一年四季象征着时间的流逝，而学生在整个高中学习阶段仿佛就像四季的交替，从进入高中开始到高中毕业，每位同学都经历着"变化与适应""认识与规划""探索与发展""完善与跨越"四个阶段的人生发展经历，因此生涯盲盒卡片的设计上主要以春夏秋冬的象征颜色为主，力求能够以漂亮的外观让学生留下深刻的印象，吸引学生的兴趣，使生涯课程能有具体实物留给学生做纪念，从而让学生从心底认可生涯规划，并为自己努力，规划自己的未来。

卡片设计效果图如下。

背面　　　　　　　正面

"变化与适应"卡片设计效果图

背面　　　　　　　正面

"认识与规划"卡片设计效果图

背面　　　　　　　正面

"探索与发展"卡片设计效果图

背面　　　　　　　　正面

"完善与跨越"卡片设计效果图

以生涯盲盒的方式作为生涯剧体验课程的主要评价方式，符合"评价牵引课程改革"的要求。第一，主体多元化。教育评价可通过学生评价、教师评价、实践单位评价等方式进行，并且不同的主体在面对相同的开放性题目时，其反馈也不一定相同，评价主体多元化更有利于多角度反馈教学过程和结果，更好发挥评价的激励教育功能。第二，评价项目多元化。传统的生涯教育评价往往根据学生掌握的知识程度进行简单的笔试作为过关考核。其实，在生涯教育过程中，除了关注学生生涯知识掌握程度外，还要关注学生在生涯学习过程中的能力、素养、品格的提升。这意味着，当教师通盘考虑生涯教育校本课程主题的范围和课程实施时，在很大程度上，学习者可能实现的学习结果范围取决于课程实施的教学方式等。第三，评价方式的多样化。在生涯教育过程中，由于生涯教育没有像高考选拔这样的考试压力存在，生涯教育的焦点更多地放在了学生生涯教育成长的过程中。所以，生涯教育的评价方式是可以多样化的，通过活动方案设计、社会调查、专题访谈、研究性学习、主题演讲、参观访问等，评价方式灵活多样，可以多方面、多层次地反馈生涯教育成效。

此外，鼓励角色扮演，引发了对行为和目标关系的思考，行为和目标的关系毕竟会受到人际关系调节，这样做是有利于通过原始记录、表演交流、叙事描述、行动对比等环节，观察学习者不同决策所产生的结以及来自学习者行为的内部反馈，从而有利于加强课堂观察和课后的成长持续牵引。

生涯盲盒的出现，无外乎如此！

第五章

生涯剧体验课程的实施效果

总观点：做生涯教育课程，是想拥有更健康的教育心——容得下，融得进，通未来！

全由学生组成的第八集剧务组合影

第一节　生涯剧体验课程带领学生成长

一、生涯教育是一种倡导从内而外的辩证生长过程

2015 年华东师范大学出版的《教育美学十讲》写道："教育不能狭义地理解为职业或技能方面的训练和获得……教育的主要目的是培养人如何在他们的日常生活、相互对待和社会交往活动中发展一种积极健康的心理。"生涯剧体验课程首先是对学生的生涯规划有作用。总体上说，课程有利于发展学生：在集课程、活动、体验等于一体的全方位生涯教育下，学生主动创建与外部世界和环境的联系，积极探索自我、认知自我，提高了觉察力，增强了责任感，强化了学业发展及生活事务上的内驱力与执行力，"自尊、自信、自主"的意识得以增强。

《内在动机：自主掌控人生的力量》是自我决定论创始人、社会心理学家爱德华·L. 德西的经典科普著作。他颠覆了以往依靠奖励和惩罚的激励方式，提出"支持自主"才是最有效的激励方式。该书在心理需求理论的基础上，直面当下社会的普遍焦虑，旨在帮助人们在重压之下发现自我。德西先生希望每一个人都能实现心灵的自由，幸福最终来自心灵的解放。

生涯教育是一种倡导从内而外的辩证生长过程。按照《内在动机：自主掌控人生的力量》所说，激发内在动机的三个心理需要：①自主：人应该清楚自己的行为是内在的渴望与选择，而不是外界的强制。如书中说，人们对于自主感和自我决定感或许有一种与生俱来的内在需要。②胜任：人自己产生的"能"胜任某事的感觉以及想得到的预设结果。③联结：人需要感受到与他人的关系，即满足爱与被爱的需要，关心与被关心的需要。

戏剧，自古以来就被视为一种重要的人文教化方式，以艺术的形式去感染他人，从而实现人文教育，与正规教育的影响截然不同。教育戏剧的基本出发

点是对生命成长的价值思考和道德培养，它聚焦人的情感体验、心灵完善与生活感悟等方面。

中学阶段，无论是生理方面还是心理方面，都是学生成长的黄金时期，学生的价值观、道德认知都在这个阶段迅速建立和发展，但由于学生正处于青春期和叛逆期，许多传统的正规教育效果不能达到预期。此时生涯教育便产生了它的价值，它能通过戏剧的方式，潜移默化地影响和塑造学生的价值观和道德认知，达到人文教化的效果。如果在生涯剧的创设过程中，让学生共同参与其中，不仅对观看戏剧的学生能产生教育作用，对参与创作过程的学生也能产生意想不到的教育效果。

在生涯剧及其课程的整个项目开发和实施的过程中，学生以多种身份和角色参与到了课程中，或者演绎，或者写作剧本，或者观看，或者上课，或者完成生涯盲盒……但无论是哪一种途径，都是一次不错的生涯体验，其目的是希望高中学生做到：①学会换位思考。以理解和共情来设定界限。②适当的时空和适当的选择，即在什么场合什么时机选择做什么和怎么做。③每个人除了要有适合自己的奋斗目标，还要匹配合理的绩效评估。④个人有独特的人格，每种人格模式都有其相适应的职业类型，尊重人格健康是生涯发展的重要前提。⑤树立全面成长观念，积攒多种成长因子。

《内在动机：自主掌控人生的力量》写道，内在动机也就是人的天性中固有的活力、自发性、真实性和好奇心。内在动机与生命本身有关：它是活力、奉献、超越，是一种"心流"的状态。内在动机与更丰富的体验、更好的概念理解、更强的创造力和问题解决能力相联系。生涯剧《飞形记》八集的开发，把戏剧与生涯教育互相融合，以学生的实际校园生活为背景，把心理学和生涯课程的知识融入剧中，为学生创造了体验、反思、实践与感悟的难得机会。就给了学生很多不同角色、不同任务、不同实现形式的体验，是一种很丰富的体验层，有利于激发学生的生涯动机。而整个生涯剧体验课程则是从更多不同的层次让学生可以更好地理解相关生涯理论，获取更丰富的生涯技能。

二、生涯剧体验课程促进学生发展

两年多的生涯课程开发实践，无非就是在生涯校本课程、生涯实施形式和生涯发展空间三个方面都有了一点自我认可的成果，但最终，还是为了能促进学生的发展。

（一）正确的生涯认知

正确的生涯认知是有两个关键，一是对自己的现状有个正确的认识；二是在对自己的现状已有的正确认识的基础上，提出合适的追求并持续努力。两年来，学生通过参与演绎、组织学习、合作探究、班会强化、生成评价五个方式参与课程，借助课程育人实现众多学生重新重视生涯，重视生涯的规划，对生涯产生一种新的使用思路。

生涯剧体验课程着重针对学生真实的生涯问题，创设真实的体验情境。通过学生的真实成长问题戏剧演绎，产生"镜像效果"，促进真实的情境体验；学生还可以通过参与演绎，收获更多、更真实的体验。学生的真实问题既可以是学生个体的，也可以是群体共性的问题；既可以是已发生的，也可以是可预测的问题。从问题出现到真实情境的应对，再到情境问题的有效解决方案，力求通过生涯剧的演绎和后续学习体验，让学生代入自己的成长过程，产生强烈共鸣，实现生涯教育目的。

（二）科学的生涯管理，重视个体"主动唤醒—主动互动—主动选择"的生涯线的建立

项目组为了更好地落实课程育人功能，全程兼顾了素材、课程、手册、班会、评价等方面的组合与使用，引导学生主动、科学规划生涯，培养学生的生

涯意识、锻炼学生的生涯能力、遵循科学的研究思路，确定研究方向—问题聚焦—解决问题—成效趋向，加强对学生生涯的科学管理。以生涯剧为基础内容载体的生涯课程着重发挥教育戏剧的互动性特点，强调引导学生"在互动中发挥想象和表达思想，在实作中学习"[①]，而非侧重表演技能和戏剧知识的戏剧教育。[②] 生涯剧项目作为课程起点，要经历生涯剧本的编写和拍摄的过程。生涯剧本编写包括故事的挖掘与选取、剧本的编写，生涯剧拍摄则包括剧组工作和参与演绎两个方面。无论是哪个环节或哪一项具体的工作，学生之间、师生之间或者学生与故事之间，都会形成多种多样的互动，实现生涯教育的多重交流。

（三）自觉的生涯行动

当我们选择了从生涯剧《飞形记》入手，让学生设计、参与、演绎、观看、学习，就是要引导学生要学会从自身的成长、自身所处的环境中汲取有益的东西去迎接成长过程中碰到的问题，探索解决问题的可能和能力。引导学生挖掘自己的性格优势，构建优质的人际关系，培养积极的情绪，增强积极的行动力量，让每位学生的生涯之花淋漓尽致地绽放。一旦我们的教育既兼顾学生的生涯特质，又重视发生在学生身边的生涯事件，自觉的生涯行动会更多。生涯剧作为教育戏剧与生涯教育的融合创新，力求彰显学生的主体性，切实让学生经历真实的生涯教育体验。"知识来源于获取经验和转换经验的结合，须经历具体经验、反思性观察、抽象概念化、主动实践的适应性学习过程。"[③]

---

① 王婷：《教育戏剧——德育育人新范式》，《中国戏剧》2020 年第 11 期。

② 余仁生：《基于教育戏剧的小学道德与法治学科实践探微》，《中小学德育》2022 年第 12 期。

③ 张春艳、许涛、闫翠娟：《基于大卫·库伯体验式学习理论的大学生骨干信仰培养学习模式初探》，《吉林省教育学院学报（中旬）》2015 年第 11 期。

（四）健康的生涯追求

重视学生生涯成长的过程。高中生涯规划教育是人生发展的"必修课"，它能让人发现自我，了解高中学业、大学专业和社会职业，学会从长远着眼来规划自己的发展。强调学生自身的意识确认和行为选择合一。通过高中生涯剧体验课程的系统开展，引导学生明晰自身兴趣、挖掘特长，通过内外部环境的改变与健康融合，做出较为正确的定位，制定合理的学业升学目标，最大程度地帮助中学生找准适合自身发展需要的专业和职业方向，实现个人与社会的匹配，从而找准自身努力方向，为未来的发展做足准备，实现个人价值的最大化。

在生涯剧及其课程的整个项目开发和实施的过程中，项目组还有意识、有目的地跟踪和收集学生直接接触了整个项目之后的变化，但还有更重要的是收集学生是否受此影响而自觉地产生了生涯意识、生涯计划和生涯行动？学生是否也愿意很好地结合自己的实际、结合自己的理想，更好地发展自己？我在此分享一位学生的素材。

【案例】：

1. 所见即所得

在整个高二学年中，大大小小的活动我或多或少也有参与，让我能够有所思考，提高自己的思想格局。

我是个"三分钟热度"的人，很多事都有始无终，最后也鲜有成功。但在足球队的经历却让我体会到了坚持热爱的意义。

我是高中才接触足球的，底子没有大部分队友好，但我体能好，用不遗余力地奔跑来弥补失位，正是这一点，我也成功得到主教练华哥的赏识，占据了一个主力的位置。

在确定大名单后，我们便开始了训练，时间并不充裕，每周只有两到三个下午能用于训练，我们尽力去完善球队。一晃眼，便来到了正式比赛阶段，小组的抽签结果略显"倒霉"，我们小组有两个种子队。因此，我们的目标就是成为前三名拿到出线的机会。

首战面对大岭山中学，作为种子队，对方几乎是全场压制着我们，我们只能做好防守，但在最后时刻，我们没能守住，最终零比一落败。但大家没有沮丧，因为这场比赛证明，我们也能与那些强队竞争。第二场面对六中，这是不容有失的比赛，我们全场比赛注意力高度集中，最终艰难地拿下了比赛。最终，经过近两周的比拼，我们成功拿到了东莞市第八名的成绩。

这一次，我全心全意地为自己热爱的事物奉献，也为学校的荣誉而战斗。除了证书，我想，与队友的协助和教练的沟通以及对比赛的专注，都是我宝贵的收获。

2. 已至高二，生涯如何规划？

在 2021 年的夏日里，我进入高二学年。高二这一年在我看来是极为关键的一年，有着承上启下的作用。

历经高一，我们一是对高中生活节奏已经熟悉，二是对自己所选的科目已有大致的把握，以上两点是较为基础的，也是我们必须做到。这两点主要是依靠过往高一学年的积累，如果高一是在"摸鱼"之中度过，那你生活节奏大抵是混乱无序的，学习有长进更是难上加难。部分同学或许靠着"吃老本"还能让成绩不那么难堪，可是到了高二，所有学科的难度系数全都直线上升，可谓是不进则退，所谓高二是极具挑战性的。

身在高二，我们要搞清楚自身的现状，确立好目标。笔者相信在这个阶段的青少年的上进心是极为强烈的，可是又因为自身的懒惰搁置了，所以克服惰性是如今的第一大任务。至于如何去做？笔者认为有两点是十分关键的，一是"静"，二是懂得激励自己。"静"对于长期学习的收益是显著的，诸葛亮在

《诫子书》中写道："静以修身，俭以养德。"古人以"静"来提升个人的品格，由此可见静心的重要性。一个人懂得激励自己，那他就永远不会失去前进的动力，在平时也许略显平淡的生活中，你可以自己来添加色彩。

面向高三，我们要懂得脚踏实地的重要性，切忌白日做梦。已经到了"大决战"的时刻，不要寄希望于超常发挥，要稳定好自己的心态，这一点我们在平常的考试中就要注意积累，形成良好的考试心态。

身在高二，我们既要懂得回收高一的经验，又要展望高三。愿诸君心怀荣耀，勇往直前。

3. 志在高三

时光荏苒，这两年真的很快，回忆起刚踏入校园的青涩，转眼就来到高三，成败在此一举。

如果说具体的目标，我也说不上来，但是，我坚信一个硬道理："过程做好了，结果不会差。"

人人都想做黑马，人人都想脱颖而出，可只在乎结果，不管过程真的能成功吗？我想答案是否定的。王安石笔下的方仲永便是一个很好的例子，"彼其受之天也，如此其贤也，不受之人，且为众人；今夫不受之天，固众人，又不受之人，得为众人而已耶？"其大致意思就是方仲永天资很高，但因没有受到后天教育，成为平凡的人，那本来资质平平的人，又会怎样呢？无论现阶段成绩好或差，我们都要注重过程。

那如何落实到每天的学习中去呢？复习和预习是最为关键的，这两项任务老师每天都会布置，而我们却常常忽略，觉得做不做都不影响最终的结果，可结果却往往会给你狠狠地上一课。到了高三，我们会先对基础知识统一地整理，预习是为了熟悉框架，复习则是对一天所学的巩固。就像搭建房子一样，要把地基打稳，不然上面建得多么富丽堂皇，都有瞬间崩塌的风险。

大家都想摘果子，可谁来种果子呢？来到高三，是脱颖而出还是沉沦人海，都是自己决定的。你若盛开，清风自来；志在高三，无惧未来。

4. 参加竞赛有感

有幸得到老师的认可，被选中参与了数学以及化学两项学科的竞赛，与全省的优秀同学竞争，让我收获良多。

在一开始收到通知的时候，先是得到认可的喜悦，但随之而来的还有对自己实力的不自信，质疑自己是否真的"够格"。在这个思想斗争的过程中，翻阅我从前的经历，似乎很少面对这样的挑战，但我也同样相信——挑战即机遇。赫赫有名的罗斯福曾说："失败固然痛苦，但更糟糕的是从未去尝试。"我也不想在回忆中叹息。

在打消疑虑之后，便进入备赛阶段，不仅要去熟悉竞赛的题目，还得兼顾课程进度，这是一项极为讲究的工作，无法平衡两者间"天平"往往会导致顾此失彼。平衡好两者，最关键的就是如何去"挤"时间。时间是成就一切的基石，我深知，想要有所作为，就必须在时间的利用上更上一层楼。因此，我也尝试了很多方法，比如是前来教室，给自己一段时间去完成有关竞赛的练习。这个过程是痛苦的，因为你需要放弃一些东西，才能达到你想要的目标，正如"想要穿越沙漠，就得放弃咖啡和可乐"。

到了真正考试的时候，反而没有那么紧张，只想着能够做好题目，难度的确比较大，也有很多不会的，但全心全意去做一件事的感觉真的很让人沉醉。时间过得很快，两个小时一晃便过去了。考完以后，脑子一片空白，很累，这是我的感觉，的确，回望整个历程，舍弃了很多，将精力投入了竞赛。虽然最后可能无法获奖，但我依然感谢这一切，感谢老师的认可，感谢自己的勇气，感谢自己的专注。

第二节　生涯剧体验课程引领教师成长

教学一直被认为是一门艺术，因为它需要创造和想象。教师实施教学，回应学生，鼓励和调动学习者。教师还探索在自身、学习者和学科之间建立起有效联系的路径。①

一、改变教师

（一）教师生涯教育力的基本含义

在教育科学出版社出版的《一起重新构想我们的未来——为教育打造新的社会契约》（国际委员会关于"教育的未来的报告"）中说道，教师在通过自身职业构建新的教育社会契约方面发挥着独特的作用。他们是关键的召集人，共同协作将不同的元素和环境组合到一起，帮助学生增长知识与能力，目前还没有任何技术能够替代或消除人们对优秀的人类教师的需求。

教师对不同的学生进行生涯教育，确实是把不同的人生经历、文化素养、目标追求进行有效融合，这时的教育教学应该成为一种协作的专业，团队合作应成为学生进行有意义学习的保障。为此，我们提出"教师生涯教育塑造力"（如下图）这一核心概念，具体包含有"精神星空力、集体发展力、理性思维力、健康生命力"四个方面。

---

① ［英］黛安娜·劳里劳德：《教学是一门设计科学：构建学习与技术的教学范式》，金琦钦、洪一鸣、梁文倩译，福建教育出版社2019年版，第5页。

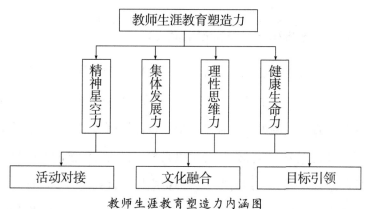

教师生涯教育塑造力内涵图

教师生涯教育塑造力需要通过"活动对接、文化融合和目标引领"三个途径来实现。而教师生涯教育塑造力是有其"具象"和行动的，具体要求及行动如下表。

教师生涯教育塑造力具象表

抽象	具象	行动
精神星空力	教师要具备引领学生成长的"知—情—意—能"，保证教学从已知世界前往未知世界，师生能互为重要他人，探索之旅伴的能力	建立诊断性评价、真实性评价和推进性评价，以健康的评价反哺教育
集体发展力	教师要具备保护学生个体成长的觉悟，并有带动学生个体成长到学生集体成长的觉悟与能力	做好专业支持，提供多元平台，系统建构优质经验
理性思维力	教师要具备继承和传递人类文化精神财富的思维力，还要有带领学生共同创造新知识和新未来的理性	做好学习资源整合、分享，还要做好思维方法、方式的鼓励和支持
健康生命力	无论在教学现场还是非教学现场，教师要有立德树人的观念，重视人的全面发展	既要提供学习的课堂，还要提供生活的舞台

229

（二）教师在实施生涯教育过程中的成长

立足于立德树人核心素养，坚持以新课程理念背景为基础，不难发现教学需以人为本，不仅应将学生确立为学习主角，而且也应将其确立为自身品德素养发展的主角。教育戏剧可以打破以往德育教育僵化的格局，从贴近学生生活的角度设置情境，形象而具体地提升学生兴趣。目前，我国的戏剧教育处在初级阶段，即将迎来发展的关键时期，教师更应提升自我能力适应这一趋势。

在生涯教育中，教师不是直接命令者和指挥者，而是掩藏着的"引领者"，教师个人的综合能力至关重要。在改进并深化生涯教育的过程中，改变了教师只重视学生学业成绩的教育理念，加速了教师自身专业能力的成长，助推了教师育人方式的改革，教学设计、教学反思等方面的成果逐年增多。教师通过对学生三年的陪伴成长，实现了由学业教师向学业导师的身份转变；学校的特长教育也得到了彰显，帮助学生积极探索多元升学路径，发挥自身优势实现升学目标，使更多的学生实现了自己的人生理想。

随着信息时代的到来，传统的教学方式正在发生根本性转变，教师的权威被解构，在师生共享的、丰富的网络资源面前，学生获得信息的途径已经多样化，从某种意义上讲，学生也会在某些方面成为教师的"教师"，促进教师的学习。

对于学习生涯的人，要成为生涯教育行家，没有深厚的生涯素养，不可能教育好学生。首先，做生涯剧《飞形记》也是做生涯教育通识的前置学习。其次，进入学生的生涯世界第一步是分辨哪些是学生的生涯故事？哪些是学生正确对待生涯成长的态度？哪些是生涯应该的方法？这种分辨不只是知识的积累，而且是直觉的反应和经验的累积。

整个课程的实施首先有助于教师针对各年龄段学生的学习、发展目标，以及有效帮助和促进学生学习与发展的教育途径和方法等方面去提升自我素养。

如果我们把这个故事往人生推进，也可以找到许多深思的角度，一是学习任何事物而成为专家都不是容易的事，理论知识不足、实践经验缺乏，无法写出优质的剧本；即使完成了剧本，但拍摄过程中困难重重，专业素养不够，必须经过很长时间的训练。换言之，整个团队的教师在做项目的时候，都需要积累生涯教育的通识教育，就要先对生涯发展史、生涯理论、生涯教育技术、心理学、社会学等学科知识有基本的识见。二是教师会主动去学习专业书籍，根据教育内容开展需要，阅读相关书籍，进行集中学习和自学，促进专业素养提升。

二、改变课程

教育是一个不断迭代和改进的过程，持续改进非常重要。通过高中生涯剧体验课程的开发实施，是对已有的生涯教育课程的反思和调整，以保持新的教学方法、教育技术和行业趋势的了解，不断更新和改进课程。

改变课程需要教师的努力和承诺。与学生、同事和其他相关方进行合作和沟通，激发学生的学习兴趣，提高教学质量，为学生创造更好的学习体验。

改变课程既需要确定改变的目标。首先，要明确你对课程的改变目标是什么。是为了提高学生的学习成果？还是为了适应新的教学方法或技术？或者是为了更好地满足学生的需求？其次，要进行课程评估：评估当前课程的效果和问题所在。可以通过学生反馈、考试成绩、教师观察等方式来评估课程。这可以帮助你确定哪些方面需要改进，以及改变的优先级。最后，进行需求分析：了解学生的需求和期望。可以通过问卷调查、小组讨论、个别谈话等方式收集学生的反馈和意见，了解他们对课程的看法和建议。这将帮助你更好地满足学生的需求。

为此，项目组根据自己的调查，结合学校的课程实际，充分考虑学生实际需求后，提出"生涯教育通道"的概念（如下图），通过丰富的生涯剧体验课程的多个不同的子项，形成了"生涯剧参与路线、生涯慕课学习线、生涯手册完善线、生涯班会强化线和生涯评价提升线"。

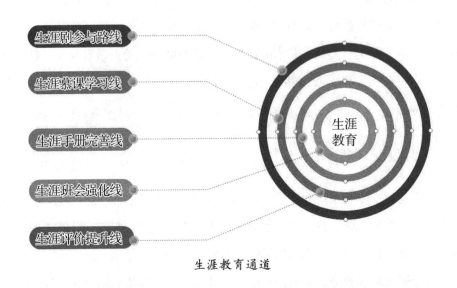

生涯教育通道

（一）改变课程观念

教育部提出新课程改革，颁布了《〈基础教育改革纲要〉试行》。改革总体目标是以人为本，"素质教育""因材施教"等观念也被提出，学生的主体性应被放在第一位。关注学生个性成长，关心学生自身成长，应立足于学生全面发展，尊重学生的个性和特长，让学生在接受文化知识熏陶下更注重学生思想品德品质的提升，帮助学生成为德智体美劳全面发展的个体。

传统的生涯课程是将一些生涯教育的理论知识教授给学生，注重的是将其作为理论来教学，侧重于根据既定主题进行说教与灌输，没有固定的评价体系。这种做法是在单纯地进行知识传授，但德育过程既包括价值观的确立、态度的转变、正确道德信念和行为意志的形成，也包括学生道德思维、理解能力、实践能力的提升。因此，高中生德育教育不只是传授知识点、道理、思维方式，更是学生自身的感悟与体验，并让其内化为自觉的行动。

（二）改变课程实施方式

在教育科学出版社出版的《一起重新构想我们的未来——为教育打造新的社会契约》（国际委员会关于"教育的未来的报告"）中讲道，课程应提高学习者获取和贡献于知识共享的能力，知识共享是全人类共同的传承，必须得到持续的扩展，并纳入各种不同的认识和理解方式。课程的设计和实施不应停留在狭隘地传递事实和信息上，而应着力培养能使学习者参与获取、应用和生产知识的概念、技能、价值观和态度。

追求立德树人，追求"1+N"的生涯觉醒和抉择。例如，在"点生涯班会"课的规划中，项目组根据高中三个不同学段的基本任务与特点，制定了不同的主题班会的主题：高一：变化与接纳；高二：学习主动性；高三：科学地拼搏。坚持生涯剧之一以贯之，坚持生涯课程之一以贯之，坚持灵活运用之一以贯之，实现从点到面的生涯课程推动。这是引导学生对自己生涯的完整认知，对自己生涯发展与追求的内在结构的深入把握，也是追求对"1+N"在知识层次性的理解和学生发展的全面性而言的。

新课程改革要求教师应在教学方法上帮助学生自主思考、自我选择和参加探究活动。这些都要求德育课程必须与学生生活密切联系，让实践和生活成为学生发展的源头，帮助学生建构跨学科的、笼统的知识。从线下到线上的生涯教育途径的推动。选择线上与线下的课程方式，是基于城市与农村教育资源的不平衡性，依然确定是以线上为主，是基于互联网发展对教育的支撑趋势。

从被动到主动的生涯觉醒的推动。学生的生涯认知和觉醒既存在着被动的情形，也有着主动的情形。其根本的区别在于学生对自己不同时段的生命实践和存在价值的关注和发挥。学生的生涯是有层级的，是从生涯认知—生涯觉醒—生涯抉择—生涯规划发展，是学生发展高阶思维，即在自己的主动学习过程中的分析、综合、评价和创造。这也是学生主动培养创新能力、问题求解能力、决策力和批判性思维能力，它是适应知识时代发展的关键能力。

新课程提倡德育教育回归生活的品德发展、社会性的发展，反对脱离、背离学生生活的道德规范，例如：学生生活上学习上经常出现的迷茫困惑、选科困难等。不一定需要通过高大上的教育，只需要通过生涯剧模拟生活情境、角色塑造、编织故事等，在这种自我经历过的情境中找到人生启示。生涯剧则是借助戏剧和剧场技巧，在指导者（教师）有计划的架构下将学生生活场景和德育主题（与他人相处、热爱集体、合理消费等）相结合，通过对话、角色塑造、剧本还原等创造性的手段表现出来。参与者可以在互动关系中充分发挥想象力、表达自我思想、认识自我、探索自己和他人以及与世界的联系，感他人之感、悟他人之悟，学生主动思考和换位思考，提升自身沟通表达、人际交往、民族自信、社会责任感等方面的素质和能力。由此可见，生涯剧对培养和提升孩子的品德美育、公民素养、学习能力、交流合作能力、审美情趣及创新能力，推进其身心全面健康成长意义深刻。

生涯剧体验课程很好地融合了地方特色，成为我校慧美品牌的组成部分。又创新地发展了中学生涯教育的校本。①教育戏剧与生涯融合，并且是与准高一、高一、高二和高三这高中四个阶段的生涯发展特点以及生涯课程内容的结合。②生涯课程与信息化技术平台结合。③追求生涯课程与生涯德育、美育的统一，努力引导学生从个体成长到社会的"真"与"美"的发展追求。比如，在"我是谁？我想成为怎样的人？"这类问题上鼓励学生去探索。当我的三个人生关键词越来越清晰后，我更加明了我是谁——爱、助人、快乐。即用爱去助人成长，让他人和自己快乐！记得当初在探寻三个关键词时，我一下子愣住了。刚开始，有十几个词我都想要，为了厘清哪三个词是内心最有感触的，我画了一个圆，选出八个，对每一词按程度进行打分，最后选出分数最高的三个,[①] 如下图所示。

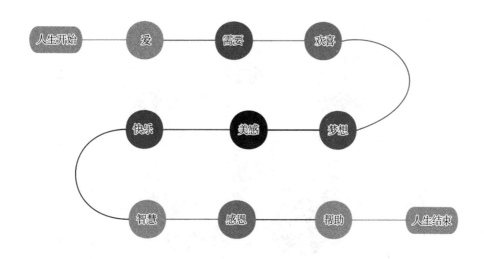

课程开发项目组也一边研究教育戏剧的相关理论和在中国的应用情况，同时也鼓励团队教师努力把自己的研究情况，结合自己的心理，进行一系列化的理论探索，撰写有《高中生涯剧体验课程的设计与实践》《教育戏剧的校本化特点研究——以高中生生涯体验课程的开发研究》《教育戏剧实施路径的有效研究》《教育戏剧实施过程对教师能力提升的研究》《教育戏剧发挥学生主体性的可行性研究——生涯剧实践为例》《生涯剧体验课程的结构与设计构思》《生涯剧创设过程对学生的主体价值观的积极作用研究》等研究性论文。团队一共做出了剧本《飞形记》8集、生涯慕课8讲、生涯手册8编、生涯盲盒4系列、调查数据1份、理论图谱13个等。

通过项目组的共同努力，通过几个子项目的完善与实施，为学生提供了人

---

① 李萍：《唤醒生涯：生命成长视阈下的生涯教育》，机械工业出版社2021年版，第27页。

为的"生涯学习新空间"（如下图所示）。此空间包含了"故事空间、知识空间、校园空间、德育空间、移动空间"，为学生的健康成长护航。

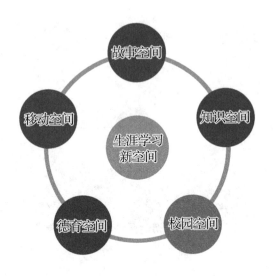

最后，我想呼应一下题目，我们给学生传递了哪些点点星光：

自己主事的生涯成长。

多元统一的生涯体验。

多种角色的生涯认知。

多重境界的生涯管理。

我想，通过做课程，是想拥有更健康的教育心——容得下，融得进，通未来！

第三节　生涯剧体验课程的项目辐射与融合

一、生涯剧体验课程的辐射：媒体宣传

（一）省内知名媒体南方+报道（全文转载）

【历时两年、三百多名师生参与，东莞市第五高级中学原创剧《飞形记》杀青】

2022 年高考已经顺利结束，又有一大批高三学子为了梦想将奔赴远方。如何帮助学生更早确定自己的目标与方向？2020 年 11 月南方+报道：东莞五中创新生涯规划课，师生自编自导自演生涯剧《飞形记》。

历时两年，三百多名师生参与，近日《飞形记》第一季（共八集）正式杀青。通过生涯剧的创造，引导学生规划自我成长，也有学生通过参与演出，对戏剧创作产生了浓厚兴趣，未来希望从事相关行业。一部《飞形记》，为东莞市第五高级中学生涯课创新探索画下浓墨重彩的一笔，也为生涯教育新思路带来可供借鉴的范式。未来，该校力争让所有学生都能参与属于自己的生涯剧中，为未来发展奠定基础。

1. 在参与拍摄中明确未来方向

《飞形记》以东莞市第五高级中学往届成功学子为原型，校长杨志坚担任顾问，广东省南粤优秀教师、东莞市首批名班主任工作室主持人陈青天老师担任制片、监制，东莞市名师工作室主持人李捷生老师担任总导演，东莞市第五高级中学 2018 届毕业生黎浩森担任摄影师，学校众多师生共同参与制作。

"通过两年创新实践，以《飞形记》为依托，我们以点带面，形成'生涯慕课''点生涯班会''生涯盲盒'等生涯教育新思路。"陈青天老师介绍，《飞形记》以及以此为基础的《慧美人生规划》慕课，重点考虑与突出学生从

走进校园，到成功离开校园的三年时间里的"生涯关键点"，遵循"变化—适应—认识自我—畅想未来—探索世界—绘制蓝图—心理素质—提升能力"的主线，不同角度、不同程度地为学生提供解决问题的思路，形成对人生发展格局规划的引领与滋养。

以"总集策划+每集编写"的工作思路开展，立足身边人、身边事，《飞形记》编、导、演、摄、制全部由师生共同完成。据介绍，从 2020 年项目启动以来，学校有三百多名师生参与制作，也有学生在参与过程中明确自己的未来方向。

学生薛霄毅参演了第一集和第八集，通过剧情演出，他对于戏剧创作产生了浓厚的兴趣，希望今后自己也能从事相关职业。

2. 形成戏剧+教育特色校本课程

目前，《飞形记》前八集已经在哔哩哔哩和中国大学 MOOC 等平台上线，并在学校师生中广泛传播。

"人的一生如同一出大戏，每个人既是编剧，也是主角，拥有创造生涯剧本的主动权。"陈青天直言，两年来参与师生一路写、一路演、一路建构着自己的生涯。在生涯剧中探索生涯发展，也让"戏剧+教育"碰撞出炫目的火花，形成了具有一定科学性和逻辑性的综合性校本课程。

线上观剧，线下实践。配合生涯剧的主线，线下则为学生制作《青春修炼手册》，按照"生涯连线—生涯实践—生涯作业—生涯工具"的主线，匹配线上生涯慕课的内容，根据生涯理论，设计相关学生活动，促成线上与线下相互融合、相互促进的效果。

同时，将"点生涯班会"与"生涯盲盒"评价模式结合，进一步引导学生主动地进行自我探索和规划。以高中生涯关键点为例，高一年级突出"变化与接纳"、高二年级突出"学习主动性"、高三年级突出"科学拼搏，通过学生参与任务盲盒抽取、组队（个人）实践打卡、美化展示交流等环节引导，帮助学生认识自我、改变自我。

"第一季虽然已经结束，但是生涯教育的探索还在继续。"陈青天表示，未来希望所有学生都会参与到属于自己的生涯剧中，用实际行动上好生涯课，为自己的未来发展奠定坚实基础。

（二）东莞市知名媒体《东莞日报》报道（全文转载）

据了解，《飞形记》由东莞五中校长杨志坚担任顾问，广东省南粤优秀教师、东莞市首批名班主任工作室主持人陈青天老师担任制片、监制，东莞市名师工作室主持人李捷生老师担任总导演，2018届毕业生黎浩森担任摄影师，以及学校众多师生共同参与制作。

生涯规划是个大课题，是每个中学生尤为重要的一课。如何有针对性、创新性地对每个学生开展生涯规划教育，东莞五中的师生们在积极探索，并逐渐找对了方向。

1. 贴近学生生活，才有强烈共鸣

5月27日下午，东莞五中高二学生周灼轩刚参加完班级篮球赛便赶往《飞形记》拍摄现场，最后一场戏正在拍摄中，而他是男二号主角。

生涯剧《飞形记》第一季以东莞五中的往届成功学子为"原型"，以王飞、刘形两人在东莞五中学习和生活中的点点滴滴为主线，讲述两位年轻人经历"变化—冲突—适应—选择—拼搏"的过程，并逐渐磨炼成为优秀人才的励志故事。

"从2020年启动以来，东莞五中的不少师生都参与其中，导演、剧本、演员、拍摄……全部都由学校师生，甚至是退休老教师担任，至少有三百多名师生参与其中，这本身对于学生来说就是一种学习和磨炼。"东莞五中生涯剧导演李捷生老师告诉记者。

作为一部剧，剧本是重中之重，如何贴近中学生的生活，让学生们有强烈

共鸣？是剧本在创作时要考虑到的重要方面。本剧总策划、总监制陈青天老师表示，剧情重点突出学生从走进校园，到成功离开校园这三年时间里的"生涯关键点"，分为"变化—适应—认识自我—畅想未来—探索世界—绘制蓝图—心理素质—提升能力"等几个部分，我们每一集的剧本都是由师生集体创作的，紧紧抓住当代学生的实际、生涯规划的科学、剧情故事的衔接三个方面，这样能更具有说服力，也更能引起学生的共情和共鸣。

2. 不只是演戏，更是演绎自己的人生

"拍摄过程中，我最直观的感觉就是'累'，但非常值得。我在这次拍摄中深切地感受到了团队合作的力量，剧组就像是一个大家庭，每一个镜头都是大家努力的结果。"周灼轩表示。

高二学生梁晓琪对于第五集的印象最为深刻，她说："这集的主题是校园欺凌，通过参与演出，我知道校园欺凌的危害，更明白了如果有一个人愿意为被欺凌的同学挺身而出，那结局肯定大不相同。"

在项目完成时，还有学生找到了自己的生涯方向。学生薛霄毅参演了第一集和第八集，通过剧情的演出，有了从没有过的体验，他对于戏剧创作产生了浓厚的兴趣，希望今后自己也可从事相关的职业。

3. 探索新模式，课程化推广到更多学校

作为我市第一所艺术高中，东莞五中在艺术人才培养方面的积累非常深厚，结合学校特色，推出了由"生涯剧、线上线下融合课程、点生涯班会、生涯盲盒"四大板块构成的生涯规划课程体系。陈青天介绍说："《飞形记》每集会配有相应的线上课程和线下学习小册子，供学生学习。实践两年多以来，我们原创了'生涯剧'，并做到了以点带面，形成'生涯慕课''点生涯班会''生涯盲盒'等生涯教育新思路，为推动生涯教育发展带来可借鉴的范式。"

生涯剧是一种不错的生涯规划教育形式，但对于其他学校来说，是否可以成功复制和推广呢？李捷生老师解答了这个疑问。他表示，在实践过程中，我

们总结出了两条经验，一是普适性，设备不复杂、道具要简单；二是贴近性，简单来说，就是拍身边人、身边景、身边事。

第一季虽然已经结束，但是生涯教育的探索还在继续。陈青天老师表示，生涯规划就是规划人生的远景，写出人生的剧本，彩绘生命的蓝图，发挥自己的才能，为自己的未来插上翅膀。课程组以生涯剧促进心灵成长，在生涯剧中探索生涯发展，让"戏剧+教育"碰撞出炫目的火花，形成了具有一定科学性和逻辑性的综合性校本课程。

未来，东莞五中的所有学生都能参与到属于自己的生涯剧中，用实际行动上好生涯课，为自己的未来发展奠定坚实的基础。

二、生涯剧体验课程的辐射：课堂应用

（一）生涯剧体验课程的宣传辐射

项目组同时通过报纸、电视、广播等媒体合作，发布新闻稿、广告或专访等形式，介绍项目的背景、目标、创新点和成果等多个角度进行宣传，增加项目的曝光度和吸引力，吸引更多人对项目感兴趣并参与其中，也扩大项目的知名度和影响力。《飞行记》已经成功在中国大学 MOOC 和热门网站哔哩哔哩上线，也获得了《中国美育网》《I 东莞》等新闻媒体的报道，其摒弃传统的"说教"德育形式，根据学生兴趣和时代特点而设计，有利于培养学生用正确的眼光看待世界的能力、逆境中坚韧不拔的意志，帮助规划慧美人生。这种最容易接受的方式，以热点话题讨论的形式，在学生、家长、热门网站、当地新闻媒体反响甚好。根据对生涯剧在热门网站"哔哩哔哩"的前面四集浏览量的不完全统计，刚上线三天，观看次数就突破了三万。在学校，高一、高二和高三的学生近 3000 人都有观看，化州市官桥中学、河源高级中学和潮州饶平二中等学生也有观看。

作为项目负责人，笔者也积极在不同的教育教学活动中以专题讲座、行业会议、研讨会进行演讲、分享项目经验和成果，吸引更多人关注和参与项目，与同行进行多方面的交流与分享：在东莞市几届新入职的见习教师规培活动中，把生涯剧体验课程作为班主任的特色项目进行分享；在广东省骨干班主任培训活动中，以"看看'自己'，看看'世界'"为主题，开拓班主任的专业成长；在2021—2023年连续三年的广东省"百千万人才培养工程"省级培养学员走进乡村教育活动，分别以《基于内在动机：班主任特色项目的选择与研究》《从"学"起：探索点生涯班会课设计》《生涯教育视阈下：班主任的管理需知》等主题进行有效分享；先后在省内多个地区以《起手与落点：班主任的生涯需知》主题进行有效分享。

（二）信息化视角下"生活剧"助力美育作用

美育德育主要是指在教育阶段中的发现美、感受美的教育，在德育过程中要培养学生发现生活、热爱生活的内在精神，让学生能够在日常活动中品味美的重要教育。当今时代是信息高度发达的时代，信息在现代社会扮演着日益重要的角色，其不仅对政治、经济等有巨大影响，在教育教学中也有极为重要的作用。德育教学的信息化有利于推动教育改革，能够帮助学校根据时代特点变革传统的教学方式，特别是在学校德育教育中应大力提倡信息化教育。

信息化教学已经是推动学生美育发展的主要途径之一，这也是代表学校竞争力的呈现方式和评价标准。信息化教学手段纳入德育教育领域，为美育教学注入了新的活力，为提升高中德育教学质量和革新德育教学模式注入了新的活力，促进了素质教育的深入和发展。

信息化视角下高中美育教学中存在的问题。当前时代背景下，我国大多数普通高中教师在美育方面的专业能力不强，对于信息化教学的技术手段使用太少，在高中生德育教育方面尤其如此。在德育教学过程中，大部分教师不能应用良好的信息技术教学激起学生的课堂参与度，调动学生的兴趣。并且在教师队伍中，新鲜血液的不足成为阻碍美育教师队伍的重要因素，美育教师队伍男多女少，老多青少的现象十分普遍，老教师容易出现固守传统教学理念，没有接受新鲜教学手段的情况，而年轻教师的不足，则是让整个美育教师的队伍显得锐气不足，没有进行课堂教学革新的动力。

为了实现这种目标，东莞市第五高级中学慧美人生规划课程组摒弃了传统的"说教"德育形式，根据学生兴趣和时代特点，探寻最容易接受的方式，首创"生涯剧"，以热点话题讨论的形式，从线上和线下两个方面展开，试着触碰学生心灵最深处，达到共鸣和共情。课程的核心部分"生涯剧"，无论是剧本、导演、演员，还是拍摄、后期制作，都是选自身边人、身边事，这样可以让学生更加有认同感，让共鸣和共情的发生更加自然和顺畅。

（三）信息化视角下"生涯剧"创新德育方式

生涯剧《飞形记》是以东莞市第五高级中学历届成功学子为"原型"，以王飞、刘形两人在东莞五中学习和生活中点滴为主线，讲述他们经历"变化—冲突—适应—选择—拼搏"过程，磨炼成为优秀人才的励志故事。"生涯剧"最大的特色是根据社会发展信息化的趋势，改变德育美育传统的教育教学方式，探索了一种"线上线下结合"的高中混合式生涯课程教育教学模式。

高中生涯剧体验课程与一般校本课程不同，通过精选校园师生故事，整合、设计、编写成《飞形记》剧本，以"生涯剧"的故事悟人，并在中国大学MOOC上线，助力学生实现生涯规划教育的"自我加工"，再经过线下课程团队编写校本教材《青春修炼手册》，通过引导学生"回望"和"俯瞰"，使学生真正成为自己生涯的主体，实现生涯规划教育的升华。师生以"剧"的形式自编自演自拍高中校园学生的真实经历，设置课程思考、引发学生讨论，运用现代信息技术，如慕课平台、公众号等网络资源，借助教育信息化，以热点话题讨论的形式，去触碰学生心灵最深处，达到共鸣和共情。

生涯规划之学，即应变之学。每个人都是"生涯"体，都应该有生涯意识，都应该有生涯规划。每位高中生都应该从时间、知识、创意和生活激情四个方面规划高中三年。目前，国内的生涯辅导和生涯咨询处于发展阶段，也产生很多的理论和实践形式，但都比较注重职业生涯规划、大学生的生涯规划，还比较缺少系统的高中生涯规划，在生涯规划课程实施，特别是线上线下结合的混合式教学形式极少，生涯教育教学在可操作性、可复制性方面存在很多的局限性。因此，创新实践出具有视觉性、参与性、理论性、推广性的，以"生涯剧"为重要载体的混合式生涯课程是本课题的目标和方向，是为了更好地迎合和服务教育部提出的"三个课堂"的实施，是推动德育、美育发展，培养提升学生的"核心素养"的重要途径。

（四）信息化视角下多种举措并行，提升师生整体素养

生涯规划是一种时尚元素，是一个人的阶段性甚至是一生的部署，每个人都要充分重视对自己未来选择的规划。为了发动学生积极参与我校慧美人生规划必修课，学校往往会举行各种活动，旨在通过举办各种校内的活动或比赛，让学生逐渐明了"我们在学些什么？学习到什么程度？如何去学习？"等。通过活动和比赛，学生们更能够客观地把自己的学习生涯、职业愿望同自己的主观条件，以及社会现实的职业需要紧密联系和协调起来，学会寻找自己未来的人生角色。生涯剧围绕系列生涯故事而展开，通过师生共同演绎，以目标人群所熟悉的事件为主，以系列短视频为主要表现形式。师生以"剧"的形式自编自导自演高中校园学生的真实经历，利用角色探寻人生，自主规划高中人生。

1. 内圈为内容

由"生涯故事""生涯演绎"和"生涯反思"三个方面构成。其中，生涯故事，指身边人，身边事；生涯演绎，指师生自编自导自演；生涯反思，指把

看到的、所经历的，发展成共情，再到共鸣。

（1）生涯剧。生涯剧是东莞五中生涯规划课程团队首创的。生涯剧剧本取材于东莞五中学子的日常真实生活。由东莞五中师生生涯拍摄小组进行拍摄和编辑。每一集都有一个独立的成长故事，引出东莞五中学子成长中的困惑。素材来自生活，剧目高于生活。

（2）线上线下组合课程。生涯剧作为线上课程开放给教师学生自由学习，线下课程根据生涯剧的相应内容，出现的生涯规划困惑，进行有序的指引。让东莞五中的学生能更加坦然面对成长中的种种困惑，能更加清晰明白自己的生涯路程，实现有效的引导学生进行合理的生涯规划，为日后的生涯健康成长提供保障。

2. 外圈是表现

由"生涯社团""生涯学习"和"生涯评价"三个方面组成。其中，生涯社团，是实践的主体之一；生涯学习，是线上线下课程的有机统一，是学校必修的校本课程；生涯评价，重视研究评价与科学实施。

（1）生涯社团。基于课程的总体规划，成立由老师指导、学生积极参与的生涯社团，辅助学生进行生涯成长。让生涯规划课程真正地实现落地生根。

（2）生涯学习。实质上是由两个环节组成：环节一为生涯慕课，是生涯剧体验课程的理论课，依据生涯剧的故事主线，选择一种生涯理论，由教师带领学生进行系统学习，以互联网平台作为学习的载体，学生集中选科学习；环节二为生涯手册，是生涯剧体验课程的自学平台，依托生涯慕课的开展，转化为学生的自主、主动学习，由其独立完成。

（3）生涯评价。生涯评价集合各路工具，对东莞五中学生心智成长进行全方位的摸底、分析，提出相应的问题。与生涯剧制作，线上线下课程开发，生涯社团运行，进行全方位的合作、探索、磨合、解决、引领。为课程的顺利、健康运行提供有效的数据支撑。

（五）信息化视角下生涯课程促进美育教学开展

随着现代化教育的不断更新和发展，美育教师在进行教学过程中的教学手段和形式也在不断地变化，而不是某一美育教师在学科专业的特长性。"生涯剧"打破了校间、地区间的难借鉴的"生涯"校本框架，培养在教育信息化和德育美育信息化大背景下的高中混合式生涯课程校本资源的推广能力。以此为依托实施的高中生涯规划教育，创新可推广的高中混合式生涯教育教学课程对于大湾区各种丰富的、更加多元的、竞争更加激烈的人才培养，以及对外来人口子女的生涯规划教育教学都有着重要的现实意义。

三、生涯教育跨界融合的可能

（一）生涯教育为什么能融合？

1. 生涯教育的目标和德育实现的目标有重合性

与召唤的理解与认同是不同的，面对的问题也不同。按照埃里克森社会心理发展理论，12~18 岁这个阶段的孩子，他们的生涯困惑是自我同一性和角色混乱的冲突。一方面是本能冲动的高涨会带来问题，另一方面是面临新的社会要求和社会冲突而感到困扰和混乱。所以，这个阶段的主要任务是建立一个新的同一感或自己在别人眼中的形象，以及自己在社会集体中所占的情感位置。[①]

2. 生涯教育路径和德育实现机制也有重合性

德育融合是鼓励学校坚持将生涯教育与日常德育活动相结合，将常态化德育课程和体系化特色化生涯教育相结合，将校内体验与校外实践相结合，通过生涯主题班会、生涯教育主题活动周、特色化系列生涯教育主题活动、学生社

---

① 李萍：《唤醒生涯：生命成长视阈下的生涯教育》，机械工业出版社 2021 年版，第 21 页。

团活动、职业研学实践活动、中学生生涯大赛等形式多样的活动内容，促进德育与生涯教育的高度融合，使学生更加明确自己的目标与方向，激发学习动力，提高生涯认识，助力生涯发展。

檀传宝教授认为，所谓德育里的"德"，是德育内容的界定；而德育的"育"，当然指的是学校德育的存在形态。德育形态可以从时间、空间两个角度分析。我们今天只讨论空间维度的德育形态——即现实的学校德育中有哪几类德育活动形式。我认为从空间上分类，全部学校德育都可分为直接德育、间接德育和隐性课程意义上的德育三类形态，这个分类可以说是对德育活动形式的一种最简洁的分类。

换言之，学生的道德认知、道德理想与道德实践其实也是学生生涯发展过程中的重要内容。在日常的教育教学中，一线的教师特别是班主任经常会碰到学生日常生活中种种"能知不能行"的尴尬境况，比如，班主任经常说的"加强公共区域的保洁卫生工作"，但是现实却很难做好，而且伴随着这种情况，也看到部分学生连自己座位的卫生都难以保证。所以，加强学生的生涯教育即从学生自身的成长的需要，再到个人生涯价值之于他人，或者社会的作用的道德发生机制，才有可能更好地解决上述问题。

美国教育博士西德尼·马兰认为，生涯规划教育是一种综合性的教育计划，主张通过学校与社会共同努力，帮助学生通过自我评估，制定与个体相适应的职业生涯目标，从而提高学生的就业竞争力和职业发展力。因此，生涯教育最终目标是实现自身的成长与从事的职业相匹配，使个体获得更多的人生成就感和幸福感。学科是学生在高中校园接触最多、接触时间最长的事物。学科实践，包括学科课堂活动和课外活动，对于高中校园开展生涯教育都起着重要的承载作用。

如语文学科，是动人的篇章、悦耳的吟诵；语文能使我们表达得体、交流通畅；语文能扩大我们的知识面，开阔眼界，它存在于我们的日常生活之中，是一门有生命力的学科。语文学科是人文社会科学的一门重要学科，也是人与人之间相互交流的重要工具。

如高中思想政治学科，对学生的核心素养的培养，充分利用课程资源，落实立德树人的根本任务，聚焦核心素养的培养，为党育人，为国育才。

如音乐学科，是美育的重要载体，通过音乐学科可引导学生掌握鉴赏音乐美、热爱音乐美以及创造音乐美的能力，同时还能借助音乐美学素养促进学生在其他方面的美学意识和创造能力，进而达到美育的核心目标。

所以，借助学科的实践活动来达成高中生涯教育的开展，追求更全面的生涯育人具有着非常重要的作用。为此，高中生涯剧体验课程开发组专门指定相关人员，从语文学科、思想政治学科入手，开展学科实践与生涯教育的实践融合尝试工作。

（二）生涯教育与语文学科的融合探索

语文教学中渗透生涯教育的现实意义。《普通高中语文课程标准（2017年版）》中指出："高中语文课程应当指导高中生认识自然、认识社会、认识自我、规划人生，实现本课程在促进人的全面发展方面的价值追求。"陶行知先生也曾说过，"生活即教育，社会即学校""教育是立国之本"。教育为改良社会而设，为教育社会人才而设，不了解社会的需求是盲目的教育，生涯教育是基础教育改革和人才培养的创新模式，生涯规划教育的实施已经成为新高考落实选择性教育思想的必经之路，高中生正处在生涯发展的探索期，生涯教育对其成长具有重要的实践意义。

生涯剧在中学语文教学中的运用，即通过学生改编课文，将某个蕴含生涯教育理念的故事或情境，用戏剧形式进行展示，以此表达课文主题，促进生涯规划指导。

语文教学中使用生涯剧，很大程度地丰富了语文教学形式，打破了被动的、机械式的重复练习为主的传统教学方式，让学生在关注语文基础知识的同时，通过项目式整合、体验式展示、团队协调合作、生涯理念融合等方式，有力地辅助语文课堂教学，大大提高了语文的综合应用和实操能力，促进学生生涯规划意识，增强主动性和行动力。

项目组团队的郭燕如老师，把自己的语文课堂教学和生涯教育很好地融合，设计出"我经由世界，走成了我——活动式高中语文课堂渗透生涯教育的实践探讨"的课例。统编版语文九年级下册教材第五单元为活动探究单元，笔者认为这三篇中外优秀剧本的选段不仅是可以展演的课本剧，更是能影响中学生人生生涯发展的思想瑰宝，是非常优秀的生涯剧。故在教学中采用分组竞演的方式，让学生在良性竞争中，产生强烈的团队荣誉感。在学生排练时，不断指导和促进学生对剧本的不同角色分析揣摩，加深人物关系和戏剧冲突的理解。同时，学生集思广益创造舞台氛围、制造道具，在正式展演生涯剧时表演生动，反响热烈。生涯剧的表演使学生了解戏剧基本知识和思想主题的同时，更主要的是让学生在反复揣摩和展演中高峰体验了剧本中蕴含的深意，如学生在《屈原》中明白了人生要有不畏艰辛、追求真理、勇于创新的精神；在《天下第一楼》中明白了团队活动中团结他人、和谐处世的重要性；在《枣儿》中培养了学生关注社会、关注亲情的意识等。学生通过这一寓教于乐的教学模式，很好地激发了课堂，提高了学生的兴趣，促进学生多方面综合能力的培养和人生感悟的深化。

在语文教材中不仅有文质兼备的古今中外名篇，更有鲜活的人物等。但是当前语文教学，受应试教育的压力等影响，存在教学目标单一、教学方法陈旧、教学时长不足、及缺乏生涯指导等问题。如小说大多讲授作者简介划分段落了解情节—分析人物环境—揭示主旨"、传记、通信等大多讲授"作者简介—主人公事件—精神品质概括"等，这样的模式逐渐使学生失去了语文学习的兴趣与动力。

高中语文必修一第二单元中报道了我国优秀杰出的劳动者，如：《喜看稻菽千重浪》突出袁隆平在种植杂交水稻中不迷信权威、极具韧性、坚持到底的优秀人物品质，《心有一团火，温暖众人心表达》写出了张秉贵的高度的责任心和奉献精神等职业精神，《"探界者"钟扬》突出了钟扬认真负责、一丝不苟的工作态度和未雨绸缪、深谋远虑的职业素养等，这几篇文章都推崇劳动、尊重劳动，为学生树立了良好的行为榜样，为学生的职业规划提供了人生指引。但如果仍以教师传授为主，则浮于表面，缺乏深度挖掘，不能使学生产生共鸣，不能产生既定的影响。

"文以载道"，语文教学中渗透生涯规划教育有得天独厚的优势，能从中培养学生的语文素养，锻炼学生的综合能力，提高学习语文的兴趣，让学生更好地认识自我，最终达成生涯规划教育共识，教学相长。如关于"自我认知"的问题，语文学科可以举行"活动一：我们的名字，我们的诗"，高一，开学第一课。教师一首藏头诗介绍了自己，分享了自己喜欢的诗歌。接着由同学们结合自己的姓名、性格、爱好等完成一首诗的创作。收到学生作品时很惊喜、很感动，也通过他们的诗歌更好地了解了同学们。将同学们的作品编辑成诗集，作为一个美好的开端。

（三）生涯教育与思想政治学科的融合探索

生涯剧体验课程作为不是真正意义上的课程，而是以校本课程的地位存在。如何将生涯教育校本课程融合并贯穿在思想政治课全过程，这是一个以思想政治课内容为主导，兼顾思想政治课的教学任务、目标追求和高中生生涯教育多平台实践的过程。

1. 为什么融合

第一，生涯教育的内容需要更广阔的学科基础。生涯规划是指个体在知己知彼的基础上，通过对自我、环境和目标信息进行综合分析，对人生做出自主规划的过程。生涯规划是一个系统工程，是综合分析多种信息的加工过程，是对人生道路、生命意义和人生价值进行探寻、决策和付诸行动的过程。对于高中生而言，生涯教育需要更多的体验实践的途径，也需要更多的学科的知识与技能的支持。

例如，2019 年人教版思想政治必修四《哲学与文化》6.3《价值的创造与实现》的课标要求：探寻实现人生价值的条件和途径，阐明生活的意义，理解只有对社会作出贡献才是真正有价值的人生。在教学目标方面：①知识目标：识记，如何创造和实现人的价值；理解，实现人的价值的主、客观条件；分析，如何通过个人与社会的统一关系，从而实现人生价值。②能力目标：分析说明为什么人的价值要在劳动中、在个人与社会的统一中实现，讨论分析追求发展和强调与社会统一的关系。③情感、态度、价值观目标：通过学习价值的创造和实现，使学生领悟和认识实现人的价值的正确途径，形成劳动和奉献意识。

在这节课中，除了从思政课的角度进行有效教学之外，其实也可以引入生涯教育的知识，用生涯教育的有关知识深化思政课的教学。

第二，生涯教育的效果离不开学科的科学设计。全球化背景变革下的时代科技革命因为互联网、物联网和人工智能的不断发展和融合，令全球经济全球化不断深入，国与国之间政治、经济贸易上互相依存，全球成为一个整体。新时代的易变性、不确定、复杂性、模糊性，以及因为科技革命和经济环境、社会发展的新趋势，个人的生涯规划需要紧紧地与时代结合，与国家的发展和需要相结合。

早在20 世纪 90 年代，西方学者就预测未来社会职业将呈现出无边界（boundaryless career）和易变性（protean career）特点，现在这一预言早已成为现实。职业是一个社会分工的重要枢纽，职业生涯是个体生命价值的主线。社会政治经济技术的变革，必然会带来职场的巨大变化，特别是互联网、人工智能的出现，更是给个体的职业生涯和组织的人才发展带来极大的机遇和挑战，学生的全面发展是需要丰富的学科知识和生涯意识、生涯管理、生涯行动的高度融合。

2. 如何融合

（1）探索生涯教育与思政课的融合是一种跨学科的学生深度学习的表现，具有一定的创新性命题。在高中思想政治课融合生涯教育，要坚持内容与形式相统一、学科性与生涯性相统一、思想性和成长性相统一的原则。

课前，做好思政课与生涯融合的教学设计，增强课堂教学的科学性和吸引力；例如，在本节课中，围绕"价值与价值观"设计课堂活动一：学生参与，感悟价值。（如下表）

课堂实施环节流程（一）

课堂活动一： 学生参与 感悟价值	教师活动	学生活动	设计意图
活动1：营造氛围	教师设置情境——配乐诗《有的人》，设计问题：诗人臧克家心目中的人的价值应该是怎样的	学生集体朗读配乐诗《有的人》，回答问题：诗人臧克家心目中的人的价值应该是怎样的	通过朗诵配乐诗《有的人》，让学生感受人的价值
活动2：鼓励分享	教师把教学情境进一步扩大，鼓励学生从古今、中外角度列举震撼人性的人物事例	学生分别从古今、中外列举、分享典型例子	从诗的感受进一步到具体人物的人生价值的理解，感悟加深
活动3：生涯价值	就你所处的三种不同环境即家庭、学校、社区，你会如何实现你的生涯价值	学生围绕着家庭、学校、社区三种不同的环境中，构思自己不同角色的生涯价值。自己所承担的角色来设计自己的生涯价值实现之路	运用舒伯的生涯彩虹理论，给学生以不同角色的理解

师：同学们，我们刚才通过课堂活动一，感悟和体现了人的价值的魅力所

在了。那么，我们应该树立起什么样的价值观？我们又应该怎样去实现自己的人生价值呢？这是我们接下来的自主学习的任务，请同学们根据表格的问题展开学习。

第一，通过观看视频《最美孝心少年》，思考以下三个问题：①最美孝心少年身上体现怎样的价值观？对少年的人生起什么作用？②他们的人生价值实现了吗？是如何实现的？③他们的行为如何正确处理了个人与社会的关系？

第二，教师提供北京冬奥会志愿者的选拔条件和必备素质，学生用纸写下自己现在的素质情况，对比之后，自己的感受是什么？今后将会采取什么样的措施改进？

课中，做好思政课与生涯融合的探讨交流与生成设计，学科教育生涯情境化，结合知识有深度，增强课堂教学的生涯性和行动力。例如，在本节课中，围绕"正确价值观的导向以及人的价值的实现"设计课堂活动二：深入学习，认识价值。（如下表）

课堂实施环节流程（二）

课堂活动二：深入学习 认识价值	教师活动	学生活动	设计意图
活动1　学习基础知识	教师播放视频《最美孝心少年》，设计逐层深入的思考问题	学生回答问题：1. 最美孝心少年身上体现怎样的价值观？对他们的人生起什么作用？2. 他们的人生价值实现了吗？是如何实现的？3. 他们的行为如何正确处理好个人与社会的关系	根据教学内容的进度，逐层设计问题，引导学生自主掌握基础知识
活动2　生涯素质的完善	教师提供北京冬奥会志愿者的选拔条件和必备素质，进一步引导学生	1. 学生用纸写下自己现有的素质。2. 对比之后，你的感受是什么？今后采取什么的措施改进	通过对比，让学生真切感受到人生价值的实现需要在青年时期做好充分的准备

师：同学们，我们刚才通过两个感悟式的课堂活动，体现了人的价值的魅力所在了，那么我们应该树立起什么样的价值观，我们又应该怎么样去实现自己的人生价值呢？这是我们今天自主学习的任务，请同学们根据问题展开学习。

课后，做好思政课与生涯融合的课外自觉行动的引导，鼓励学生学习本土化、生活基因常浸润；课外生活学习多样化，潜移默化铸人生。例如，在本节课中，围绕"正确价值观的导向以及人的价值的实现"设计课堂活动三：课堂升华，践行价值。（如下表）

课堂实施环节流程（三）

课堂活动三： 课堂升华 践行价值	教师活动	学生活动	设计意图
活动1 欣赏歌曲《相信自己》	教师播放歌曲，列出歌词，设计思考问题歌词：多少次挥汗如雨／伤痛曾填满记忆／只因为始终相信／去拼搏才能胜利／总是在鼓舞自己／要成功就得努力／相信自己／你将赢得胜利创造奇迹／相信自己／梦想在你手中这是你的天地／相信自己／你将超越极限超越自己／相信自己／	（1）请同学们判断这首歌的歌词是否能准确表达人生价值实现的全部条件？ （2）如果不能全面表达，你将如何补充？	结合学生已有的知识，通过分享学生喜欢的音乐，学会分辨、全面把握人生价值的实现条件
活动2 深深践行价值		结合本框题内容，写下你的感言，今后将如何做好人生的生涯规划？如何实现人生价值？	知识的最终目的就是为了实践，学生掌握价值的有关知识就是为了今后能更好地实现人生价值

师：同学们，我们刚才通过课堂活动一、二的学习，我们的课堂来到了最后的环节，即课堂活动三：课堂升华，践行价值。本课的目的是希望通过课堂，让大家的学习源于生活，又指导生活。通过教师设置情境材料，激发学生兴趣，在教师点拨下让学生通过自主学习、小组合作交流等形式在不断解决问题中自然地掌握相关价值、人的价值及价值观等理论，认同和践行社会主义核心价值观，自觉践行生涯的有效规划，以更好地实现人生价值，积极主动为社会和他人作出贡献。最后，请大家欣赏歌曲《相信自己》，思考并交流以下三个问题：①请同学们判断这首歌的歌词是否能准确表达人生价值实现的全部条件？②如果不能全面表达，你将会如何补充？③结合本课，写下你的感言，今后你如何做好自己的生涯规划，实现自己的人生价值？

（2）生涯教育与思政课融合的模式。

①生涯教育为内容，思政课为形式，成为加深与拓展生涯教育的有效途径。②思政课为内容，生涯教育为形式，成为加强与拓展思政课深度学习的有效途径。

（3）融合后的意义。

培养青年人才，首先需要了解青年人才成长的规律。青年人才的成长既需要内在动力，也需要外部环境、管理机制。对青年人才自身成长来讲，内因是根本，外因是条件。对组织管理来讲，发现人才、为人才成长创造条件是提升自身竞争力之必须。人才成长的三种主要的内在动力：强烈的成就动机、高度的责任意识、不可遏制的使命感。

2019 年，《中共中央　国务院关于深化教育教学改革全面提高义务教育质量的意见》发布，指出要"建立以发展素质教育为导向的科学评价体系"，"学生发展质量评价突出考查学生品德发展、学业发展、身心健康、兴趣特长和劳动实践等"。当党和国家正在全面扭转"单一化""唯智化""唯分化"的评价，重视德智体美劳全面发展的综合素质评价，促进育人方式变革，就是

255

培养担责任、乐学习、善审美、尚健康、会创意的"幸福完整的人"。

　　本框的设计与实施是建立在学生初步掌握价值有关知识的基础之上，取材容易，有来源于社会和生活的优势；学生也逐步地适应了在活动与任务中学习的模式，具备了一定的小组合作学习及自主学习的能力。

　　本节在教学时应着重强调劳动和奉献是实现人生价值的根本途径。离开生活谈人生价值的实现是不现实的。在我们的身边，在我们的周围，有许多的人他们身上都有价值的体现，唯有缺少发现的双眸。因此，要使学生学习好，就从身边开始，从他们最熟悉的事例开始。

　　教师课前指导学生就地取材，了解身边的感人事迹，多角度观察人生价值的实现，形成感悟价值—认识价值—实践价值的过程。

后　记

追光之路

教师的专业成长之路，是人向光、追光的路！追着光，方向不会错；追着光，动力不会缺；追着光，内容更健康。

在以生涯剧为核心的整个项目推进的前三年时间里，有幸和李捷生、黎浩森、卢骏飞、李壁形、杨露春、陈昆祥、郭燕如、武文卓、吴捷、张楠、廖妙新、李彩云、苏淑玲、贾贝西、杨明慧、赵裕光、单凤娟、陈辉安、秦晓明、何汉珊、符雯仪、郭云开、赖响君、张晓珊、何淑青、李贵、黎耀江、郭城锋、张颖、张凯林、许娇、薛羽、莫淑安、龙武、李树沔等一大批同事一起奋斗，首创了生涯剧和推动《飞形记》及生涯剧体验课程的完成。特别感谢王清平教授、攸佳宁教授、左璜教授、刘华杰博士、王心明老师等专家的大力指导，让我成功完成了本册小书的撰写，也完成了多次的访谈。我想，与《东莞日报》和李王伟博士的访谈中的真实回答，就是追光之路的最好印证了。

1. 您进行课题研究或者探究开始想要获得的目标是什么？是成果、论文、理论、专业成长、创造性，还是其他能力？

有一位学生，他不是很想去那所学校的时候，真的有可能就会出现一个短暂性的迷茫。我为什么会来这个学校？我为什么不能够去其他学校？我的家长为什么不帮我争取到更好的学校？一旦他来之后，也考虑另外的问题，究竟这所学校的环境、文化、理念如何？我通过网络、贴吧所了解到的情况是真实的吗？我究竟应该怎么样度过这三年。我读什么专业，要考什么学校？我以什么样的方式、方法去认同、接受这个学校的文化、理念包括管理？我相信，有这样想法的学生并不是少数。这是第一个初衷——生涯教育很重要。

我在 2018 年的 3 月份和广东省名班主任黄海燕老师一起到深圳专门去学习生涯规划教育的有关知识，考取了国际生涯规划师（CDP）。虽然培训的时间很短，只有五天时间，还是学习到了很多生涯教育理论和生涯规划实操技术。更重要的是，我自己觉得我学到的东西是可以帮助到学生的。这就是第二个初衷——主动接触很重要。

学校提供了一个实践的契机，学校在杨志坚校长的带领下，以"慧美"理念为核心，提出"慧美浸润生命"的口号，申报东莞市的第二批的品牌学校，在这项申报工作中，当时就选了三个校本课程方向，慧美生涯必修校本课程属于其中一块，我作为负责人牵头这个项目。这就是第三个初衷——契机与平台很重要。

2. 您在进行课题研究或者探究的过程中，收获了什么？

我在做某一个公益讲座的时候，在讲座的最后，我提到这么一句话："我们做课程、做项目，其实目的是希望通过自己或者团队的努力和实践，拥有更健康的教育心——容得下、融得进、通未来！"

我为什么会提这样一个观点？因为如果没有这样的更多项目来关注学生的健康、全面成长，你就会发现，你的日常，你的焦点其实都只是盯住成绩而已。就学生的实际和志向而言，其实不是每一个人都能够取得很好的高考成绩。有一些学生，可以在高中去很充分地去发展自己的兴趣爱好特长。假如这些学生也能获得一个很好的生涯规划，也能获得很不错的成长。我们这个项目当中那位摄影师就是这种典型。

他成绩不算很好，高中的时候，他迷上了摄影，就加入了摄影社，跟着摄影社的老师玩摄影，包括那种无人机拍摄。也许是高中确实有明确自己的选择，也确实有提升自己的兴趣，他就坚定地选择摄影方面研究，大学还坚持，现在他在一家影视公司工作，参拍了不少的影视、广告作品，我听说，他接近做到掌机师傅了，真替他高兴。这种例子是非常多的。这其实就是我刚才所讲的教育心。

身披国旗，站在领奖台上……这是 22 岁的重庆电子工程职业学院学生李小松近日每每想起都心潮澎湃的场景。此前，在 2022 年世界技能大赛特别赛日本赛区，他一举摘得"光电技术项目"金牌，这也是中国在该项目上夺得的"首金"。[①]

"世界技能大赛"是当今世界地位最高、规模最大、影响最大的职业技能赛事，被誉为"世界技能奥林匹克"。李小松参加的光电技术项目是本届比赛的新增项目，具体分为光电应用终端产品制造、光电应用系统的实施、光电产品与应用系统的维护与优化三个模块七大比赛项目。选手们需具备光电技术和职业最高国际水平所需要的知识储备、理解能力和实操技术，在赛场上需要展示出本项技能在世界上的最高水平。最终，李小松不仅成为全场唯一完成了所有设备安装任务的选手，也为中国摘下该项目的"首金"。

出生于江西的李小松从小就对电动汽车等玩具充满好奇。为造一台属于自己的玩具车，他会拆掉家里的手电筒、电视机等，寻找制作原件。"拆家"的经历让他渐渐爱上发明创造，但也因为不爱学习，初中毕业后，李小松的求学路有些许波折。

在意识到"拥有一技之长"的重要性后，李小松 2018 年秋进入重庆电子工程职业学院学习。兴趣是最好的老师，李小松在校内加入了教师蔡运富组建的"智能电子产品设计与制作工匠工坊"，重燃摆弄电子产品的热情，在理论学习上"竞速"，在实操训练中"加练"，用两个学期时间，从最开始的专业倒数逐步成长为稳居第一的"模范生"。

从一名爱"拆家"的高手、让老师们头疼的"差生"，到问鼎冠军，"00

---

① 《昔日"差生"成功逆袭　"00 后"选手问鼎世界技能大赛》，2022 年 11 月 15 日，见 https://baijiahao.baidu.com/s? id＝1749551762006893209&wfr＝spider&for＝pc。

后"李小松用热爱与实力完成了青春里最华丽的一次逆袭。

3. 您为什么会选择教育戏剧这样的方式结合生涯？在课题研究伊始，会对这个主题或者认识，心里有个大致的定义和轮廓计划吗？

我们这个项目是在 2020 年的 4 月份确定，正式启动是在 2020 年的 7 月份。在当时，我们其实没有优势，我们就是厚着脸皮去做，毕竟，我们能力是不足的。

生涯规划教育在中国已经有很多年的历史了，1917 年，蔡元培、梁启超等发起成立了"中华职业教育社"，第一次在我国大力推动生涯规划教育，1986 年，深圳大学成立大学生就业指导中心；1993 年，原国家教委批准成立毕业生就业指导专业委员会，《就业指导纲要》和《就业指导办法》正式出台；1995 年，原国家教委办公厅发布《关于高等院校开设就业指导课选修课的通知》，要求把就业指导列入正式的教育教学计划；2008 年，教育部办公厅发布《大学生职业发展与就业指导课程教学要求》的通知；2014 年，浙江、上海开启新高考改革新篇章，正式标志着生涯规划教育成为中学生的刚需。

这个周期里，生涯教育领域出现了好多的书、好多理论、好多学派、好多具体的操作流程方法。我们当时对比了一下，如果再按照传统的方法做，没有亮点，没有特色，所以我们干脆结合我们学校学生的实际，比如说师生故事、齐全专业、各式社团等，拍属于我们自己的东西，可以让它独立去教育学生，让人看和感受原来高中的生活可以这样子，就是这种方式去影响我们的学生，会不会效果更好一点，就是没那么多说教的味道。此外，再把我们拍出来的东西作为原创性的素材，成为生涯剧体验课程的内容。

我们在项目分工时，设置了《飞形记》剧组、生涯幕课组、生涯手册组、生涯班会组和生涯评价组，通过设计前测的问卷调查和数据分析，找到研究的方向。无论是主演、拍摄团队、素材来源还是剧本，我们都很重视，包括我们身边的学生，我们身边的素材以及他们是否都能够参与到其中。

在实操层面，充分体现以学生为中心即建构主义，从这个角度上来讲，实践上我们做到了，理论上我们也做到了，所以我们也确定了以学生为中心这样的理论，也是我们整一个项目的理论支撑之一。

研究初期，我们首创"生涯剧"并构思了生涯剧核心概念图，分为两个层次，一是生涯剧核心内圈，包括生涯故事、即身边人，身边事；生涯演绎、即自编自导自演；"生涯反思"，即从看到的，到共情，再到共鸣构成，是故事—方法—自省的科学统一。二是生涯剧外圈，是由"生涯社团"即实践的主体、"生涯学习"即是必修的人生课程、"生涯实践"即线上线下的有机统一和"生涯评价"即重视评价，重视成长，是主体—学习—践行—评价的有机统一。

到今天为止，其实我们对这个核心概念依然保持着思考，后面还会慢慢围绕这个概念，参考有关文献继续凝练。

4. 您的项目得到其他人的指导和帮助吗？如专家和同事对您课题研究思路或者探究过程计划进行建议？

在生涯剧的研究中，从团队视角、时间视角，还是从策略视角，项目已经运作了两年多，它总体来讲是成熟的。第一个原因，我们在选的时候，每个人都有他自己的特色，比如说导演李捷生老师，他是一个很有想法的数学老师，是东莞名师，他自己有个公众号叫"艺术方程式"，是融合"数学+艺术生"的特征。

项目分成生涯剧组、生涯慕课组、生涯手册组、生涯评价组和生涯班会组。每个组都能够从实操和创意上提供很丰富的帮助。

两年下来，项目组不断获得众多专家的指引和帮助。比如王清平教授、左璜教授，他们都给我们很多理论层面的牵引和具体操作层面的指导。比如左璜老师，在看了我们项目介绍后，就建议我们用多一个理论来支撑整个项目，就是除了以学生为中心这个理论之外，其实还可以考虑用教育戏剧统领，并很主动地帮我们去查找文献搜索，给了我们提供很多文献资料。

在我们的企业微信办公群"慧美人生规划必修课程开发团"中，共有 42 位教师，整个项目都在他们的团结协助和分工开展下完成的，他们作为参与者，基本具有三个角色，第一个是项目的设计者，主要是工作设计和角色设计；第二个是课程角色；第三个是演绎者。整个生涯剧完成后，差不多有 400 位师生参与其中。

5. 拍摄过程中，您觉得最难的点是什么？

整个拍摄过程，最难的点并不是唯一，而是多。难点一：配合，即每一集的人员变动，学生的参与和学校众多因素如学生的课程如何兼顾等问题。难点二：剧本编写，即每一集剧本都要考虑学生，考虑生涯，考虑其科学与逻辑。难点三：呈现，即故事典型、生涯深刻和体现慧美。

6. 整个项目持续两年多，您的最大的感受是什么？

应该是从"0"到"1"，争取从"1"到"100"。记得第八集杀青后，我在朋友圈发文"从 2020 年 7 月—2022 年 5 月 26 日，近两年青春时光，和学生、同事，围绕着剧本，在家与校的范围里游走，有时惊雷，有时无声。我既看到了光鲜，也体会了辛酸。无论是参与的，还是观看的，其实都是人生。我们的原创青春校园生涯剧《飞形记》就在这为数不多的苦与乐的印记中，落下帷幕。

7. 您日常或者在课题研究或者探究过程有物质方面的追求吗？

第一个方面从项目开始，我从鼓励的角度建议队员们，我们先把这个项目坚持两年到三年，在坚持过程当中，我们重视把它做扎实，把一些有价值的东西收集好，提炼好。从这个角度来讲，物质层面我们其实确实有自己的想法，就是希望我们的项目可以参评广东省创新成果奖。第二个方面我们其实还是想从精神层面有认同。我们在拍的过程中，选择了好几位快退休的老教师，让他们在我们单位留下宝贵的回忆。第三个方面就是专业上的，从无到有的一个开发，一定会帮助我们最起码在生涯规划层面有一个很明显的提升。第四个方面就是情怀，德育工作上的情怀。通过这个课题的研究，我能够去创造，以后遇到困难就通过创造去解决，这个过程一定是有的。做课程令自己拥有更健康的教育心。

这个项目到现在为止都没有完结，估计还要花一年左右的时间，也就是说前后三年，这么长的周期，倦怠就一定是有的，团队当中其实是有两个老师退出，因为他们觉得这个项目太苦了。因为拍剧拍一集要拍两天。除了要上课，你就必须要急急忙忙的去扛东西，帮忙这个帮忙那个，对稿，打灯，很多都是我们自己完成的，没有外面专业的团队去做。看准这个项目，把它做成一个好的东西，既对自己有帮助，也能够服务更多的学生，我相信这就是情怀吧。

8. 生涯剧有可以复制的模式吗？

生涯剧是一种创新。拍剧的模式是一种健康的尝试。但更重要的是教育戏剧如何更好地服务生涯，或者说，在教育戏剧的理念下，生涯和学科和德育如何融合？华南师范大学的攸佳宁教授也曾提议，"从生涯剧的众多元素中提取有价值的框架和模式，以便做好推广与应用"。

9. 在不同的项目中，学生如何参与？辐射程度如何？

在不同的项目中，学生的参与面其实是很广，我们目前拥有的项目如生涯剧、生涯慕课、生涯手册、生涯班会和生涯评价都用上的话，可以影响很多人，因为它是一个很大的体系。只不过我们可能还要做更多的工作，特别是跟踪和测评，重视不同项目间的使用逻辑性。以"点生涯班会"为例，三个年级是三个不同主题，再把同一个主题进行细化。以高二为例，学生应该是大概700人，我们就感受到学生的学习动力不是很足，我们就会关注怎样去调动学生的积极性来开发生涯班会，大概是每一个月会有一节主题班会推出。

10. 您从这个课题探究实践的收获是什么？在知识、能力、理论、信念，创造性特征有无提升？

我觉得这三个词真的挺好，第一个是人格影响；第二个是位置感；第三个是项目特色。我把人格影响放在第一位。我觉得这点是令我近来思考较多的地方，现在有些老师，不管是专业，还是相关工作都喜欢待在舒适区。生涯教育绝不仅仅只有学生需要，老师也同样需要。就如同我经常说的一句话，在你成为老师之后，谁会成为你的老师？

11. 您认为影响课题探究或者个人教育认识形成的因素有哪些？包括个人、环境、学校、家庭、学生等。

在项目研究和开发的过程中，有一些因素影响我们，包括家庭、时间、教学、个人喜好还有学校提供的环境因素平台，都会影响到项目的发展。比如外在因素，参与拍某一集《飞形记》的剧组同事要兼顾家庭的需要，接娃，带娃；比如我们缺某一样设备，整个班的学生要拍剧，被冲掉的课怎么办？

这种外在因素会影响，但是它不是最重要的影响，其实最重要的影响依然还是自身专业素养和技能，因为毕竟我们在挑战两个全新的领域。为什么叫两个全新的领域？

第一个全新领域，生涯对于我们来说是全新的。第二全新领域，我们用的手段是拍剧，对我们来讲又是全新。我们都没有写过剧本，所以写个剧本非常的难，我们又没有用过各种各样的摄影设备，又要摸索一通。像我们拍第七集、第八集用的录音设备，助理录音师（学生担任）差不多一整天要戴耳机，耳朵怎么受得了，怎么去操控那个设备？所以，这两个全新领域其实是我们跨界专业技能的缺失。

最后，我忆起苏东坡的一首名为《定风波·莫听穿林打叶声》的诗，写道："莫听穿林打叶声，何妨吟啸且徐行。竹杖芒鞋轻胜马，谁怕？一蓑烟雨任平生。料峭春风吹酒醒，微冷，山头斜照却相迎。回首向来萧瑟处，归去，也无风雨也无晴。"

夜了，可以睡去了！

陈青天于东莞